法国哲学研究丛书

学术译丛

Temps et récit
L'intrigue et le récit historique

Paul Ricoeur

情节与历史叙事

时间与叙事（卷一）

[法] 保罗·利科——著 崔伟锋——译

上海人民出版社

总序
哲学经典翻译是一项艰巨的学术事业

法国哲学是世界文化遗产的重要组成部分，法国哲学经典是令人叹为观止的思想宝藏，法国哲学家是一座座高高耸立的思想丰碑。笛卡尔的我思哲学、卢梭的社会契约论、孟德斯鸠的三权分立学说、托克维尔的民主学说、孔德的实证主义、柏格森的生命哲学、巴什拉的科学认识论、萨特的存在主义、梅洛-庞蒂的知觉现象学、列维-斯特劳斯的结构主义、拉康的精神分析、阿尔都塞的马克思主义、福柯的知识—权力分析、德里达的解构主义、德勒兹的欲望机器理论、利奥塔的后现代主义、鲍德里亚的符号政治经济学、利科的自身解释学、亨利的生命现象学、马里翁的给予现象学、巴迪欧的事件存在论……充满变革创新和勃勃生机的法国哲学影响了一代又一代人，为人类贡献了丰富多彩、灵动雅致的精神食粮，以其思想影响的广泛和深远而成为世界哲学文化的重要组成部分。

西方哲学经典，对哲学家而言，是要加以批判超越的对象；对哲学工作者而言，是要像信徒捧读《圣经》那样加以信奉的宝典；对普通读者来说，则多少是难解之谜。而如果没有了翻译转换，那所有这一切就无从谈起。

自从明朝末年至今，西方思想在中国的传播已走过了大约四个世纪的历程，中西思想文化的交融渗透推动一个多元、开放和进取的精神世界不断向前发展。显而易见，传播者无论是外国传教士还是国人知识分子，都不同程度地遇到了不同语言文化思想如何转换的棘手难题。要在有着不同概念系统和概念化路径的两种哲学语言之间进行翻译转换并非易事。法国哲学经典的汉语翻译和传播当然也不例外。太多的实例已充分证明了这一点。

绝大多数哲学文本的重要概念和术语的含义往往并不单一、并不一目了然。西文概念往往是一词多义（多种含义兼而有之），而任何翻译转换（尤其是中文翻译）往往都只能表达出其中一义，而隐去甚至丢失了其他含义，我们所能做的就是尽可能选取一种较为接近原意、最能表达原意的译法。

如果学界现在还一味热衷于纠缠某个西文语词该翻译成何词而争论不休，则只会导致人们各执一端，只见树木不见森林，浪费各种资源（版面、时间、精力、口舌、笔墨）。多年前，哲学界关于“to be”究竟该翻译成“存在”还是“是”、“Dasein”究竟应该翻译成“亲在”还是“定在”甚或“此在”而众说纷纭，着实热闹过一阵子，至今也无定论。我想只要是圈内专业人士，当看到古希腊哲学的“to be”、康德的“diskursiv”、海德格尔的“Dasein”、萨特的“facticité”、福柯的“discipline”、德里达的“supplément”、利科的“soi-même”等西文语词时，无论谁选择了哪种译法，都不难想到这个语词的完整意义，都不难心领神会地理解该词的“多义性”。若圈内人士都有此境界，则纠结于某个西文语词究竟该怎样翻译，也就没有多大必要了。当然，由于译者的学术素养、学术态度而导致的望文生义、断章取义、天马行空般的译法肯定是不可取的。

哲学经典的翻译不仅需要娴熟的外语翻译技能和高超的语言表达能力，还必须具备扎实的专业知识、宽广的知识视野和深厚的文化底蕴。翻译的重要前提之一，就是译者对文本的理解，这种理解不仅涉及语句的字面意义，还关系到上下文的语境，更是离不开哲学史和相关政治经济社会和宗教文化等的知识和实践。译者对文本的理解其实包含一个诠释过程。诠释不足和诠释过度都是翻译的大忌。可是，翻译转换过程中却又难以避免信息的丢失和信息的添加。值得提醒的是：可读性并不等于准确性。哲学经典翻译应追求“信、达、雅”的境界，但这应该只是一个遥远的梦想。我们完全可以说哲学经典翻译是一项艰苦的学术活动。

不过，从译者个体来讲，总会存在程度不一的学识盲点、语言瓶颈、理解不准，因而难免在翻译转换时会词不达意甚至事与愿违，会出错，会有纰漏。虽说错误难免，但负责任的译者应该尽量做到少出错、不出大错。而从读者个体来讲，在保有批判态度的同时，最好也能有一个宽容的态度，不仅是对译者，也是对自己。因为难以理解的句子和文本，有可能是原作者的本意（难解），有可能是译者的错意（误解），有可能是读者的无意（不解）。第一种情况暗藏原作者的幽幽深意，第二种情况体现出译者的怅然无奈，第三种情况见证了读者的有限功底。学术经典传承应该是学术共同体的集体事业：写、译、读这三者构成了此项事业成败的三个关键环节。

“差异”“生成”“创新”“活力”和“灵动”铸就了几个世纪法国哲学的辉煌！我们欣慰地看到愈来愈多的青年才俊壮大了我国法国哲学研究和翻译的学术队伍。他们正用经典吹响思想的号角，热烈追求自己的学术梦想。我们有理由确信我国的法国哲学和西方哲学研究会更上一层楼。

拥抱经典！我们希望本译丛能为法国哲学文化的传承和研究尽到绵薄之力。

莫伟民

2018 年 5 月 29 日写于光华楼

目录

第二部分　历史与叙事

纪念亨利-伊雷内·马鲁（Henry-Irénée Marrou）

前　言

《活的隐喻》和《时间与叙事》(三卷本）是姊妹篇：两部著作相继出版，它们在过去也被看作一个整体。虽然隐喻在传统上属于“比喻”(trope）理论[①]（话语形象）和叙事文学的“体裁”(genre）理论，但是两部著作所产生的影响来源于同一种语义革新的核心现象。在这两种情况中，语义革新只是在话语层次产生，即与语句处于同等层次或者超出语句的语言行为。

就隐喻而言，语义革新在于一种新的恰当语义通过一种不恰当的意义赋予（atttribution）产生：“自然是一座神殿，那里有活的柱子。”[②] 一旦我们认识到语词与它们的惯常用法相抵触，并且因此也与语句的字面释义不相容，隐喻便在新的恰当语义中产生——也就是说在它的深义中仍是**有生命的**（vive)。语词在隐喻表述中所发生

① 法语词“trope”的词源：希腊词“τρόπος”，拉丁词“tropus”，指“改变、转变”，与动词词根 τρέπειν（*trepein*）关联，指“去转变、去改变、去朝向”，主要用于隐喻语言。在哲学中，trope 概念涉及唯名论和唯实论关于共相和殊相的争论，在分析形而上学中，trope 指的是构成对象世界的特殊属性。在修辞学中，是作为一种修辞手法，比如电影、文学作品中的“桥段”。——译者注

② 本句是利科引用波德莱尔的《感应》(*Correspondances*）一诗，此句的中译参考了钱春绮先生的翻译。波德莱尔：《恶之花·巴黎的忧郁》，钱春绮译，人民文学出版社 1996 年版。——译者注

的意义置换，以及旧的修辞把隐喻所还原为的置换并不是隐喻的全部。它只是一种服务于发生在完整语句层次的置换过程的方式，它的功能是把受到不恰当的意义赋予威胁的“怪异”表述补救为恰当的表述。

就叙事而言，语义更新在于创造另外一种综合工作——即创造一种情节：目的、原因、机遇以情节的方式被融合进一个完整行动的时间统一体中。正是这种**异质综合**类似于隐喻。在这两种情况中，语言产生新的变化——未被言说、新的意义产生：在前一种情况中，隐喻是**活的**，即一个新的**恰当含义**在述谓中产生；在后一种情况中，一个情节被**虚构**，即一个新的意义一致（congruence）在事件编排（agencement）中产生。

在这两种情况中，语义革新可以被归于生产性想象，更确切来说，可以被归于能指模型的图式论。在新的隐喻中，新的语义恰当性的产生奇迹般地表明一个根据规则产生的想象可以是什么：亚里士多德说“好的隐喻便是理解相似性”。但是，如果不是通过把这些最初似乎是“相差甚远”然后突然“相近”的词汇组合起来所产生的相似性，那么什么是理解相似性呢？逻辑空间中距离的改变便是生产性想象的作用。它在于**图式化**（*schématiser*）综合操作，以及使**象征化**（*figurer*）语义革新得以产生的谓词同化（assimilation predicative）。尽管隐喻过程中发挥作用的生产性想象对抗着我们日常语言的范畴化（Catégorisation），它同样是我们通过谓词同化产生新的逻辑类型的能力。叙事情节与这种谓词同化类似：它“从整体上把握”多样的和凌乱的事件，并把它们整合到一个完整的故事中，从而可以赋予可理解意义一种图式，这种可理解意义附加于被看作一个整体的叙事之上。

最终，在这两种情况中，通过图式化过程揭示的可理解性区别于通过结构语义所呈现的隐喻中的组合理性，并且区别于在叙事中通过叙事学和专业的史学编纂学得出的立法理性。然而这种理性的目的是在一种元-语言的最高层次模拟植根于图式论中的可理解性。

因此，无论是隐喻的问题，还是情节的问题，解释（expliquer）更多是为了更好地理解（comprendre）。在第一种情况中，理解便是掌握一种动态变化，根据这种动态变化，一种隐喻表达和一种新的恰当语义从语义恰当性的破坏中产生，正如它出现在一种对语句的文字解读当中。在第二种情况中，理解是为了把握一种操作，这种操作把由环境、目标和手段、起因和相互影响、机遇的反转以及所有从人类行动中产生的意外结果所构造的多样性整合到一种整全的行动之中。在很大程度上，无论是通过隐喻还是通过叙事提出的认识论问题在于把符号-语言学所提出的**解释**与通过语言实践所获得的诗意和叙事用法的亲缘性衍生的前**理解**联系起来。在这两种情况中，这涉及在诗意理解的基础上同时解释这些理性学科的自主性，以及它们直接或间接、或近或远的关系。

隐喻和叙事之间的相似性甚至更大一些：对活的隐喻的研究使我们超出结构或意义问题，提出真理的指称和断言问题。在《活的隐喻》中，我曾为这一立场进行辩护，即语言的诗学功能不局限于以牺牲指称功能为代价去颂扬语言自身，它在叙事语言中居于主导地位。我曾主张直接的、描述的所指功能的中止只是话语更加隐蔽的所指功能的对立面或者否定条件，在某种程度上它是被陈述的描述价值的中止解蔽。诗意话语以此方式带来了语言的不同侧面、不同性质、现实性的价值，直接描述语言缺乏这些方面，并且这些方面只能通过隐喻陈述和语词惯用意义的规则性变迁之间复杂的相互作用才可以被言说。因此，我不仅大胆尝试谈论隐喻的意义，而且也谈论隐喻的所指，通过这种隐喻陈述的能力，从而得以重新描述直接陈述无法介入的现实性。我甚至建议把“看成”（voir-comme）——这一概念总结了隐喻的能力——看作是更加根本的存在论层次的“存在为”（être-comme）的揭示者。

叙事的模仿功能提出了一个与隐喻的所指问题完全类似的问题。

实际上，它只是后者在人类**行为**领域的一种特殊应用。亚里士多德认为情节是行动的**模仿**。在下文，我会区分**模仿**概念的至少三重含义：对我们所熟悉的行动秩序前理解的回溯指称；进入虚构领域；最终通过虚构行动秩序的前理解领域进行一种新的构型。正是通过最后一种含义，情节的模仿功能重新加入了隐喻的所指。因为隐喻的重新描述功能在使世界成为**宜居**世界的感觉价值、情感价值、美学价值和价值论价值领域中处于统治地位，所以叙事的模仿功能更易于在行动领域和**时间**价值领域中发挥作用。

我在此书中将详细讨论最后这个特征。在我们所创造的情节中，我看到我们借以重新构型（re-configurer）我们混乱的、未定型的，以及极致沉默的时间经验的方式。奥古斯丁追问："那么时间究竟是什么？没有人问我，我倒清楚，有人问我，我想说明，便茫然不解了。"① 情节的所指功能便处于这种重新构型时间经验的虚构能力之中，它一直困扰着哲学思辨。

但是两种不同功能之间的界限不是固定的。首先，对实践领域进行构型和重塑（transfigurer）的情节不仅包含行动（agir），而且包含**遭受**（pâtir），因此也同样包含作为主体和**受害者**的角色。因此，抒情诗回避了悲剧诗。另外，就像这一概念所表明的那样，行动周遭的环境与构成了行动一部分悲剧的意外结果同样包含一个对诗学话语开放的被动性维度，特别是在悲剧和哀歌模式之中。一旦两种词汇可以互换，并且可以谈论诗学话语的模仿价值和叙事虚构重新描述的力量，隐喻的重新描述功能和叙事的**模仿**功能便紧密联系在一起。

因此，这里的讨论涉及一个广阔的包含隐喻陈述和叙事话语的诗学领域。

① 文中涉及《忏悔录》的引用参考了中译本。圣·奥勒留·奥古斯丁：《忏悔录》，周士良译，商务印书馆 1996 年版，第 242 页。——译者注

此书最初的核心部分是由1978年密苏里哥伦比亚大学的“布瑞克讲座”(Brick Lectures）构成。讲座的法语版本作为《叙事学》(*Narrativité*）的前三章出版（巴黎：国家科学研究中心出版社1980年版)。除此之外，还包括1979年我在牛津圣吉尔的泰勒学院的“扎哈洛夫讲座”(Zaharoff lectures)：《法国史学对史学理论的贡献》(牛津：克莱林顿出版社1980年版[①])。此书的各章节也曾以提纲的方式在多伦多大学的“诺思洛普·弗莱讲席”(chaire Northrop Frye）和“比较文学的计划”(Programme de Littérature comparée）两次讲座中被进一步扩展。全书的几个框架构成了我在巴黎的“诠释学和现象学中心”和芝加哥大学的“约翰·纽文讲席”(chaire John Nuveen）的讲座内容。

感谢密苏里哥伦比亚大学的约翰·比恩（John Bien）教授和诺布尔·坎宁安（Noble Cunningham）教授，牛津圣吉尔泰勒学院的科利尔（G. P. V. Collyer）教授，多伦多大学的诺思洛普·弗莱(Northrop Frye）教授和马里奥·瓦尔德斯（Mario Valdès）教授，同样感谢芝加哥大学的同事和学生对我的热情招待，以及他们对我的启发和严格的批评。特别感谢巴黎“诠释学和现象学中心”所有参与我的研究课程并对《历史与叙事》作出贡献的参与者。

我特别要感谢瑟伊出版社的弗朗索瓦·华尔（François Wahl)，他细致和严格的审阅使我能够改进此书的论证和文笔。

① Paul Ricoeur, *The contribution of Frence Historiography to the Theory of History*, Oxford, Clarendon Press, 1980.（中译本：保罗·利科：《法国史学对史学理论的贡献》，王建华译，上海科学出版社1991年版。——译者注）

第一部分

叙事与时间性之间的循环

此书第一部分的目的是澄清其余部分中各种不同学科处理历史编纂学和虚构叙事时所依循的主要**假设**。这些假设具有一个共同的核心。无论是确认历史编纂学和虚构叙事之间的结构同一性问题，就像我们在第二部分和第三部分所努力证明的那样，还是确认两种叙事方式追求真理之间的深层相似性问题，就像我们在第四部分所讨论的那样，一个假设决定着所有其他假设，即叙事功能的结构相似性问题与所有叙事的追求真理问题的最终基础是人类经验的**时间**特征。所有叙事文本所展现的世界一直是一个时间性的世界。或者就像在本书讨论过程中将要反复重申的那样：如果时间以叙述的方式被说出，那么它就成为人类时间；相反，如果叙事描述了时间经验的特征，那么它就是有意义的。这是本书第一部分所关注的主要假设。

此论题所表现的循环特征是不可否认的。毕竟在所有诠释学的论断中都是如此。第一部分便是要考察这一反对意见。在第三部分，我们尝试指出叙事性和时间性之间的循环并不是一个坏的循环，而是一个好的循环，两个部分相互促进。为了准备这一讨论，我认为可以为叙事性和时间性之间的相互性提供两种相互独立的历史性导引。第一章讨论奥古斯丁的时间理论，第二章讨论亚里士多德的情节理论。

选择这两个人物具有双重理由。

首先，他们为我们提供了两种**独立**的讨论循环问题的方式：一种是通过时间的悖论，另一种是通过可理解的叙事构造。它们的独立性不仅仅在于圣奥古斯丁的《忏悔录》以及亚里士多德的《诗学》属于相隔几个世纪的两种完全不同的文化世界，并且它们所涉及的问题也不是相同的。对于我们的目的来说更重要的是奥古斯丁在探究时间的本质时，丝毫不关心把他的研究建立在《忏悔录》前九卷所发展的精神自传的叙事结构基础之上。亚里士多德在建立他的戏剧情节理论时，丝毫不关注他的分析的时间意义，而是把时间分析问题留给了《物理学》。正是在此意义上，《忏悔录》和《诗学》提供了两种独立的介入循环问题的方式。

但是，这二人分析的独立性并不是最需要关注的。它们并不是在两种根本不同的哲学视域下局限于关注同一个问题：每一个都产生了与另一个完全颠倒的图景。实际上，奥古斯丁的分析赋予时间一个表象（représentation），**不协调性**（*discordance*）在其中不停地与构成**灵魂**（*animus*）自身本质的对**协调**（*condordance*）的要求相抵触。相反，亚里士多德的分析在**情节**构型中建立了协调性相对于不协调的优先性。在我看来，协调与不协调的对立关系构成了对《忏悔录》和《诗学》进行比较的主要兴趣点——因为这一比较是从奥古斯丁到亚里士多德的对立于正常时间顺序的倒序方式，所以看起来更加不合适。但是，如果这一比较的顺序是从《忏悔录》到《诗学》，在前者中时间悖论所产生的复杂性占主导地位，而在后者中对诗人和诗歌让秩序战胜无序能力的信心占统治地位，那么我认为《忏悔录》与《诗学》在同一个读者头脑中的相遇会更加富有戏剧性。

在第一部分的第三章，读者会发现这一主旋律，此书的剩余部分形成了讨论的进展以及偶尔的翻转。我们将会就其自身进行讨论——而不用进一步关心对历史的注解——协调与不协调之间的对立游戏是奥古斯丁对时间的支配性分析与亚里士多德对情节的支配性分析留给我们的遗产。①

① 此处对词汇的选择很大程度上要归功于弗兰克·克蒙德（Frank Kermode）的著作《结尾的意义：虚构理论研究》(Frank Kermode, *The sens of an Ending, Studies in the Theory of Fiction*, Oxford University Press, 1996)，我在此书的第三部分对其进行了特别的分析。

第一章　时间经验的疑难：奥古斯丁《忏悔录》的11卷

在圣奥古斯丁《忏悔录》第11卷的结尾部分，可以发现我们对根本对立进行反思的最为尖锐的表达。① 人类灵魂（âme）的两个特征被对立起来，借助于对这一对立的敏锐感知，奥古斯丁创造了**意向**和**延展心灵**（*distentio animi*）。我随后会把这个对立与

---

① 我所采用的法文译本是：E. 特雷奥雷尔（E. Tréhorel）、G. 布伊松（G. Bouissou）在M. 斯库特拉文本（M. Skutella）(Teubner，1934）基础之上的法文译本，附有A. 索利尼亚克（A. Solignac）的导言和注释，(«Bibliothèque augustinienne» , t. XIV, Desclée de Brouwer, 1962, pp.270—343)。我的研究要很大程度上归功于梅杰林的（E P. Meijering）深刻评论：*Augustin über Schöpfung, Ewigkeit und Zeit. Das elfte Buch der Bekenntnisse*, Leiden, E.J. Brill, 1979。相对于梅杰林，我更加强调讨论的疑难特征，特别是强调**延展**（*distentio*）与**意向**（*intentio*）之间的辩证法，在对特雷奥雷尔–布伊松译本的"补充性注释"(pp.572—591）中，索利尼亚克非常强调这一辩证法。让・吉东（Jean Guitton）的《普罗提诺和圣奥古斯丁作品中的时间与永恒》(*Le Temps et l'Éternité chez Plotin et saint Augustin*, 1933, Paris, Vrin, 4e ed., 1971）没有丢失任何敏锐性。关于普罗提诺的引文，我参考了维纳・拜耶瓦尔特（Werner Beierwaltes）的导言和注释：*Plotin über Ewigkeit und Zeit*（*Enneade III, 7*）, Francfort, Klostermann, 1967。同样，我们也参考了吉尔松（É. Gilson）的《关于圣奥古斯丁著作中的存在与时间的注释》一文（« Notes sur l'être et le temps chez saint Augustin», *Recherches augustiniennes*, Paris, 1929, pp.246—255）和约翰・卡拉汉（John C. Callahan）的《古代哲学中的四种时间观》(John C. Callahan, *Four Views of Time in Ancient Philosophy*, Harvard University Press, 1948, pp.149—204)。关于瞬间（l'instant）问题的研究，参看迪昂（P. Duhem）的《世界的体系》(P. Duhem, *Le Systeme du Monde*, Paris Hermann, t. I, chap. V)。

亚里士多德的**构造情节**（*muthos*）和**突转**（peripeteia）的对立相比较。

必须预先注意两个方面。首先，通过“什么是时间?”这一问题，我开始对《忏悔录》第 11 卷的 14 章 17 节进行解读。我没有忽视时间分析包含在关于永恒性和时间之关系的沉思中①，它受到《创世记》第一节的“起初，神创造……”的启发。在这个意义上，把时间分析与此沉思相分离便是施加给文本的某种暴力，但这不足以证明把奥古斯丁的**意向**与**延展**悖论与亚里士多德的**情节**与**突转**悖论置于同一反思空间的意图。然而，这种暴力在奥古斯丁自己的论证中也可以得到某些证明，但是为了更好地表明人类时间存在论特征的缺陷，当他讨论时间时，便不再涉及永恒性，而是直接努力解决困扰时间概念的难题。为了纠正某些对于奥古斯丁文本的错误解释，我准备在稍后的分析中重新引入关于永恒性的思考，以此在其中寻找一种对时间经验的**强**化。

第二个需要注意的方面是，通过刚才我所确认的技巧分离出关于永恒性的沉思，奥古斯丁对时间的分析提供了一个令人高度疑问和疑难的特征，从柏拉图到普罗提诺，任何一种传统的时间理论都没有这种程度的尖锐性。不仅奥古斯丁（就像亚里士多德一样）在传统疑难问题的基础上进行创造，而且每一个疑难的解决都产生了不断推动研究继续前行的新困难。这种通过思想进展激起新困境的风格让奥古斯丁时而是怀疑论的，时而是柏拉图主义和新柏拉图主义的可知论。奥古斯丁不断探寻［我们将看到动词“质询”（quaerere）会在整个文本中反复出现］。为了区别于亚里士多德、普罗提诺的立场，我想把奥古斯丁关于时间的**立场**看作是**心理学**的立场，并且奥古斯丁的立场比他本人所承认的要更加困难。这就是我想要表明的。

① 这一沉思从第 1 卷的 1 章 1 节到 14 章 17 节展开，并在 29 章 39 节重新展开，直到 31 章 41 节结束。

这两个最初的评论必须结合在一起：把时间分析加入永恒性沉思赋予奥古斯丁的研究一种独特的充满希望的“悲伤”气氛，它们在一种把时间论证分离出来的分析中消失。但是，正是把时间从它的永恒背景中分离出来，我们才可以突出它的疑难性特征。毫无疑问，这种疑难模式区别于怀疑论，因为它没有阻止某些严格的确定性。但是它区别于新柏拉图主义，在这个意义上，确定性的核心绝没有在它所产生的新疑难之外的空洞中被理解。①

这种关于时间纯粹沉思的疑难特征是当前研究以及之后研究的最重要的内容。这包含两个方面：

首先，应该指出在奥古斯丁那里并不存在时间的纯粹现象学。或许在他之后也没有。② 同样，奥古斯丁的时间“理论”不能与**论证**程序相分离，他正是通过论证才可以摆脱不断重新出现的怀疑论困境。因此，没有讨论便没有描述。这就是为什么很难——或者根本不可能——从奥古斯丁的论证中分离出一个现象学核心。附加给奥古斯丁的“心理学解决方式”或许既不是一个可以从论证修辞学分离的“心理学”，也不是一个可以使我们完全摆脱怀疑论的“解决方式”。

在本书的整体讨论策略中，这种疑难风格（Style）还具有另外一个特别的意义。此书一贯的主题是关于时间的思辨是一个非结论性的反复思考，只有叙事活动才可以对其进行回应。并不是这些叙事活动代替时间思辨解决了这些疑难。如果叙事可以解决这些疑难，那也是在诗学的意义上，而不是这一语词的理论意义上。还要进一步指出，通过让诗学能够以确定的方式澄清疑难［这

① 通过关注奥古斯丁著作中的时间与意识的关系，让·吉东观察到时间同样是自我的疑难（Ibid., p.224）。他引用了《忏悔录》第 10 卷的 16 章 25 节：“主，我正在探案，在我身内探索：我自身成为我辛勤耕耘的田地（吉东直接指出：一个贫瘠和满是汗水的田地）。现在我们不是在探索寥廓的天空，计算星辰的运行，研究大地的平衡；是在探索我自已，探索具有记忆的我，我的心灵（ego sum, qui memini, ego animus）。”（参考中译：《忏悔录》，周士良译，商务印书馆 1996 年版，第 200 页。——译者注）

② 在第一部分结尾处重新提及的这一大胆论断将会在第四部分用很长的篇幅进行讨论。

是亚里士多德**净化**（catharsis）概念的主要含义］，而不是让它以理论的方式解决疑难，构造情节回应了思辨性的疑难。在某种意义上，奥古斯丁本人倾向于这种解决方式：在《忏悔录》11卷的第一部分，论证和圣歌（hymne）的结合——这是我们将首先要搁置起来的问题——已经可以让我们理解只有诗学的变形，而不仅仅是解决方式，还包括问题本身可以使疑难摆脱无意义的困境。

一、时间存在和不存在的疑难

与**意向**概念一道，**延展心灵**的概念只是以缓慢和艰难的方式解决了奥古斯丁努力抗争的疑难：即时间的**度量**（*mesure*）问题。但是这个疑难本身仍陷入了一个更根本的疑难的循环，即时间存在与不存在的疑难。因为，以某种方式可以被度量的只能是**存在**。如果我们愿意的话，可以为之感到遗憾，时间现象学从一个存在论问题中产生："什么是时间？"(quid est enim tempus ？)（《忏悔录》11卷，14章17节[①]）。从这一被提出的问题开始，所有关于时间存在和不存在的古老困境都出现了。但是，从一开始就需要注意这是奥古斯丁的调查风格强加给自身的：一方面，怀疑论证倾向于非存在，但是另一方面，一个在日常语言的使用中可以被衡量的论证强迫我们以还不知道如何理解的方式说时间存在。怀疑论证众所周知：时间不是存在，因为将来还未存在，过去不再存在，现在不持续存在。但是我们谈论时间就像它是存在一样：我们说事物将会到来，过去的事物过去曾在，现在的事物正在消逝。即使消逝不是虚无。需要注意的是语言的使用以暂时的方式提供了非存在论题的反题。我们

① 我们之后的引用简化成14章17节；15章18节，等等，这些都是关于《忏悔录》第11卷的。

谈论时间，并且是以合理的方式谈论，这支撑着关于时间的某些论断："我们谈到时间，当然了解，听别人谈到时间，我们也领会。"(14 章 17 节[①])

但是，如果我们真的是以合理的方式并且用实证的语言（将来、过去和现在）谈论时间，却不能解释这一使用究竟**如何**（*comment*）从这种确定性中产生。毫无疑问，谈论时间会对抗怀疑主义的论证，但是语言本身由于"什么"(quoi）与"如何"的分裂从而是有问题的。我们知道奥古斯丁在他沉思开始时的呼喊："那么时间究竟是什么？没有人问我，我倒清楚，有人问我，我想说明，便茫然不解了。"(14 章 17 节）同样，这个存在论悖论不仅让语言对立于怀疑论证，而且让语言与自身对立：如何协调动词"已经逝去""记忆""现在"的肯定性和副词"不再""还未""非一直"的否定性？于是，问题被刻画出来：如果过去不再，将来还未在，现在不是一直在，那么时间是**如何**存在的？

核心悖论被移植到这一最初的悖论，延展主题将会从中出现。**如何**度量**不再存在的事物**？度量的悖论直接由时间的存在和不存在的疑难产生。在这里，语言仍然是一个相对确定的指引：我们**谈论**一个长时段和一个短时段，并且我们以某种方式**观察**其长度，**制定**衡量标准。(引自：15 章 19 节，从灵魂到它自身："我的灵魂，你该追究一下，现在的时间能不能是长的，因为你有辨别快慢、衡量快慢的能力。你将怎样答复我呢？"）此外，我们只是谈论过去和将来是长的或短的：为了预先获得对于疑难的"答案"，我们所说的正是将来在缩短，过去在延长。但是，语言被限定在证明度量的事实；**如何**再一次逃离："但是任何不存在的东西的或

① 在这里，与永恒性对立的是决定性的："现在如果永久是现在，便没有时间，而是永恒。"(同上）然而我们可以注意到，无论我们对于永恒性有什么样的理解，论证可能仍要求助于包含"永久"(toujours）概念的日常语言。现在不是永久。同样，**消逝**（*passer*）需要作为对立面的**持存**（*demeurer*）(梅杰林在这里引用了第 108 目，在其中**消逝**以各种形式与**持存**相对立)。随着论证的不断进展，我们将会看到关于现在的定义更加严格。

长或短是如何可能的?”，“以什么样的方式”(*sed quo pacto*, 15章18节)。

最初，奥古斯丁似乎要背离确定性，我们所衡量的是过去和将来。随后，通过以记忆和期待的间接方式把过去和将来放置于现在，奥古斯丁可以把这个最初的确定性从明显的灾难中拯救出来，让期待和记忆转变成久远将来和漫长过去的观念。但是这种语言、经验和行动的确定性只能在它已经迷失和彻底的转变之后才可以重新获得。在这一方面，这是奥古斯丁研究的一个特征，最终的答案以各种模式被设想，在这些模式的真正意义出现之前，它们首先应该经过批判。实际上，奥古斯丁似乎首先放弃了一种论证过于脆弱的确定性：“我的天主，我的光明，在这里你是否又要嘲笑世人了。”(15章18节①）于是，我们首先要把现在置于一旁。难道不是“当过去仍是现在时”，它是长的吗（15章18节)？在这个问题中，同样有某些关于最终答案的事物被期待，因为记忆和期待作为现在的模式表现出来。但是，在当前的论证阶段，现在仍然与过去和将来对立。一个三重现在的观念还未出现。这就是为什么奠基于单一现在的解决方式是不成功的。这种解决方式的失败导致了一种对现在观念的优化，不再仅仅通过不持存的东西来刻画，而是通过不具有延展的东西来刻画。

这种让悖论更加极端的优化与一个众所周知的怀疑论证相联系：一百年能否全部是现在（15章19节)？(如我们所见，这个论证的唯一宗旨在于把长度赋予现在)。随后可以看到：只有当前的年是现在的；并且，在年中，有月；在月中，有天；在天中，有小时：“一个小时是由不断消失的分钟构成的：所有已经失去的分钟便是过去，剩下的便是将来。”(15章20节②)

① 关于上帝的嘲笑，参见梅杰林，第60—61页。
② 不仅是古代人，奥古斯丁也没有小于小时时间单位的词汇。梅杰林（同上，第64页）在这里回到了米歇尔（H. Michel, « La notion de l'heure dans l'Antiquité », *Janus*（57），1970, p.115*sq*)。

因此，需要借助怀疑论做出总结："设想一个小得不能再分割的时间，仅仅这一点能被称为现在，但也迅速地从将来飞向过去，没有瞬息伸展。一有伸展，便分出了过去和将来：现在是没有丝毫长度的。"（同上①）在之后的讨论阶段中，对于现在的定义优化成为精确的时刻观念。奥古斯丁明显扭转了论证机器的冷血结论："显而易见，现在时间不可能是持存的。"（16章20节）

那么什么能够抵抗怀疑论的攻击呢？就像一直以来那样，经验通过语言被叙述，通过理智被澄清："但是，主，我们**觉察**（*sentimus*）到时间的距离，能把它们相互**比较**（*comparamus*），说哪一个比较长，哪一个比较短。我们还**度量**（*metimur*）这一段时间比那一段短多少。"（16章21节）觉察、比较和度量是我们的感觉、理智和实践活动，与时间的度量相联系。但是，即使坚持称其为经验仍没有让我们在"如何"问题中前进一步。本真的明见性中始终混杂着错误的确定性。

在之前的证明中，通过用现在概念代替流逝（passage）和转变（transition）概念，我们认为可以取得决定性的进步："如果我们通过感觉来度量时间，那么我们只能趁时间流逝时才可以这么做。"（16章21节）**思辨的方法**似乎属于实践确定性。但是它在回归之前也必须经受批判，确切地说，作为**延展**，这归功于三重现在的辩证法。只要我们还没有形成期待、回忆和注意三者之间的膨胀关系概念，那么当我们再一次重复时，我们便不能理解自己实际所说的话："时间在通过之时，我们能觉察度量。"（16章21节）方法同

① 关于无广延（extension）的不可分的时刻的论证，我们可以在梅杰林的著作（同上，第63—63页）中看到他引用了塞克斯都·恩披里柯（Sextus Empiricus）的文本，并回到了斯多葛派的讨论，维克托·戈德施米特（Victor Goldschmidt）在《斯多葛派的系统与时间》（*Le système stoècien et le temps*）指出了这一论证，第37页及之后，第184页及之后。我们将会看到奥古斯丁完美地注意到他的分析依赖于一种思辨的论证：设想一个小得不能再分割的时间（*si quid intelligitur temporis...*）。这里还不能说有一种纯粹现象学。另外，我们也会注意到时间延展观念的出现；但是它还没有从最根本上进行分析："因为，如果现在扩展，那么它就在过去和将来中分化。"（*nam si extenditur, dividitur...*15章20节）

时是一个对答案的预期和一个暂时的僵局。当奥古斯丁似乎有最大程度的确定性时，他没有继续前行并不是偶然的："我的慈父，我是在探索，我并不作肯定。"（17 章 22 节[①]）此外，他并不是在流逝概念上继续他的探究，而是通过回到怀疑论论证的结论："现在是没有长度的。"我们所衡量的正是之后被理解成期待的将来和被理解成记忆的过去，为了为这一概念开辟道路，必须为过去的存在和被过早否认的将来辩护，但是要在我们还未能叙述的意义上进行辩护。[②]

过去和将来能够以什么名义在这种或其他方式上存在？再一次以我们言说和研究它们本身的方式。我们在这一方面说了和做了什么呢？我们**叙述**我们坚持为真的事物，我们**预测**那些我们所期待的将要到来的事件。[③]因此，语言以及通过语言所描述的经验和行动抵抗着怀疑论的攻击。预言便是预见，叙述便是"通过心灵辨别"（*cernere*）。**三位一体**（15 章 21、22 节）在这个意义上谈论着双重"见证"（梅杰林，同上，第 67 页）的历史和预测。因此，不管奥古斯丁得出什么样的怀疑论论证的结论："据此而言，过去和将来都存在。"（17 章 22 节）

这个结论并不是重复开始部分的被反驳的论断，即将来和过去存在。将来和过去的概念以形容词形式出现：*futura* 和 *praeteria*。这个不可被知觉的转变实际上为关于时间经验存在和不存在的最初悖论的解决提供了可能。因此，也为解决与时间度量有关的核

① 在奥古斯丁的探究（quaero）中，梅杰林（同上，第 66 页）认识到希腊词探究（zêtein）区分了奥古斯丁的疑难和怀疑论所完全忽略的东西。在希伯来的传统智慧中，吉东看到探究的一个非希腊词源，这一概念与圣经 17 章 26 节中的概念相呼应。

② 只有在解决了第一个悖论（存在和不存在）之后，奥古斯丁才可以重新作出下列断言："我们是在时间经过时度量时间"（21 章 27 节）。因此，与度量概念相联系，过渡的概念必不可少。但是，我们还没有理解后一概念的方法。

③ 需要明确区分针对所有人的预言论证与只针对受到启示的先知的预言论证：第二个论证提出了一个不同的问题，上帝（或言说）"启示"先知的方式（19 章 25 节）。关于这一点，参见吉东，第 261—270 页：相对于**预言**和**占卜术**的异教徒传统，吉东强调了奥古斯丁对**期待**（*expectatio*）分析的拯救特征。在这个意义上，预言仍是一个期待和赠予（don）。

心悖论提供了可能。实际上，我们准备好为时间性质而不是为如此这般的过去和将来赋予存在的性质，时间性质能不以我们谈论事物的方式在现在存在，当我们叙述和预测事物的时候，它们仍在存在或已经存在。因此，我们并不过分关注奥古斯丁表达的转变。

在即将回答存在论的悖论问题时，奥古斯丁再一次停顿："主啊，我的希望，请容许我进一步探索下去，使我的思想不受任何干扰。"（18 章 23 节）这并不是简单的修辞技巧，也不是虔诚的祈祷。实际上，这一停顿之后跟随了一个更加大胆的推论，这一推论确认了我们刚才谈论的三重现在。但是就像往常那样，这一步采取了一种问题形式："如果过去和将来都存在，我想知道它们在哪里。"（18 章 23 节）我们从**如何**这一问题开始，以**在哪里**继续。问题并不幼稚：它坚持为将来和过去的事物寻找一个**位置**（*site*），从而可以使它们被叙述和被预测。为了把叙事和预测中蕴含的时间特征置于"心灵之中"，随后的论证都是围绕这一问题进行。为了理解第一个答案，通过**在哪里**这一问题完成的转变非常关键："为此，它们不论在哪里，不论是怎样，只能是现在。"（18 章 23 节）我们似乎背离了先前的结论，我们所度量的只是过去和将来；并且，我们似乎再次否认现在没有任何广延的结论。但是，这里所涉及的是一种完全不同的现在，它也变成了复数形容词形式（*praesentia*），与 *praeterita* 和 *futura* 保持一致，并且可以接受一种内在的多样性。我们似乎也忘记了这个论断："在事物消逝的时候我们度量它们。"（16 章 21 节）但是当我们重新回到度量问题时，我们将会再回到这一问题。

因此，为了深化我们的讨论，我们在"**在哪里**"问题的框架下重新讨论叙述和预测概念。我们说叙述蕴含了回忆，预测蕴含了期待。那么什么是记忆呢？它是一种过去的**意象**（*image*）。这是如何可能的？因为这个意向是一种被事实（événement）遗留的印迹，并且在心灵中被固定下来。[1]

读者会观察到：在计算了先前的延迟之后，突然所有事情进展加快。

预测以一种几乎不可能再复杂的方式被解释；借助于一种当前的期待，未来的事物作为将来向我们呈现。我们具有一种允许我们“提前预告”（*preasensio*）未来的“前知觉”（*praenuntio*）。期待因此类似于记忆。它由一种已存在的意象构成，在此意义上，它先于还未（*nondum*）发生的事件；但是这种意象不是被过去的事物所遗留的一种印记，而是一种未来事物的“征兆”与“原因”，这些未来事物因此被预期、被提前感知、被公布、被预言、被提前宣告（我们要注意期待的日常词汇的丰富性）。

奥古斯丁的解答简洁明了——但是如此艰涩、如此代价高昂、如此不可靠！

一种简明的答案：通过把过去事物的命运委托给记忆，把将来事物的命运委托给期待，我们可以把记忆与期待纳入一种扩展的和辩证的现在中，它绝不是先前被拒斥的词汇：既非过去，也非将来，非点状的现在，更非现在的流逝。我们知道这一著名的方法，但我们轻易忘记了这一方法与它致力于解决的疑难的关联：“或许我们正确地说：存在三种时间，过去的现在、现在的现在、将来的现在。实际上，三种时间模式确实以特定的方式在灵魂（âme）之中存在，但是我没有在别处（*alibi*）看到它们。”（20 章 26 节）

如此说来，奥古斯丁意识到自己在某种程度上远离支撑其立场的日常语言，在对抗怀疑论论证的过程中，他确实比较谨慎：“严格

① 必须引用整个段落：“此外，当我们讲述真实的往事时，我们从记忆中获取的并非已经过去的事实，而是根据事实的印象所构成的言语，这些印象仿佛是事实在消逝途中通过感觉而遗留在我们心中的踪迹。”（18 章 23 节）位置介词的丰富性令人印象深刻：从（*ex*）回忆我们提取根据（*ex*）印象构建的言语，这些印象遗留在心灵之中（*in*）；“譬如我的童年已不存在，属于（*in*）不存在的过去时间；而童年的影像，在我讲述之时，浮现于（*in*）我现在的回忆中，因为还存在我记忆之中”（同上）。**在哪里**［“如果过去和将来都存在，我愿意知道它们在哪里（*unicumque*）”］的问题呼唤“在之中”（dans）的答案。

说来，说‘存在过去、现在和将来这三种时间’是不恰当的。”（同上）但是在一个旁注中他又补充道：“我们极少以恰当的方式谈论事物，通常是以不恰当的方式谈论，但是我们理解我们想要说的话。”（同上）然而没有任何东西阻止我们继续谈论，正如我们在现在、过去和将来中行事一样：“我不会担心这种表达，不会反对它，不会责备它，前提是我理解我所说的。”（同上）因此，流行的日常语言只是以一种更加严格的方式被重新表达。

为了使人理解这一修正的含义，奥古斯丁依赖于一种似乎是自明的三元等式：“过去的现在是记忆，现在的现在是直觉（*contuitus*）[之后是更好地表明与**延展**（*distentio*）对立的**注意**（*attentio*）概念]，将来的现在是期待。”（20 章 26 节）我们如何理解它呢？奥古斯丁有一个简练的回答：“如果允许我们以此方式言说，我们可以看到（*video*）三种时间；是的，我承认（*fateorque*）它们存在。”（同上）这种觉察和承认的确构成了全部分析的现象学核心；但是承认连同觉察证明这一觉察是何种争论的结论。

简练的解答，但却是艰涩的解答。

就记忆来说，必须赋予某些意象能够指称过去事物的能力；实际上，这是一种奇怪的能力。一方面，印记在现在存在，另一方面，它**代表了**那些过去的事物，这些事物“仍然”（*adhuc*）（18 章 23 节）在记忆中存在。“仍然”同时是疑难的解答和一种新的谜的源头：意象–印记（images-empreintes）、**痕迹**（*vestigia*）这些铭记于心的现在的事物如何同时是“关于”过去的？将来的意象提出了一个类似的困难；意象–征兆（images-signes）被看作“已经存在的”（*jam sunt*）（18 章 24 节）。但是“已经”（déjà）意味着两种事物“已经存在的不是将来而是现在”（18 章 24 节）；在此意义上，我们没有看到“还未存在的”（*nondum*）将来的事物本身。但是“已经”同时表明征兆的现在存在以及其期待的特征：说事物“已经存在”便是说我通过征兆宣布将来的事物，我能够预言它们；因此，将来时是“预先言说”(*ante dicatur*)。预期的意象因此并不比作为痕迹的意象更少令人迷惑。[①]

正是有时作为过去的印记，有时作为将来的征兆的意象结构使得它成为谜。对于奥古斯丁来说，似乎这一结构正如它展现自身一样被纯粹地和简单地观看。

更加令人迷惑的是问题和解答所处的准空间语言："实际上，如果将来的事物和过去的事物存在，我想知道它们在哪里存在。"(18章23节）这一问题的回应如下："三种不同的时间确实以特定的方式在灵魂**之中**存在，但是我没有在别处看到它们。"(20章26节）这是因为我通过"位置"概念（将来和过去的事物**在哪里**?）提出问题，通过"位置"概念获得了一个解答（**在**灵魂**之中**，**在**记忆**之中**）吗？难道不是铭记**在**灵魂**之中**的意象-印记和意象-征兆的准-空间性提出将来和过去事物的位置问题吗[②]？在当前的分析阶段，我们不会谈论它。

只要我们不能解决时间**度量**的谜，那么通过一种三重现在概念来解答时间的存在与不存在的疑难便仍是不牢靠的。只要我们没有在这种三重性中认识到这一断裂，即允许赋予灵魂自身另一种延展而不是被否认的点状现在的断裂，那么三重现在就仍未获得**延展心灵的**确定特征。只要我们没有从作为所有时间度量基础的人类灵魂的延展剥离所有宇宙论基础，那么准空间语言就其自身而言便仍是被搁置。一旦通过论证的方式消除所有把时间依附于物理运动的立

① 或许甚至是稍微更加令人迷惑。就预谋一个将来行动而言，正如所有期待（attente）一样，它是现在，因为将来的行动还未存在。但是"征兆"-"原因"在这里比简单的预测更加复杂。因为我所期待的不仅仅是行动的开端，还包括其完成；当我进一步超越行动的开端，我把其开端看作其将来完成的过去；因此，我们以先将来时的方式言说："当我们已经开始行动（*aggressi fuerimus*），当我们开始把预先谋划的计划付诸行动（*agere coeperimus*），行动便会存在，因为它不是将来而是现在。"(18章23节）现在将来时在这里通过先将来时被预见。在《时间》(*Tempus*）中，哈拉尔德·魏因里希（Harald Weinrich）对动词时态的系统研究进一步深化了此考察的类型（参见第三部分，第三章）。

② 经由现在，从将来向过去进行过渡的准动态语言（参见下文）进一步巩固了这种准空间语言。

场，灵魂中时间的非协调性才能获得其全部意义。在此意义上，只要我们没有形成**心灵延展**的观念，那么20章26节的“我看到它，我承认它”便没有被牢固确立。

二、时间的度量

通过解决时间的度量问题，奥古斯丁获得了人类时间的最终特征（21章31节）。

16章21节遗留的时间度量问题被再次提及：“我在上文说过，当时间流逝（*praetereuntia*）时，我们度量它。”（21章27节）然而，这个被重新提及的强力论断——“我知道，因为我是在度量时间；我们不能度量不存在的东西”（同上）——便立即转化为**疑难**。**事实上**，所**流逝**的是现在。然而，我们已经承认现在不具有延展性。再一次使我们摆脱怀疑论的论证值得被详细地分析。首先它忽略了流逝与作为不可分割的瞬间（或者就像将要被讨论的“点”概念一样）的现在的区别。只有被解释为延展的三重现在的辩证法才能够拯救一开始就迷失在疑难的迷宫中的论断。但是，更重要的是，借助于把时间理解为三重现在的准空间意象（imagerie）方法，相反的论证反而被构造。流逝实际上就是转化（transiter）。因此，可以合法的探询：“时间从哪里来，经过什么，去往哪里？”（同上）可以看到正是“**流逝**”（*transire*）概念促使我们在准-空间性中把握时间。然而，如果我们倾向于这种形象化（figuré）的表达，那么应该说流逝便是**通过**（*per*）现在**从**（*ex*）将来**去往**（*in*）过去。这种转化因此确认时间的度量是在“一种特定的空间中”（*in aliquo spatio*）完成的，并且时间间隔之间的所有关系都是关于“时间的空间”（*spatia temporum*）（同上）。这似乎会导致一种僵局：时间不具有空间性——但是，“不具有空间的东西，我们便不能度量”（同上）。

就像之前在每一个关键时刻一样，奥古斯丁在这一点上略作迟疑。正是在这里，**谜**（*énigme*）概念被表述："我的心渴望能揭穿这个纠缠不清的谜。"（22 章 28 节）实际上，在开始这项考察时，我们便知道正是这些日常流行的概念是晦涩的。但是，再一次不同于怀疑论，承认谜伴随着一个强烈的欲望，对于奥古斯丁来说，这一欲望是一种上帝的爱的形象："赐予我所爱的因为它是您的恩赐，所以我必须爱它。"（同上[①]）探求的颂歌在这里出现，对于时间的考察被纳入关于永恒圣言（Verbe）的沉思中。我们会再回到这一问题。我们先暂时限定于强调奥古斯丁对于日常语言审慎的信心："我们说……多久以前？（*quam diu*）……已有多长时间！（*quam longo tempore*）……我们这么说，这么听；别人懂我的话，我也懂别人的话。"（22 章 28 节）这就是为什么我们将会说有**疑难**，但是并没有忽视它。

为了解决这个疑难，必须排除宇宙论的解决方法，以此迫使对时间的考察仅在灵魂中进行，从而使得考察得以在三重现在的多重结构中进行，这便构成了延展和度量的基础。因此，关于时间与天体运动、与一般运动关系的讨论既不是偏离主题，也不是兜圈子。

奥古斯丁的观点并没有摆脱关于时间问题长期的历史争议，这一问题从柏拉图的《蒂迈欧篇》、亚里士多德的《物理学》一直到普罗提诺的《九章集》第 3 卷第 7 章，并且他的观点所带来的争议绝不比前人要少。在一个包含反证法晦涩修辞的严密论证的过程中和结尾出，**心灵延展**被艰难获得。

第一个论证：如果天体运动是时间，为何不说它也是一切物体的运动呢（23 章 29 节）？这个论证预设天体的运动可能是不断变换的，有可能加速或者降速，这种立场对于亚里士多德来说是无法想

① 梅杰林在其著作的结尾部分强调了专注（concentration）的作用，专注与对稳定性的期待相联系，这一期待赋予现世的人类与上帝的永恒现在一种特定的相似性。我们也可以说 1—9 卷的叙述是探询专注和稳定性的历史。关于这一点，参见本书第四部分。

象的。天体运动同样被归入其他运动物体的层次，无论它是陶轮，还是人的喉咙发出的语音。

第二个论证：如果天空中的太阳停止运动，陶轮继续转动，那么应该用其他东西而不是用运动来度量时间（同上）。该论证再一次假定天体运动不变性的立场已经被动摇。此论证的一个变形：讨论转动本身是需要时间的，这一时间并没有被已假定发生变化和停止的天体运动度量。

第三个论证：为前一个预设奠基的是这样一个信念，这一信念被《圣经》(Ecritures）指导，即星体只是为了表明时间的光（同上)。如果我们可以这样认为的话，星体便会降级，它们不能通过自身的运动去构造时间。

第四个论证：如果追问是什么构造了被我们称作“天”的度量尺度，我们可以马上想到一天的24小时是被太阳的完整循环所度量。但是，如果太阳旋转得**更快**，一小时就可以完成它的循环，那么“天”就不能再被太阳的运动度量（23章30节）。梅杰林强调奥古斯丁如何通过假设太阳运动速度的变化远离了所有的传统：虽然亚里士多德和普罗提诺都区分了时间和运动，但是两人并没有运用这一论证。对于奥古斯丁来说，作为创造的主人，上帝可以改变天体运动的速度，就像制陶人可以改变陶轮转动速度或者说话者可以改变他的语速一样（被约书亚停止的太阳与假设太阳运动加速具有同样的意义，由此，这样一个论证独立于神迹论证)。只有奥古斯丁敢于承认我们可以不用借助于宇宙论，去谈论时间的延展——天，一小时。**心灵延展**概念正好可以用来代替这种时间的空间化的宇宙论基础。①

① 这样一个替代解释了奥古斯丁不再使用**运动**（motus）和**持续**（mora）的区分：“我想知道是否这一**运动**本身便是一天，或者运动完成所需的**持续**时间？或者两者都有？”(23章30节）既然这三个假设会被抛弃，并且对于“天”这个概念意义的追问也会被抛弃，那么这个区分就是毫无结果的。借助于吉东的理解，我们可以认为，对于奥古斯丁来说，“时间既不是**运动**也不是**持续**，但是相对于**运动**，更多的是**持续**”。**延展心灵**与**持续**的联系并不比与**运动**的联系更多。

通过第一次引入了**延展**概念，奥古斯丁在论证的结尾处把“天”的概念从天体运动的概念中剥离出来实际上是非常重要的，这一点不需要进一步澄清：“因此，我看出时间是一种延伸。但我真的看清楚了吗？是否我自以为看清楚了？真理、光明，只有你能指点我。”(23 章 30 节)

为什么在突破似乎就要出现的时候，这个缄默恰好出现呢？实际上，尽管有前面的论证，但是我们并没有以宇宙论结束论证。我们只是排斥“时间是物体的运动”这一极端命题（24 章 31 节）。但是亚里士多德同样已经拒斥了这一命题，并且明确指出时间本身不是运动，时间是“运动的某物”①。难道时间本身不是运动就不能成为运动的尺度吗？因为时间存在，难道运动被潜在的度量是不充分的吗？当奥古斯丁写道：“既然物体的运动是一件事，估计运动历时多少是另一件事，那么谁会看不出二者之中哪一样应被命名为时间？”(24 章 31 节②）乍看起来，他似乎倒退回到亚里士多德的立场。当奥古斯丁说时间是运动的尺度而非运动本身时，他不是在思考天体的规则运动，而是在思考人类灵魂运动的尺度。实际上，如果我们承认时间的尺度通过一段较长时间和一段较短时间的比较来确定，那么就需要一个确定的比较；否则，这便不是天体的圆周运动，因为我们承认它是可以变化的。运动可以停止，但是时间不可以。我们实际上难道没有像测量停止那样测量运动吗？

没有这个迟疑，我们便不能理解为什么奥古斯丁在反对时间和

---

① 英文译本在此句之后还有一句：“时间是运动的度量尺度，因为后者可以被计数。”参见英译本，第 15 页。Paul Ricoeur, *Time and Narrative*, Volume I, translated by Kathleen McLauGhlin and David Pellauer, University of Chicago Press, 1984.

② 奥古斯丁的犹豫是为了对比另外两个论断：首先，太阳的运动“标记”了时间；其次，为了区分时间间隔开始和停止的时刻，需要“标记”(notare）物体在运动中从哪里开始和在哪里结束；否则，我们便不能说：“确定这一部分至那一部分的间隔，物质或它的某一部分从这里到那里经过多少时间。”(24 章 31 节）在奥古斯丁那里，“标记”概念似乎是时间和运动之间的唯一连接点。于是问题便成为：为了满足时间长度的标记功能，是否这些空间标记没有迫使我们把时间尺度附加于物体而非灵魂的规则运动。我们稍后再回到这一难题。

运动同一的十分大胆的论证之后，再一次陷入彻底的无知状态：我知道我关于时间的论述是在时间中的；因此我知道时间存在，并且我们度量时间。但是我不知道时间是什么，也不知道如何测量它："我真愚蠢，甚至不知道我究竟不知道什么东西。"(25 章 32 节)

然而，奥古斯丁随后便提出一个关键的方法："根据以上种种(*inde*)，我以为时间不过是伸展，但是什么东西的伸展呢？我不知道。但如不是思想的伸展，则更奇怪了。"(26 章 33 节）根据以上的什么呢？为什么用这个修饰性的表述（但如不是……，则更奇怪了……）来确定这个命题？同样，如果在这个论断中有现象学的核心意义，那么这离不开排除了其他预设的**反证法**：因为我用时间来测量物体的运动，而不是相反；因为我们只能用一段较短的时间衡量一段较长的时间，并且因为没有任何物理运动可以提供一个比较的确定尺度，所以天体运动被假定为变化的，也就只**剩下**时间的延展是灵魂的延展这种可能。毫无疑问，普罗提诺在奥古斯丁之前便指出这一点；但是他考虑的是世界的灵魂，而非人的灵魂①。这就是为什么所有问题都被解决与所有问题仍悬而未解一起共存，即使我们提出了**心灵延展**这一关键概念。只要我们不把**心灵延展**与三重现在的辩证法联系起来，我们就不会理解我们自己。

《忏悔录》第 11 卷余下部分（26 章 33 节—28 章 37 节）的目的

---

① 关于这一点，参见拜尔瓦尔特斯（W. Beierwaltes）关于《九章集》(Plotin, *Ennéade*, III, 7, 11, 4）中**灵魂分离**（*diastasis zoês*）的评论；索利尼亚克的"附注"，第 588—591 页；梅杰林，第 90—93 页。基督教对普罗提诺的**间隔—分离**（*diastèma-diastasis*）概念的自由改造可以回溯到尼撒的格里高利（Grégoire de Nysse），就像《古代哲学中的四种时间观》的作者卡拉汉在他的文章《尼撒的格里高利和心理学时间观》[*Grégoire de Nysse and the Psychological View of Time, Attidel XII Congresso internazionale di Filosophia*, Venise, 1958（Florence, 1960）, p.59] 所建立的那样。我们在大卫 · L. 巴拉斯（David L. Balas）的研究中确认了这一点，«Eternity and Time in Gregory of Nyssa's contra Eunomium», in *Gregory von Nyssa und die Philosophie*（IIe Colloque international sur Grégoire de Nysse, 1972）, Leiden, E. J. Bill, 1976。在这次研讨会中，韦尔盖塞（T. Paul Verghese）指出*间隔*从根本上是作为区分创造物和神圣三位一体的标准：在上帝那里，不存在父和子的之间的*间断*。于是*间隔*便把创造物刻画为如此这般，特别是刻画了造物主和创造物之间的间隔（T. Paul Verghese, «Diastema and Diastasis in Gregory of Nysse. Introduction to a Concept and the Posing of a Concept», *ibid*, pp.243—258)。即使假设奥古斯丁知道希腊教父采用了普罗提诺的概念，他仍然具有原创性；因为只有他从灵魂的延伸中推导出了**延展**概念。

是确定其所考察的两个基本主题之间的关联：三重现在和心灵延展之间的关联；前者解决了一个存在缺乏存在的谜，后者解决了一个事物的延展没有任何延展的谜。因此，仍需要把三重现在理解**为**延展，把延展理解**为**三重现在的延展。正是奥古斯丁《忏悔录》第11卷的天才洞见启发了胡塞尔、海德格尔和梅洛-庞蒂这一思想脉络。

三、意向与延展

为了迈出最后一步，奥古斯丁回到了前面的论断（16章21节；21章27节），这一论断不仅悬而未决，而且似乎陷入了怀疑论的攻击，即**当**时间**流逝时**，我们度量它；不是将来不存在，不是过去不再存在，也不是现在不持存，但是"时间在流逝"。需要在流逝和更替中同时寻找现在的**多样性**和它的**分裂**（*déchirement*）。

正在响起的声音，刚刚响过的声音，两个声音之间的交替响，这三个熟知的关于声音的功能使得这种分裂呈现为三重现在的分裂。

这些事例需要特别注意，因为从前一个到后一个的变化非常细微。

第一个例子（27章34节）：假设一个声音开始响起，并持续在响，然后停止了。我们如何谈论这种现象呢？为了理解这种流逝，特别需要注意它完全是在过去时态中被描写；只有当声音已经停止的时候，我们才谈论声响；还未（*nondum*）出现的未来的声响也是以过去时态（*futura erat*）被说出；声音响的时刻，即它的现在时，被描述为已经消失：当声音响起的时候，它可以被度量；"可是在当时声音并非是停留不动的，它是在疾驰而过。"（27章34节）因为我们是以过去时态谈论流逝的现在。第一个例子远没有为谜题提供一个令人欣慰的解答，反而加深了理解的难度。但是，就像以往一样，谜底就在谜题中，谜题也在谜底中。该事例的一个特征允许我们可以朝此方向努力："因为它在经过时，伸展到一定距离的时间，使它可能度量，而当前则没有丝毫长度。"（同上）关键是寻找是什么在流逝，因为它与点状的现在不同。①

第二个例子探究第一个例子中的突破，但是它是通过改变假设实现的（27章34节之后）。我们不再以过去时态谈论流逝，而是以现在时态谈论。在这里，有另一个声音在响。假设它仍然（*adhuc*）在响："当（*dum*）它响的时候，我们测量它。"现在，我们是用先将来时（future antérieur）谈论它的停止，就像谈论一个过去将来时（futur passé）一样："因为一停止（*cessaverit*），它将成为（*jam*）过去，不可能再被（*non erit*）度量了。"（同上）"多长时间"（*quanta sit*）的问题以现在时态被提出。那么困难在哪里呢？困难来自当流逝继续处于它的"仍然"（*adhuc*）中，它不可能被度量。实际上，为了让某物停止，那么便需要有一个开端和一个结束，即一个可度量的间隔。

但是，如果我们只是度量停止存在的东西，那么我们就又落入之前的疑难。并且这个疑难会更加困难一些，如果我们测量流逝的时间，当它既没有已经停止，也没有继续持存。先把论证放在一边，流逝的时间观念似乎落入了与将来、过去和点状现在的概念同样的黑暗中："所以我们不度量过去、现在、将来、或正在过去的时间。"②（同上）

如果我们不知道**如何**度量时间，那么我们**对**时间度量的确信从哪里来呢（异议："然而我们度量时间"在这个戏剧性的段落出现两

---

① 我们将会注意到表达的细微变化：不久之前，奥古斯丁已经拒绝度量点状的现在（*Quia nullo spatio tenditur*），"因为它没有任何长度"（26章33节）。在我看来，收缩（tenditur）表达**意向**（*intentio*），而**延展**（*distentio*）则相反。实际上，点状的现在既没有收缩，也没有松弛：只有"流逝的时间"才可以如此。这就是为什么在随后的章节中，可以谈论现在，就像它流逝一样，作为一种时间间隔，它可以"收缩"（se tendre）。这里所涉及的不再是点状现在，而是可以收缩和松弛的生动的现在。

② 索利尼亚克给《忏悔录》第11卷27章34节的翻译附加了一个副标题："更深刻的考察。新的疑难"（«Examen plus approfondi. Nouvelles apories»），以此来强调奥古斯丁这一部分的疑难特征。

次)？存在一种对既已经停止又在继续持存的流逝时间的度量方法吗？第三个事例正是在这个问题上展开研究。

第三个事例（27章35节），用心诵读一篇诗文——从圣安布罗斯（saint Ambroise）的赞歌中节选出“Deus creator omnium”这一诗句——呈现出一个比声音的持存更大的复杂性，即在一行诗中，四个长音节和四个短音节的相互变换。这个事例的复杂性把前两个事例忽略的记忆和反省重新纳入进来。同样，只有在第三个例子中才能把度量问题和三重现在问题联系起来。实际上，四个长音节和四个短音节引入了一个对比，这个对比直接诉诸感觉（sentiment）：“我读后便加以肯定，而且感觉也清楚觉察到确实如此。”[①] 但是奥古斯丁只是为了突出疑难才引入感觉，并且是为了试着解决它，而不是给感觉蒙上直觉的外衣。如果短音节和长音节只有通过比较才能如此，那么我们就不能把它们叠加起来，就像把两个节拍叠加为一个节拍一样。应该能够保留（*tenere*）短音节，也可以把它应用于长音节。那么持存的已经停止的东西是什么呢？如果我们谈论音节自身，疑难仍然存在，就像我们前边谈论声音那样。如果我们谈论的不是不再持存和还未出现的音节，而是它们在记忆中的印记和在期待中的征兆，那么疑难便被解决：“因此我所度量的不是已经不存在的字音本身（*ipsas*），而是固定（*in-fixum manet*）在记忆中的意象。”(同上)

从对第一个疑难分析的结论中，我们重新发现过去的现在——通过这种表达，所有的困难变成了意象-印记（image-emprinte）、痕迹（*vestigium*）。然而这么做的优点也很明显：现在我们知道了时间的尺度完全与外在的运动没有丝毫关系。另外，在心灵（esprit）自身中，我们也发现了可以让长时间段和短时间段进行比较的固定内

① 如果感觉（*sensitur*）击败了怀疑论，梅杰林（同上书，第95页）指出**有多少**（*quantum*）表明奥古斯丁对伊壁鸠鲁学派对感觉的过度信心有所保留。奥古斯丁在这个问题上追随了柏拉图主义折中的道路，即受到理智引导的可控的信心。

容：通过意象-印记概念，重要的动词不再是流逝（*transire*），而是持存（*manet*）。在这个意义上，两个谜题——时间的存在和不存在，对无广延（extension）东西的测量——被同时解决；一方面，我们正是回到我们自身中："我的心灵（esprit）啊，我是在你里面度量时间。"（27 章 36 节）如何度量呢？时间流逝以后，它们通过消逝的事物在心灵中留下了印记："事物过去而意象留着，我是度量现在的意象而不是度量促起意象而已经过去的事物。"（27 章 36 节）

不应该认为我们借助于印象（impression）结束了考察。[①] 只要印象的被动性与在相反方向以期待、记忆和注意的形式展开的心灵主动性还未对立起来，那么延展心灵的概念就没有获得它应有的意义。**只有以这种多样的方式展开的心灵才可以延展**（*distendu*）。

心灵延展过程的主动方面要求重新考虑前面关于诵读的事例，但是要在它的活动中考虑：提前撰写，进行记忆，然后开始通篇诵读，同样的主动性操作在它们的意象-征兆和意象-印记的被动性中被重复。但是，如果我们没有注意到诵读是一个来自某种期待的行动，这一期待首先朝向整首诗，然后朝向诗的剩余部分，直到诵读完成，那么我们就会误解意象的作用。在这个关于诵读行动的描述中，现在改变了它的意义：现在不再是一个点，也不是一个过渡的点，而是一个"当前的意向"（*praesens intentio*）（27 章 36 节）。如果注意也可以被称作意向，那么在度量中通过现在进行的过渡变成了一个主动的过渡：现在不再仅仅被度过，而是"当前的意志把将来带向过去，将来逐渐减少，过去不断增加，直到将来消耗净

① 在这里，我的分析不同于梅杰林的分析，梅杰林几乎完全把精力投入永恒性和时间的对立中，并且没有强调时间自身之中的意向与延展的辩证法。就像我们随后要指出的那样，通过追求激活**意向**（*intentio*）的永恒性，这个对立被强化。相反，吉东强烈地坚持心灵的紧缩与心灵的**延展**（*distentio*）之间的对立："由于反思考察的进展，他被迫赋予时间相反的性质。"时间的长度（étendue）是一种**延伸**（*extensio*），一种在自身中包含**注意**（*attentio*）和**意向**（*intentio*）的**延展**（*distentio*）。因此，时间内在地与心灵的**活动**（*actio*）相联系，时间是一种精神形式（spiritual form）（同前书，第 232 页）。同样，瞬间是一种"心灵的活动"（acte de l'esprit）（同上，第 234 页）。

尽，全部成为过去”(27章36节)。当然，通过现在从将来到过去的准空间意象的运动并没有被放弃。毋庸置疑，它在使得整个进程双重化的被动性中具有最终的证明。但是，只要我们动态化这个表象（représentation），并且区分行动和隐藏的激情，那么我们就不再受到一个表象是充实的，另一个是空虚的双重性表象的误导。实际上，可能不再有减小的未来，增加的过去，也没有一个“实现这种行动的心灵”(28章37节)。被动性在它的阴影中完成了三个行动，现在可以用三个动词来表达：心灵“期望，注意与记忆”(同上)。结果便是“所期望的东西，通过注意，进入记忆”(同上)。使消逝本身也是消逝。这里的词汇不断地在主动性和被动性之间变换。心灵期待和回忆，然而期待和回忆以意象-印记和意象-征兆的方式存在于灵魂中。对立在现在中出现。一方面，由于当前在流逝，它还原成一个点（*in puncto praseterit*）：这是对现在缺乏广延最极端的表达。但是，由于时间流逝，并且注意“把将是的现在导向（*pergat*）缺席”，因此必须说“注意有一个继续的绵延”(*perdurat attentio*)。

必须把“对将来的长期等待”这一复杂表述中的行为与感受（affection）的相互影响与奥古斯丁把它替换的长将来区分开，在把长过去替换的“对过去的长期记忆中”的表达中同样如此。在灵魂中，期待和记忆以印象的形式具有了广延。但是，只有当心灵活动时——即期待、开始注意和记忆——印象才处于灵魂之中。

是什么构成了延伸（distension）呢？正好是三种收缩（tension）之间的对立。如果26章的33节、30章的40节是《忏悔录》第11卷的宝藏，那么28章的38节便是除此之外的这个宝藏中的王冠。包含持续和停止声音的歌唱例子与长短音节的例子不仅仅是一个具体的应用：它表明了**延展**（*distensio*）理论与三重现在理论的结合点。以三重意向方式被重新表达的三重现在理论使得延展从分裂的意向（*intentio*）中产生。必须要引用整段文字："我要唱一支我所娴熟的歌曲，在开始前，我的期望集中（*tenditur*）于整个歌曲；开始唱后，凡我从期望抛进过去的，记忆都加以接受（*tenditur*），因此我的活动（*actionis*）向两面展开（*distenditur*）：对已经唱出的来讲是属于记忆，对未唱的来讲是属于期望；当前则有我的注意力，通过注意把将来引入（*traicitur*）过去。这活动越在进行，则期望越是缩短，记忆越是延长，直至活动完毕，期望结束，全部转入记忆之中。"(28 章 38 节)

整段文字都是以不再分离而是相互作用的期待、记忆和注意的辩证法为主题。不再是意象-印记的问题，也不是预期的意象问题，而是一个缩短期待、延长记忆的行动。被反复表达的活动（*actio*）概念和反应（agitur）的口头表达显示了控制整个进程的动力。期待和记忆自身都被说成是"参与其中"，期待朝向在吟唱之前的整首诗，记忆是朝向已经吟唱过的部分；而注意则从整体上构成了从将来向过去的主动"引入"。正是这个融合了期待、记忆和注意的活动在不断"持存进行"。**延展**仅仅是间隙（faille），三种活动模式的不重合："因此我的活动向两面展开：对已经唱出的来讲是属于记忆，对未唱的来讲是属于期望。"

延展与印象的被动性有关系吗？如果把**情感**（*affectio*）消逝的优美文本与第一个对诵读行为的简要分析进行比较，那么二者似乎是有关系的（27 章 36 节）。印象看起来仍被理解为诵读行为本身"收缩"的相反的被动方面，即使是默默地诵读：当我们"在头脑中浏览诗歌、韵文和演说"时，某些事物遗留下来（*manet*）。正是"现在的意向把将来带向（*traicit*）过去"(27 章 36 节)。

因此，如果我们将比较**情感**的被动性比作**延展心灵**，正如我相信我们可以这么做，那么必须说三个不同的时间意向是相互独立的，因为意向活动把这一活动本身所蕴含的被动性作为其对应部分，在没有更好的称呼之前，我们把它们称作意象-印记和意象-征兆。为了不谈及两种被动性之间的不协调（discordance），一个与期待相关，另一个与记忆相关，不仅仅是三个活动不相互重合，而且相互对立的主动性与被动性也不重合。因此，心灵越是使自身具有**意向**（*intentio*），它就越遭受**延展**（*distentio*）。

长时段和短时段的疑难解决了吗？是的，如果我们承认：（1）我们所度量的不是将来和过去的事物，而是对它们的期待和记忆；（2）情感（affection）显示了一种独特类型的可度量的空间性；（3）作为心灵主动性的对立面，情感在不断发展；（4）心灵活动自身是三重的，并且在自身的收缩进行过程中展开自身。

老实说，解答的每一个阶段都构成了一个谜：

（1）没有一个在空间中运动的移动物体“坐标点”（marques）的支持，也不考虑在空间中影响运动物体轨迹的物理变化，如何度量期待和记忆呢？

（2）如果印记的广延只是单纯地“存在于”心灵中，那么我们以什么独立的方式获得它呢？

（3）除了一个被期待、注意和记忆贯穿的空间位置隐喻不断发展的动态机制，我们有其他表达**情感**与**意向**关系的方式吗？在这一方面，贯穿于现在进程中的事件转变的隐喻似乎是不可超越的：这是一个好的隐喻，一个活的隐喻。在停止的意义上，隐喻把“流逝”的观念聚合在一起；在转移的意义上，隐喻“使观念消逝”。似乎没有任何概念可以“超越”（*aufhebt*）活的隐喻。①

（4）最后一个论题——如果我们仍可以这样称呼它的话——构成了最难以理解的谜，这是以认为度量的疑难被奥古斯丁“解决”为代价的：当灵魂“收缩”自身时，它也“延展”自身，这就是最后的谜。

但是它恰好是作为谜，度量疑难的解决才是有价值的。通过把

① 由于《纯粹理性批判》第二版中的**自身情感**（*Selbstaffektion*）概念（B67—69），康德同样将会遇到一个被动性主动产生的谜。在第四部分，我将会再回到这一问题（第二章）。

时间的广延还原成灵魂的延展，圣奥古斯丁的重大发现便是把延展与不停渗透入三重现在——在将来的现在、过去的现在和现在的现在之间——的间隙联结起来。奥古斯丁同样看到**不协调**不断从期待、注意和回忆意向的**协调**中产生。

正是关于时间的思辨之谜对应着诗歌构造情节的行为。亚里士多德的《诗学》不是以思辨的方式解决谜题。它也绝没有解决谜题。通过构造一个非协调与协调对立的图景，它以诗意的方式让谜发挥作用。对于这个新的考察，奥古斯丁没有给我们留下任何鼓励的话语：临近考察的结束，用心记忆一首**歌曲**（*canticus*）（参考《忏悔录》）的脆弱例子突然变成一个其他活动参考的典型范例，在这些活动中，灵魂通过收缩而遭受延展："整个歌曲是如此，每一阕、每一音也都如此；这支歌曲可能是一部戏曲的一部分，则全部戏曲亦然如此；人们的活动不过是人生的一部分，那么对整个人生也是如此；人生不过是人类整个历史的一部分，则整个人类史又何尝不如此。"（28 章 38 节）所有叙事内容在这里以潜在的方式展开：从简单的诗歌开始，到整个生命的故事，再到普遍的历史。当前的工作便是考察奥古斯丁在这里直接提出的推论。

四、永恒性的悖论

我必须回应此研究开始部分所描述的异议。此异议反对人为地把《忏悔录》的 14 章 17 节、28 章 37 节与这些章节中关于永恒的深刻思考割裂开来进行解读。通过强调这一考察的自主性，我已经部分地回应了这些异议，这归功于不断就时间问题与怀疑论论证展开争辩。基于此，时间"在灵魂中"和"在灵魂中"发现度量的原则这一立场自身就是充分的，因为它回应了时间观念内部的疑难。为了被理解，**延展心灵**概念只需要与内在于心灵"活动"中的**意向**

概念相对立。①

然而**延展心灵**的**完整**含义仍有缺失，只有永恒的悖论才可以弥补。但是所缺失的内容并没有涉及我所说的**延展心灵**的**充分**含义：我想说这个含义足够回应不存在和度量的疑难。所缺失的内容属于另外的层次。我区分了三种主要方式，其中关于永恒性的沉思影响了对时间的思辨。

它的第一个功能是把对时间的所有思辨置于一个**有限–概念**的视域中，这一视域要求同时思考时间和非时间的东西。它的第二个功能便是在存在（existentiel）层次强调**延展**的经验。第三个功能是要求这一经验自身在永恒的指引下超出自身，从而让其以内在的方式**自我分级**，使我们摆脱线性时间表象的诱惑。

a）毫无疑问，奥古斯丁的沉思是同时关于永恒性和时间的。《忏悔录》的第11章以《创世记》的第一句诗文开始（在《忏悔录》的创作时期，传播到非洲的一个拉丁语版本）：“*in principio fecit Deus*”。并且，涵盖第11卷前14章的沉思以不可分割方式把诗人的赞歌与大部分的柏拉图主义和新柏拉图主义式的思辨结合起来。② 这样一种沉思没有给来自时间的永恒性留下任何词义可理解

① 另外两个异议可能也会出现。首先，奥古斯丁的**延展心灵**概念与普罗提诺的**灵魂分离**（*diastasis zoês*）概念有什么关系呢？整个《忏悔录》的第11章与前9章的叙述有什么关系呢？对于第一个异议，我的回应是：我在这里的想法是不讨论从奥古斯丁到普罗提诺的概念史。相反，我更愿意承认经过普罗提诺的时间分析，一种对转变的好的理解可以有助于突出奥古斯丁遗留给后世的谜题。几个页面底部的注释显然并不足够。为了弥补这一缺憾，我参考索利尼亚克和梅杰林对于《忏悔录》的评论，同样也参考拜耶尔瓦特关于《普罗提诺的时间与永恒》（*Ewigkeit und Zeit bei Plotin*）的研究。我对时间思辨和前面9章的叙述之间的关系尤为感兴趣。在关于**重复**的反思框架中，我将会在本书的第四部分再回到这一问题。当我们提及涵盖奥古斯丁全部著作思想的《忏悔录》时，我们同样可以在这里做出一些推测。

② 在这一方面，我们不会把第2章第3节的伟大祷告看作是简单的修辞学装饰（法语译者非常大胆地选择把它翻译成诗文）：与圣歌一道，它包含思辨发展的韵律：

“白天是你的，黑夜也是你的，光阴随你驱使而流转。请你给我深思的时间，使我钻研你的法律的奥蕴，不要对敲门者闭而不纳。”思辨和圣歌在“忏悔”中结合在一起。在忏悔的音调中，《创世记》的第一句诗文在第2章第3节的祷告中被引出：

“在你的书中我如有所心得，都将向你称谢：‘使我听到称谢你的声音’，使我深深领略你，‘瞻仰你一切奇妙的作为’，从你创造天地的开始，直至和你共生于你的圣城、永远的神国。”

意义上的偏差。被提出的、被忏悔的、被思考的是永恒性与时间的对立。理智的工作并不涉及任何理解永恒性是否存在的问题。永恒性相对于时间的在先性——在仍需要被界定意义上的在先性——在“不被创造而存在”与具有前和后、不断“改变”(changer）和“变化”(varier）的存在之间的对立中被给予（第4章6节)。这一对立在一个呼喊中被给予：“天地存在着，天地高呼说它们是受造的，因为它们在变化。”(同上）并且奥古斯丁强调“我们知道这一切”(同上①)。这就是说，正是由永恒性的忏悔所激发的困难导致了理智的工作：“使我听受、使我懂得你怎样‘在元始创造了天地’。”(第3章5节)(这一问题在第5章7节被重新讨论）在这个意义上，永恒性就像是时间：它的存在并不导致任何问题；它如何存在使我们困惑。正是从这个困惑中产生了相对于时间疑问的永恒性论断的第一个功能：有限-观念的功能。

这一功能是由贯穿于《忏悔录》第11卷前14章始终的忏悔与质询之间的连接导致的。对于第一个问题：“你怎样（*quomodo*）创造天地的呢?”(第5章7节）在与上文同样的颂歌精神中奥古斯丁回答道：“你是用你的‘道’——言语（Verbe）——创造万有。”(同上）但是这一回答产生了新的问题：“但你怎样说话呢?”(第6章8节）以同样的自信，他回答通过**圣言**（*Verbum*）的永恒性：“无起无讫（*simul*)，无先无后（*sempiterne*)，永久而同时表达一切

① 在这一理解中，普罗提诺与奥古斯丁之间根本的相似性和差异被总结。创世的主题构成了其区别。在某些重要页码中，吉东指出了二者的区别（同上书，第136—145页)：他说道：“圣奥古斯丁从《九章集》所提供的世界中发展出一个不同于普罗提诺的灵感，甚至与普罗提诺的思想相对立，这就是他的辩证法想要否定的，防止它出现或者消解。”(第140页）从创世的观念产生了一个时间性的宇宙、一种时间的变化、一种历史的宗教。时间以这种方式被证明和奠基。普罗提诺的流溢说似乎回避了神人同形论，考虑到创世因果性的模式，我们可以探询是否奥古斯丁的**物质**神人同形论的**隐喻**方法不再比新柏拉图主义的模型论重要，后者停留在“相同”的同一性，并且不能摆脱一种由于纯**形式化**而更加精致的神人同形论。创世论的**隐喻**让我们保持警惕和审慎，而模型论通过它的哲学特性吸引我们（关于这一点，参见吉东，同上书，第198—199页)。关于“永恒创造者与时间性创造”，参见梅杰林的详尽评论，同上书，第17—57页。我们将会在他所有关于《提迈欧篇》和《九章集》的注释中看到。

(*omnia*)，否则便有时间，有变化，便不是真正的永恒，真正的不朽不灭。”(第 7 章 9 节) 并且，奥古斯丁**忏悔**：“我的天父，我认识这一点，并向你致谢。”(第 7 章 9 节)

因此我们询问圣言的永恒性。一个双重的**对立**出现，它在成为新的麻烦的源头之前是关于时间的否定性源头。

首先，认为事物是在圣言中被创造，这就是否认上帝以工匠从某物制造某种东西的方式进行创造：“你也不在宇宙之中创造宇宙，因为在创造宇宙之前（*antequam*），还没有（*quia non erat*）创造宇宙的场所。”(第 5 章 7 节) **无中生有**（*ex nihilo*）的创造在这里被期待，并且从现在开始这个原初的虚无用存在论的缺陷来质疑时间。

但是，产生新的否定的决定性的对立——新的困境——让神圣的**圣言**与人类的声音对立起来：创造者的圣言并不像人类的声音，后者可以“开始”和“结束”，就像可以“回响”和“消逝”的音节一样（第 6 章 8 节）。圣言和声音不可以相互还原，并且不可分离，内在的听觉听到上帝的**圣经**（Parole）并接收内心主人的教导，外在的听觉接收**言语**（*verba*）并把它们转化成审慎的理智。**圣言**可以永存，而**言语**会消失。通过这一对立（并且伴随着“比较”），时间重新具有了一个否定性特征：如果**圣言**永存，**言语**“并不存在，因为它是转瞬即逝的”(第 6 章 8 节①)。在这个意义上，非-存在（non-être）的两个功能相互重叠。

然而，否定的发展并不会停止与质询的发展相伴随，它本身双

① 如果这个存在论缺陷在论证中具有另外的功能，而不是与将来的“还未”和过去的“不再”相联系的关于时间的怀疑论论证的非-存在，可是它用缺乏来标记这个独属于被创造物的非-存在：“我们知道，主啊，我们知道死和生，即是先有而后无，或先无而后有。”(第 7 章 9 节) 然而两个形容词“永恒的”(它的同义词“不朽”) 和“时间的”是对立的。时间意指非永恒。我们进一步询问是否否定没有在这两个意义上发挥作用。在这里，即在第 7 章 9 节，永恒意味着**不**“消逝”和**不**“相继”。关于永恒性的同义词（*immortalitas, incorruptibilitas, ncommutabilitas*），参见梅杰林对于《提迈欧篇》的注释，同上书，第 32 页。因此，我们保留了包含在这两个否定中的永恒性观念的有限-能的前两个内容：圣言**不是**像工匠那样，通过**先前**的材料进行创造；圣言并**不**是通过一个**在时间中**回响的声音进行言说。

重化了永恒性的忏悔。实际上，质疑再一次从前面的回答中产生："你惟有用言语创造，别无其他方式；但你用言语创造的东西，既不是全部同时创造，也不是永远存在。"（第 7 章 9 节）换句话说，一个时间性的被造物如何通过永恒的圣言并在其中被创造呢？"主，我的天父，请问原因在哪里？我捉摸到一些，但只意会而不能言传。"（第 8 章 10 节）在这个意义上，永恒性和时间一样都是谜的源头。

对于这个困难，奥古斯丁通过赋予圣言一个"永恒的理性"来回答，它使得被造物开始存在和结束存在。[①] 但是这个回答一开始就包含重大的困难，它长期影响着奥古斯丁对于创世之前的问题的洞见：实际上，通过永恒的理性规定一个开始和结束意味着它知道**"什么时候"**（*quando*）这个事物必须开始和结束。这个**"什么时候"**再一次让我们陷入迷思。

它首先让摩尼教和新柏拉图主义的问题成为可能并值得重视，其他基督教的思想家认为这一问题是荒谬的并以嘲讽的方式进行处理。

这就是奥古斯丁的质疑者所采取的三重论证："天父在创造天地之前做些什么？""如果闲着无所事事，何不常无所为，犹如他以后停止工作一样？""如既然天父创造的意愿是永远的，那么受造为何不也是永远的呢？"（第 10 章 12 节）正如我们考察奥古斯丁回应那样，我们会关注影响**延展心灵**经验的存在论否定性，它本身在心理学的层次上也是否定的。

在对这些再一次从永恒性的忏悔中产生的困难提出个人回答之前，奥古斯丁最后一次精炼他的永恒性概念。相对于"永不稳

---

① 在"奥古斯丁丛书"（*Bibliothèque Augustinienne*）中，《忏悔录》的译者和解释者指出了第 9 章 11 节和第 10 章 12 节之间的一个转折，并且把第 11 卷分成两大部分：I. 创世和造物主的圣言（第 3 章 5 节—第 10 章 12 节）。II. 时间问题：a）创造之前（第 10 章 12 节—第 14 节 17 章）；b）时间的存在和它的度量（第 14 章 17 节—第 29 章 39 节）。我本人的分析让我把 I 和 II a）重新整合在同一个标题之下，以强化与永恒性相对立的**延展心灵**概念。另外，这个从第 10 章 12 节开始的表面看起来荒唐的问题与**如何**和**为什么**的问题属于同一种疑难样式，后两者也通过永恒性的忏悔向我们显示。最终，疑难和对疑难的回答深化了第 3 章 5 节开始的对时间性的否定性反思。

定”的事物，永恒性是“永恒稳定”(*semper stans*)。这种稳定性在于“永恒却没有过去，整个只有现在（*totum esse praesens*)，而时间不能整个是现在”(第11章13节)。这里的否定性是极端的否定性：为了彻底思考**延展心灵**，即三重现在的缺陷，应该能够把它与一个**既无**过去**也无**将来的现在进行“比较”①。正是这个极端的否定规定了奥古斯丁对于这个表面看起来毫无价值的论证的回应。

如果奥古斯丁如此不辞劳苦地拒绝这一论证，那么这是因为它构成了一个永恒性主题所包含的疑难。②

奥古斯丁对于第一个异议的回应十分坦诚和简洁：“天父在创造天地之前，不造一物。”(第12章14节）毫无疑问，这一回应让存在一个“在……之前”的假设保持完整，但是重要的是这个“在……之前”被虚无困扰：“不造一物”的“虚无”是创造的“之前”。因此，为了考察有始有终的时间，必须考察“虚无”。时间同样被虚无包围。

对于第二个异议的回应更加值得注意。没有任何“在先”与创世相联系，因为上帝在创造世界时创造了时间：“你是一切时间的创造者。”“这时间即是你创造的，在你创造时间之前，没有分秒时间能消逝。”这一回应一举消除了问题：“没有时间，便没有‘那时候’(*non erat trunc*)。”(第13章15节）这个“没有那时候”(non-alors）与不造一物的**虚无**是同样程度的否定。因此，思想被赋予形成

① 在《提迈欧篇》37c中，柏拉图已经排除了不谈论永恒现在的永恒性的过去和将来。梅杰林（同上书，第46页）引用了奥古斯丁把上帝的 *stare* 和 *manere* 解释为永恒现在的其他文本。梅杰林（第43页）极力强调奥古斯丁接受了第10章12节的论证部分：“天父的意愿不由受造而来，而是在乎造物之前……所以天父的意愿属于天父的本体。”梅杰林把这一部分与普罗提诺《九章集》的 VI, 8, 14 和 VI, 9, 13 部分联系起来。在中世纪的努墨尼奥斯（Numenius）的柏拉图主义中，他确认了对永恒现在的第一次表达，这要先于普罗提诺（在这一点上，他回到了拜耶尔瓦特，同上书，第170—173页)，并先于尼撒的贵格利和阿塔纳斯（Athanase)。

② 现在，我们很难想象由时间性创造概念引起的争论有多么热烈，更不用说有多么激烈；吉东还指出这些争论如何被字面解释和隐喻解释之间的冲突所激化，这是由“六天”创世的圣经故事，并且特别是由赋予创造光之前的“三天”的意义所引起的。关于这一点，参见吉东，同上书，第177—191页。

时间缺席概念的任务，从而可以彻底地思考作为流逝的时间。为了可以被完全地体验为**转变**（*transition*），时间必须被理解为**转瞬即逝**（*transitoire*）。

但是，时间与世界一起被创造的主题——柏拉图的《提迈欧篇》38d 已有讨论——保留着一种在时间之前有其他时间的可能性（《忏悔录》第 11 卷第 30 章 40 节的结尾指出了这种可能性，或者是思辨的假设，或者给天使般的存在保留一个特殊的时间维度）。无论如何，为了应对这样的可能性问题，奥古斯丁为其立场提出了反证法（*reductio ad absurdum*）的证明：即使在时间之前有一种时间，这个时间仍然是一个被造物，因为上帝是所有时间的创造者。因此，一种在创世之前的时间是不可能的。这一论证足以澄清上帝在创世之前无所事事的假设：说上帝曾无所事事，这就是说存在一种上帝在他创造之前绝不做任何事情的时间。因此，时间范畴不适于刻画一种"在世界之前"的特征。

对第三个异议的回应使得奥古斯丁有机会最后一次考察时间与永恒性对立的问题。为了澄清所有上帝意志中的"创新"概念，必须赋予创世**之前**的概念一个排除所有时间性的意义。应该把在先理解为优先性、完美性和至高无上性："你是在永远现在的永恒高峰（*celsitudine*）上超越一切过去。"（13 章 16 节）否定仍然被突出："你的岁月无往无来。"（同上）"你的岁月全部屹立着绝不过去。"（*simul stant*）（同上）"上帝岁月"的屹立而不过去，以及《出埃及记》所说的"今天"假定了那些优于而不先于事物的非时间性意义。流逝要比优于更低一级。

如果我如此坚持这个存在论的否定性，即永恒性与时间的对立在**延展心灵**的心理学体验中出现，那么这不是为了把奥古斯丁的永恒性限制在康德的有限性观念的功能中。希伯来传统和柏拉图主义在拉丁语译文的《出埃及记》3 章 14 节（Exodus 3：20）中的结合——“我是我所是”（*ego sum qui sum*）①——禁止我们把永恒性的思想解释为一种没有对象的思想。此外，赞歌和思辨的结合表明奥古斯丁并不局限于考察永恒性；他求助于永恒（Eternel），他援引第二人称作为理由。永恒的现在以第一人称的方式自我显现：**存在**（*sum*）而非**本质**（*esse*）。② 同时，思辨在这里无法与自我显现上帝的自我确认相分离。在这个意义上，我们可以谈论奥古斯丁的永恒性体验，这一问题预留给稍后的讨论。但是，当理智（intelligence）把时间“比作”永恒性时，正是这种永恒性体验具有有限性观念的功能。在存在论的维度，关于**延展心灵**的生动体验的工作反过来又把有限观念思想置于存在的匮乏和缺陷这一否定性特征对**延展心灵**体验所规定的视域中。③

否定的双重性——就像尤金·明科夫斯基（Eugene Minkowski）曾说的那样——在时间性的生命体验层次被思考，这会使我们确信永恒性的缺乏并不仅仅是一种有限性思想，而是一种在内心的时间体验中被感觉到的匮乏。有限性概念于是变成了否定的忧伤。

b）通过把时间思想和时间的他者思想结合起来，永恒性与时间之间的对立并不局限于围绕我们时间体验的否定性来展开。时间经

① 这里的问题不是拉丁语译文对于希伯来语原文的忠实性，而是它在哲学传统中的有效性。

② 索利尼亚克（同上书，第583—584页）在这里参考了吉尔松的《圣奥古斯丁的哲学与道成肉身》（*Philosophie et Incarnation chez saint Augustin*），此书是研究奥古斯丁关于《出埃及记》的著名诗句和其他《诗篇》诗文的重要文本，特别是七阶段说（*sermo 7*）。索利尼亚克评论道：“对于奥古斯丁来说，永恒性的超越性与时间有关，这是拟人化上帝的超越性创造了人，并与人进行交流。因此相对于在时间更替流变中显现的存在的**实存**（*existence*），**存在**的超越性在一个没有结束的现在中独立存在。”（同上书，第584页）

③ 由于我们被引导相信 *manere, stans, totum esse praesens* 概念，我在这里不讨论永恒性观念本身是否完全是肯定的问题。“开始”“停止”“流逝”本身是肯定的概念，甚至永恒性同样是时间的否定以及时间的他者。甚至“整个是现在”这一表述否定了上帝的现在具有一个过去和将来。由于意象-痕迹（images-vestiges）和意象-符号（images-signes）的出现，记忆和期待是肯定的体验。只有当永恒的现在与流逝的现在同音异议时，永恒的现在才表现为一种完全肯定的观念。为了把它称作永恒，必须否定它是从将来向过去的肯定和否定的更替。只有当它不是**消退**（*traversé*）的现在，它才是稳定的。永恒性也以否定的方式被理解为不包含时间的和非时间性的存在。在这个意义上，否定是双重的：为了把它理解为一种关于否定自身的匮乏，我必须可以否定我的时间经验的特征。最重要的是，正是永恒性是时间的他者这个双重和相互的否定**突出**（*intensifier*）了时间的体验。

验通过否定性完全扩散开来。同样，聚焦于生存者（existentiel）维度，延伸的体验被提升到**哀歌**（*plainte*）的层次。这一新的对立一开始就在令人钦佩的第2章3节的祈祷中被概括。圣歌包含了哀歌，**忏悔**把它们都置于语言的层次。①

在稳定的永恒性视域中，哀歌毫无羞愧地展示了奥古斯丁本人的情感。“谁能不断照耀（*interlucet*）我、敲击（*percutit*）我的心而不使之受损伤？我既恐惧又热爱（*et inhorresco et inardesco*）：恐惧，因为我和他有不同之处；热爱，因为我和他有相同之处。”（第9章11节）在《忏悔录》的叙述中，因为叙述自己面对普罗提诺狂喜（extase）的徒劳尝试，奥古斯丁悲叹道：“我发觉我是远离了你而飘流异地。”（第7卷第10章16节）来源于柏拉图（《政治家篇》273d）和经过普罗提诺改造而成为基督教意义上的表达在这里变得尤为突出：在普罗提诺那里，这一表达不再沉陷于晦涩的泥沼；相反，它指出了把造物主与被造物分离的基础存在论差异，灵魂正是在回溯源头的运动与认识原则的努力中发现了这一差异。②

但是，如果辨别相似性与不相似性的能力属于进行“比较”的理智（第6章8节），那么它的反响影响了感觉的范围和深度。在这一方面，《忏悔录》第11卷的结尾部分（第29章39节—31章41节）——这一部分在永恒性与时间关系的沉思中完成了时间分析的工作——提出了一个关于**延展心灵**的最终解释，它与《忏悔录》第1章中的赞歌和哀歌具有相同的基调。**延展心灵**不再仅仅为时间度

---

① 在《圣奥古斯丁〈忏悔录〉研究》第一章中（*Recherches sur les Confessions de saint Augustin*, Paris, de Boccard, chap. 1），皮埃尔·库尔塞（Pierre Courcelle）坚持认为奥古斯丁的“忏悔”一词超越了罪恶的忏悔，并且包含了信仰的忏悔和赞歌的忏悔。时间分析和**延展心灵**的挽歌与奥古斯丁的第二个和第三个忏悔的意义有关。我随后也会指出叙事也包含在其中。

② **漂流异地**（*regione dissimilitudinis*）这一表达激发了众多研究，索利尼亚克在注释19中有一个评论性注释（同上书，第689—693页）。吉尔松（«Regio dissimilitudinis de Platon à saint Bernard de Clairvaux», *Medieval Studies.*, 9, 1947, pp.108—130）和皮埃尔·库尔塞（«Traditions neo-platoniciennes et traditions chretiennes de la region de dissemblance», *Archives d'Histoire Litteraire et Doctrinale du Moyen Age*, 24, 1927, pp.5—33，在《圣奥古斯丁〈忏悔录〉研究》中，重新进行考察）特别强调了从柏拉图到基督教中世纪这一表达的重要价值。

量的疑难提供“答案”；它同样叙述了灵魂如何被剥夺了永恒现在的稳定性。“你的慈爱比生命更好，我的生命不过是挥霍……（*distentio est vita mea*）”（第 11 卷第 29 章 39 节）这实际上就是在时间自身之内的**意向–延展**（*intentio-distentio*）的全部辩证法，这一辩证法重新以永恒性与时间对立的形式出现。**延展**变成了被放逐成为世人和亚当原罪的同义词，**意向**倾向于等同于芸芸众生（homme interieur）的集合（“束身皈向至一的你”，同上）。**意向**不再是颂歌之前对整个圣诗的期待，使其从将来向过去转化，而是对最终事物的期望，将被遗忘的过去不再是记忆的容器，根据圣保罗的《腓立比书》（*Philippians* 3, 12—14）的讨论，它变成了亚当的标记：“使我忘却过去种种，不为将来而将逝的一切所束缚，只着眼于目前种种（*non distentus sed extentus*），不驰骛于外物（non secundum distentionem），而‘专心致志（sed secundum intentionem），追随上天召我的恩命’，那时我将‘听到称颂之声’，瞻仰你无未来无过去的快乐。”（同上）相同的**延展**和**意向**词汇重现：但并不是在一个疑难和考察的纯粹思辨文本中，而是在一个颂歌和哀悼的辩证法中。① 通过这一影响**延展心灵**的意义转变，分离被造物与堕落物条件的边界被默默跨过：“而我却消磨（*dissilui*）在莫名其究竟的时间之中……”（同上）消耗我们岁月的“呻吟”是罪人和被造物共有的。

正是在永恒性的视域中，奥古斯丁其他著作中的所有表达的意义都可以被把握，这些著作为**延展**的核心隐喻提供了隐喻资源。

---

① 就像吉东所做的那样（同上书，第 237 页），必须要区分“可以被意识分离的两个内在运动，即使它们相互影响，**期待未来**（*expectatio futurorum*）使我们朝向将来，**延展至至上**（*extentio ad superiora*）使我们明确地朝向永恒”？存在“两种形式的时间吗”（同上），奥斯蒂亚的狂喜澄清了第二种吗？如果我们考虑我稍后会谈到的在时间体验中的永恒性的第三种形式，那么我不这么认为。吉东同样也会这么认为：正是**延展至至上**与**期待未来**在“存在论上分离”（第 243 页）的不可能性从根本上区分开了奥古斯丁与普罗提诺、奥古斯丁与斯宾诺莎，**延展至至上**在斯宾诺莎那里被称作**理智的爱**（*amor intellectualis*），**期待未来**在斯宾诺莎那里变成了**绵延**（*duratio*）。奥斯蒂亚的狂喜证实了这一点：不同于新柏拉图主义的狂喜，它既是一个缺陷也是一个升华。我将在第四部分回到这一问题。当永恒性吸引和提升时间，而不是抛弃时间时，叙事便是可能的。

在一篇关于《圣奥古斯丁的时间性概念》(« Les Catégorie de la temporalité chez saint Augustin »）的重要论文中，斯坦尼斯拉斯·博拉斯（Stanislas Boros）特别重视《诗篇阐释》(*Enarrationes in Psalmos*）和《证道集》(*Sermones*)，他得出了四个“综合图像”，每一个都把我所说的有限哀悼与对绝对的颂扬结合起来：毁坏、消散、不断堕落、未达成的目标、溃散、异化、极端的贫困这些景象与作为“消解”(dissolution）的时间性结合起来；作为“末日”(agonie）的时间性表现了死亡、疾病和虚弱、内部战争、哭泣的俘虏、衰老、贫瘠的景象；作为“放逐”(bannissement）的时间性聚合了受苦、流亡、漂泊、恍惚、怀乡、徒劳的愿望这些景象；最终，“黑夜”主题支配了失明、阴暗、昏暗的景象。绝不是这四个根本图像中的任何一个，也不是它们的变样没有获得与永恒性象征的反面相联系的**对立**（*a contrario*）意义的力量，即那些以重新相聚、充实的生命、归乡和光明形式存在的反面。

由于与此象征主义分支相分离，**延展心灵**被永恒性与时间的辩证法控制，它不再是从整体上简单地对怀疑论论证不断产生的疑难的一种思辨回应。进一步深入考察赞歌和哀歌的动态关系，**延展心灵**变成一种把血肉置于反驳论证框架下的生命体验。

c）时间与永恒性辩证法对于解读**延展心灵**的第三种方式十分重要：根据体验距离永恒性的远近，它在时间体验的核心中使时间化的等级层次产生。

在理智所进行的相互比较中，永恒性与时间之间的相似性比差异性更受重视（第6章8节）。这个差异性在时间趋向永恒性的能力中被表达，柏拉图把它纳入到时间的定义中，并且第一批基督教思想家开始用创世、道成肉身、救赎等概念进行重新解释。通过把内在圣言的**教导**和**复活**联系起来，奥古斯丁赋予这一重新解释一种特殊的重要性。在永恒的**圣言**和人类的**声音**中，不仅存在差异和距离，还有教导和交流：圣言是内心的主人，“在内部”被寻找和把握

(*intus*)(第 8 章 10 节)："主啊，在那里我听到（*audio*）你的声音对我说：凡训导（*docet nos*）我们的，才是对我们说话；……除了不变的**真理**外，谁训导我们？"(同上）我们与语言的第一个联系也并不是我们所说的，而是我们所听从的，并且是超越于外在**言说**的我们所听从的内在**圣言**。复活正是这个听从：因为"我们之所以能放弃错误，当然是认识之后才能迷途知返，而我们之所以能认识，是由于他教导我们，因为他是'元始'，并且向我们说了话"(第 8 章 10 节)。因此，教导[①]、理解和复活联系在一起。我们可以说教导弥补了永恒**圣言**与时间**声音**之间的鸿沟。它让时间向永恒性的方向提升。

《忏悔录》前 9 卷所叙述的便是这个运动。在此意义上，**叙事**实际上完成了第 11 卷所考虑的可能性条件的工作。这一卷实际上证明圣言的永恒性所吸引的时间体验并不是把仍是时间性的叙事置于脱离时间限制的沉思中。由此，第 7 卷中对普罗提诺的狂喜概念所进行的考察肯定是失败的。既不是第 8 卷讨论的转变，也不是表明第 9 卷叙事顶点的奥斯蒂亚的狂喜消除了灵魂的时间性条件。这两种极端的体验仅仅使漂浮不定结束，也就是让**延展心灵**的堕落形式结束。但这是为了促成一个把灵魂重新置于时间道路上的漫长旅程。旅程和叙事奠基于一种在时间上无限近似的永恒性，这远非放弃差异，而是不断地向此靠近。这就是为什么奥古斯丁抨击那些在创世时刻为上帝赋予一个**新的**意愿的观点毫无价值，他用听从圣言的"稳定的内心"反对他们的"漂浮不定的内心"(第 11 章 13 节)，为了重述时间和永恒性之间的区别，他只提及与永恒现在类似的稳定性："谁能遏止这种思想，而凝神伫立，稍一揽取卓然不移的永恒的光辉，和川流不息的时间作一比较，可知二者绝对不能比拟"(同上)。同时，通过呈现这一差异，相似性重复了与时间有关的永恒性的有限功能："谁能把定人的思想，使它驻足谛观无古往无今来的永

① 索利尼亚克评论道：必须为其添加一个**劝诫**（*admonitio*）。

恒怎样屹立着调遣将来和过去的时间?”（同上）

毫无疑问，当**意向**与**延展**的辩证法被牢固地固定在永恒性与时间的辩证法中，被抛出两次的含蓄提问（谁能遏止？谁能把定?）便被一个更加自信的肯定代替：“我将坚定地站立在你天父之中，在我的范畴、你的真理之中。”（第30章40节）但是这种稳定性仍在将来之中，即希望的时间之中。恒定的愿望仍是在延展的体验中被说出：“直至一天为你的爱火所洗炼，我整个将投入你怀抱之中。”（第29章39节）

因此，关于时间的古老疑难并没有使讨论失去自主性，**延展**与**意向**主题在关于永恒性与时间的沉思中被强化，此书余下部分将会回应这一问题。这种强化不仅仅包括这一事实：通过一种受到虚无攻击的有限的永恒性概念，时间被看作是废止的。强化也不再被还原成被转换为哀歌和呻吟的领域，因为这仍是一种思辨的论证。它的更根本的目标恰好在于从时间体验中分离出内在等级化的方法，这么做的优点在于不抛弃时间性，而是深化它。

对我全部工作的最后一个评论的影响值得重视。如果现代叙事理论的根本倾向——在历史编纂学和叙事学中都是如此——的确是“去编年化”（déchronologiser）叙事，那么为了“逻辑化”叙事这一唯一主题，反对时间的线性表征就不是必须的，反而是为了深化它的时间性。编年史——或者计时学——不止有一个对立面，因为还有法律和模型的非编年史。它真正的对立面是时间性自身。毫无疑问，为了获得人类时间性的完美正义的状态，必须承认存在时间的他者，并且这也是为了提议不抛弃时间性而是深化、等级化时间，根据越来越少“延展”和越来越“收缩”的时间化层次来把时间展开，即**只着眼于目前种种，不驰骛于外物**（*non secundum distentionem, sed secundum intentionem*）（第29章39节）。

第二章　构造情节：对亚里士多德《诗学》的解读

对我的研究有启发的第二个伟大文本是亚里士多德的《诗学》。选择这一文本有两个原因。

一方面，我在构造情节（*muthos*[①]）概念中发现了对奥古斯丁的**延展心灵**概念相反的回应。奥古斯丁在不协调（discordance）的生存重担下悲叹。亚里士多德在典型的诗学行为中——悲剧诗歌的构成——察觉出协调性优于不协调性。正是我——作为奥古斯丁和亚里士多德的解读者——在不协调性粉碎协调性的生命体验与协调性修复不协调性的言语活动之间建立了联系。

另一方面，模仿（*mimèsis*）活动概念促使我开始考察第二个问题，即通过情节的反转实现生命时间体验的创造性模仿。在亚里士多德那里，因为模仿活动很容易与构造情节活动混淆，所以他的第二个主题很难与第一个主题区分开。因此，只有在《诗学》的后续

① 随后会看到我们为什么如此翻译。

部分，才能完全展现其智识和独立性。[①] 实际上，《诗学》对于诗学活动和时间经验之间的关系保持沉默。作为诗学活动，它甚至没有任何明显的时间特征。然而亚里士多德对这一点保持完全沉默并不是毫无益处的，因为他从一开始就让我们的研究远离同义反复的循环，并且在时间与叙事两个问题之间建立了一种对生命体验与言说之间的中介性操作进行研究的最佳距离。

这些评论已经表明我不打算把亚里士多德的模型作为之后研究的唯一形式。我指出在亚里士多德那里存在一种发展和最初陈述同样重要的双重反思的主旋律。这一发展影响了从亚里士多那里借用的两个概念：构造情节和模仿活动。在构造情节概念中，必须移除《诗学》赋予戏剧（悲剧和喜剧）和史诗内在优先性的一系列限制和禁忌。不可能不从整体上指出表面的悖论，这一悖论使得叙事活动成为包含戏剧、史诗和历史的概念，一方面，在《诗学》背景中被亚里士多德称作历史（*historia*）[②] 的东西反而发挥了反例的作用，另一方面，在唯一包容性的**模仿**概念中，叙事——至少他称其为叙事诗（poésie diégétique）——对立于戏剧；此外，并不是叙事诗，而是悲剧诗完美地包含了构造艺术的结构功能。如果叙事一开始只是其中的一类概念，它如何能够变成包容性的概念呢？我们将不得不说直到亚里士多德的文本允许我们分离结构模型与悲剧叙事，并且逐渐产生一个对所有叙事内容的重新组织。无论亚里士多德的文本提供了多么丰富的内容，亚里士多德的构造情节概念对于我们来说只能是一个巨大进展的萌芽。为了保留它的指引性角色，它必须经过其他更加显著的反例的检验，无论这些检验是由我们称为小说虚构的现代叙事提供，还是由我们称为非叙事历史的当代历史提供。

---

① 在没有对其高估的情况下，我们只是对亚里士多德文本的注释感兴趣，这些注释表明了“诗学”文本与真实的“伦理”世界之间的指称关系。

② 关于 Historia 一词的含义如何演变为“历史”，参见吴晓群：《世界历史》2013 年第 3 期。——译者注

对于模仿活动来说，**模仿**概念的完全显现不仅要求行动对“现实”领域的指称关系具有更少隐喻，并且这个领域也获得了亚里士多德所赋予的除了“伦理”特征之外的其他特征——这些“伦理”特征本身也是重要的，从而我们就可以把它与奥古斯丁关注的时间的非协调性经验问题放在一起讨论。超越亚里士多德的路途将会是漫长的。在从整体上提出虚构叙事与历史叙事的交叉指称（référence croisée）——在生命的时间体验之上的交叉——问题之前，不可能讨论叙事如何与时间联系起来。如果模仿活动概念在《诗学》中是首要的，那么我们的交叉指称概念——作为不同于亚里士多德**模仿**概念的继承者——只能是最终的，并且必须返回到我们整个研究的视域中。这就是为什么只能在第四部分才能系统地考察它。

一、主旋律：模仿-情节

我的目的不在于对《诗学》进行评论。我的反思是次要的，并且假定与卢卡斯（Lucas）、厄尔斯（Else）、哈迪森（Hardison），以及最后不能不提的罗瑟琳·杜庞-罗克（Roselyne Dupont-Roc）和让·拉洛特（Jean Lallot）等人的评论具有某种相似性。[①] 做出同样辛劳工作的读者很容易看到他们对我的思考的影响。

通过同时发起和定位所有分析概念的“诗歌的”形容词形式（伴随着它所蕴含的名词：“艺术”）来提出**模仿-情节**（*mimèsis-*

① G. F. Else, *Aristotle's Poetics: The Argument*, Harvard, 1957. Lucas, *Aristotle, Poetics*, introduction, commentaires, Oxford, 1968. L. Golden and O. B. Hardison, *Aristotle's Poetics: A Translation and Commentary for Students of Literature*, Englewood Cliffs, N.J.: Prentice-Hall, 1968. *Aristotle, Poetique*, texte établi et traduit par J. Hardy, «Les Belles Lettres», 1969. *Aristotle, La Poetique*, texte, traduction, notes par Roselyne Dupont-Roc et Jean Lallot, Paris, Éd. du Seuil, 1980. 我必须承认詹姆斯·莱德菲尔德的著作对我的影响：*Nature and Culture in the Iliad: The Tragedy of Hector*, The University of Chicago Press, 1975。

muthos）概念并不是无关紧要的。它单独把生产、破坏、动态的标记置于所有分析之上：首先是置于应该被看作是操作而不是结构的**情节**和**模仿**两个概念之上。通过用**定义项**（*definiens*）代替**被定义项**（*definiendum*），当亚里士多德说**情节**是“事件的系统组织”（*è ton pragmaton sustasis*）（50a 5）时，我们不能把**构成**（*sustasis*）概念［或者等同的**整合**（*sunthèsis*）概念，50a 5］理解为系统（système）（就像罗瑟琳·杜庞–罗克、让·拉洛特所翻译的那样，参见上文引用，第 55 页），而必须理解为把事件编排或组织成一个系统的主动含义（如果我们想的话，可以组织成系统），以此来表明《诗学》所有概念的操作性特征。这就是为什么一开始**情节**概念作为动词的补语被提出。诗歌同样也被直接等同于“组织情节①”（1447a 2）。同样的特征也需要保留在**模仿**的翻译中：当我们说模仿或者再现时（就像最新的法语译者那样），需要理解的是模仿活动、模仿和再现的主动过程。因此模仿和再现必须在使其再现和转化为再现活动的动态意义上被理解。在同样的要求下，当亚里士多德在第六章列举和定义悲剧的六个“成分”时，不能把它理解为诗歌的“成分”，而应该把它理解为艺术创作的“成分”②。

如果我坚定地坚持这一主动特征，即把“诗歌的”形容词形式强加于所有之后的分析，这是因为构思使然。在本书的第二部分和第三部分，当我为叙事理解的首要性辩护时，它与历史学中的解释（社会学的或其他的解释）或者虚构叙事中的解释（结构主义的或其他的解释）相联系，我会为情节构造活动的首要性进行辩护，它与

① 在法语文本中，我采用了罗瑟琳·杜庞–罗克和让·拉洛特的翻译，只是用**情节**（*intrigue*）代替**历史**（*histoire*）来翻译**构造情节**（*muthos*）。用历史（*histoire*）概念翻译是有依据的；然而，由于历史概念在我本书中的重要性，我并没有在历史学的意义上保留它。法语的历史（*histoire*）概念实际上并不允许像英语那样区分故事（*story*）与历史（*history*）。相反，情节（*intrigue*）概念同样指向它的同义词：事件编排，而不是像哈蒂（J. Hardy）那样用寓言（*fable*）概念来翻译。

② 参见厄尔斯，47a 8—18。厄尔斯甚至建议当**模仿**（*mimèsis*）概念以复数形式出现时，用“*imitaings*”来翻译，以此澄清模仿过程表达了诗学活动本身。*Poièse, sustasis, mimèsis* 都以 *-sis* 结尾突出了每一个概念的**过程**（*procès*）特征。

所有静态结构、非编年样式、非时间恒定者的类型相联系。我在这里不讨论这一问题。后面的研究将会充分澄清我的目的。

现在开始考察**模仿–情节**这对概念。

亚里士多德的《诗学》只有一个总括性概念，即**模仿**概念。这个概念只能根据上下文并通过它的一个用法被定义，此处让我们感兴趣的是模仿或行动的再现。更准确来说：以格律语言为形式的模仿或行动的再现，因此节奏与之相伴（在悲剧中，**范例**、戏景和唱段也加入其中）。① 但是只有悲剧、戏剧和史诗本身的模仿或者行动再现才被考虑。但是还没有在普遍性层次对它本身进行定义。只有悲剧本身的模仿和行动的再现才被明确定义。② 我们不直接批评亚里士多德这个核心的悲剧定义，而是追寻当亚里士多德在第六章提供这一定义的构造核心时，他提供给我们的线索。这并不是以普遍的方式——以特定的差异——实现，而是通过对“成分”的陈述实现：“戏剧必须包括如下六个决定其性质的成分，即情节、性格、言语、思想、戏景和唱段。”(50a 7—9；中译：第64页)

在稍后的讨论中，我会保留“模仿或者行动的再现”与“事件编排”这两个表达之间的准同一性。正如我们所说的那样，第二个表达是亚里士多德用定义代替了被定义的**情节**。这个准同一性首先通过六个部分之间的等级化被确认，这一等级化把优先性赋予给再现或模仿的“什么”(对象）——情节、性格、思想，这一优先性是相对于“通过什么”(方式）——言语和唱段，以及“如何”(形式）而言的；然后，对“什么”的内部进行第二次等级化，把行动置于性格和思想之上［“悲剧是对行动的模仿（*mimēsis praxeôs*），而这种

① 但是，在第一章提出的“图像中的表象”——致力于研究“如何表象”，而不是“是什么”和它的“方式”(见下文）——不停地提供从绘画借用来的澄清性类比。

② “悲剧是对一个严肃、完整、有一定长度的行动的模仿，它的媒介是经过‘装饰’的语言，以不同的形式分别被用于剧的不同部分，它的模仿方式是借助人物的行动，而不是叙述，通过引发怜悯和恐惧使这些情感得到疏泄。”(chap.VI, 49b 24—28；中译：亚里士多德：《诗学》，陈中梅译，商务印书馆1996年版，第63页。——译者注)

模仿是通过行动中的人物进行的”，50b 3］。通过这个双重的等级化，行动作为“最重要成分”“目的”“原则”和悲剧的“灵魂”（如果我们可以这么说的话）出现。这种准同一性通过“情节是对行动的模仿”（50a 1）这一表达被确认。

这一文本从此将引导我们的讨论。它要求我们思考整体，并且用模仿或者行动再现与事件组合相互定义。这种同一性首先排除了任何用复制和相同副本概念解释亚里士多德**模仿**概念的用法。模仿或者再现是一种模仿活动，因为它们产生了某些东西，即通过构造情节来组织事件。我们立马就抛弃了**模仿**的柏拉图式用法，即《理想国》第 3 卷中的形而上学含义和技术含义，柏拉图把“通过**模仿**”的叙事与“简单”叙事对立起来。我们先搁置第二点以讨论叙事和戏剧之间的关系。暂且讨论柏拉图赋予**模仿**的形而上学含义，这一含义与分有（participation）概念相联系，事物模仿理念，艺术作品模仿事物。柏拉图的**模仿**概念使艺术作品低于理念原型两个等级，后者是前者的最终本质。① 亚里士多德的**模仿**概念只有一个含义：人类的制作（faire），创作艺术。②

因此，如果我们保留**创制**（*poièsis*）赋予给模仿的活动特征，并且如果我们坚持通过情节来定义模仿的原则，那么就不应该犹豫把行动——言语中的对象的补语：**模仿实践**（*mimēsis praxeôs*）（50b 3）——理解为以事件编排（成为体系）为根据的模仿活动的对象。我们稍后将会讨论其他建立模仿和它的“什么”（情节、性格

① 亚里士多德在这里反驳了柏拉图，而柏拉图反驳了高尔吉亚（莱德菲尔德，同上书，第 45 页及之后）。高尔吉亚称赞了画家和工匠利用技艺欺骗的能力（*Dissoi Logoi* et *In Praise of Helen*）。苏格拉底则从中得出反对技艺和操纵观念能力的论证。整个《理想国》第 10 卷对于**模仿**的讨论都被这种怀疑主导。我们都知道关于技艺的著名定义：“模仿的模仿低于存在本身两个等级”（《理想国》第 10 卷，596a—597b），并且技艺被贬低为“模仿他人的辞藻（*pathos*）”（640e）。立法者因此只能在诗中看到哲学的对立面。《诗学》同样是对《理想国》第 10 卷的反驳：对于亚里士多德来说，模仿是一种活动或者一种**教育**（*ensigne*）活动。

② 再现的“方法”一直是创作的艺术，我们曾讨论它，并且它的数目远多于悲剧、喜剧和史诗所使用的数目。

和思想）之间关系的可能方式。**模仿**和**情节**之间的严格关系建议给予所有格的**实践**一种作为意向活动（noèse）的意向对象（corrélat noématique）的主导性意义，虽然可能不是专属的意义。[①] 行动是构造活动的“被构造者”，其构造了模仿活动。我稍后将会指出不应该过分解读这种想要把诗歌文本局限于自身的关联，我们将会看到《诗学》并没有蕴含任何这种局限于自身的意义。亚里士多德给予我们的唯一启发是把**情节**以及事件编排构造成为**模仿**的“什么”。因此，意向对象的关联处于**模仿实践**与事件编排之间，前者被看作是一种独特的组合表达（syntagme），后者被看作是另一种组合表达。因此，把相同的关联扩展至**模仿**与**实践**之间的第一种组合表达之中是可行的、有意义的，但却是有风险的。

在对为了解释已由悲剧、喜剧和史诗构造的体裁，以及为了证明亚里士多德对悲剧的偏爱这些额外限制进行讨论之前，我们不会放弃**模仿–情节**概念。必须特别注意这些额外的限制。因为，为了从亚里士多德的《诗学》中提炼出构造情节的模型，这些限制必须被消除，我打算把这一模型扩展至所有被称作叙事的创作中。

第一个有限的限制在于理解喜剧与悲剧、史诗之间的区别。它并不像亚里士多德把性格严格地归属于行动那样与行动相联系，而是与性格相联系，我们稍后讨论这一问题。但是它从《诗学》的第二章开始就被讨论：实际上，这是第一次亚里士多德必须赋予“再现”活动一个确定的对象，他把它定义为“采取行动的人”(48a 1)。如果他不直接给出《诗学》中唯一符合规则的**模仿**的表达：“行动的

① 相对于新近的法语译者所采用的索绪尔的术语，我更偏爱胡塞尔的术语，他们把**模仿**看作是能指（signifiant），把**实践**（*praxis*）看作是所指（signifié），排除所有超语言(extra-linguistique）的指称（参见杜庞–罗克和让·拉洛特，51a 35，第219—220页）。首先，所指–能指这对概念在我看来并不恰当，我在《活的隐喻》中给出了理由，这是我从本维尼斯特那里借用的，因为言说语句的语义序列，更因为是与之相应的背景，这便是语句的构成。此外，意向活动–意向对象的关系并不排斥指称的发展，这在胡塞尔那里是通过充实（remplissement）问题来展现的。我希望随后表明亚里士多德的**模仿**概念并没有在再现与再现者之间的意向活动–意向对象的严格关系中被穷尽，而是为诗学活动的所指研究开辟了道路，这一研究具有**模仿–情节**双重面向的构造情节的目标。

再现或模仿”，那是因为他必须已经把一个崇高和卑鄙的**伦理**标准引入以节奏化语言形式被表达的再现领域。在这个二分的基础上，我们可以把悲剧定义为再现“高尚”的人，把喜剧定义为再现“卑鄙”的人[①]（48a 1—18）。

第二个有限的限制把史诗与悲剧、喜剧区分开，悲剧和喜剧发现它们这次处于同一方。需要最为注意这一限制，因为它将会涉及我们把叙事看作是普遍体裁和把史诗看作是一种叙事种类（espèce）的计划。这里的体裁是模仿或者行动的再现，其中的叙事和戏剧是并列的种类。什么样的限制要求我们反对它们呢？首先值得注意的是并不是一种分有（partager）对象、再现的“什么”（quoi）的限制，而是它的“如何”和方式。[②]然而，如果媒介（moyen）、对象和方式这三种标准从根本上是平等的，那么之后所有分析的重点都会放在“什么”方面。**模仿**和**情节**之间的等同是一种通过“什么”实现的等同。实际上，在情节的等级中，史诗遵循从悲剧到类似体裁变种的规则，“篇幅”可以从创作自身中得出，并且绝不会影响事件编排的基本规则。最重要的是诗人是“情节创作者”（51b 27）——叙事者或者剧作者。然后需要注意的是已被相对化为简单方式的差异也在《诗学》随后的分析过程中，甚至是在它的应用领域之内不断减小。

在一开始（第三章），差异简单直接：无论谁进行模仿，对于模仿活动的作者来说是一回事，无论是什么艺术，也无论角色的性格是什么，模仿者都作为“叙事者”（*apangelia, apangelionta*）进行创作；让角色成为“再现的实施者”是另一回事，“因为他们进行实

① 比什么高尚和卑鄙呢?《诗学》曾讨论这一标准：比“现实的人”更高尚（48a 18）。我随后将会讨论《诗学》把伦理行动的这一特征指涉于“现实”世界。我把这个指涉归属于**模仿**概念的一个用法，这一用法不像**情节**概念的意向对象那样被严格规定。需要注意这一伦理指涉直接应用于所有模仿活动的领域，特别是绘画。喜剧和悲剧的差异只有在“如何”把伦理标准应用于诗歌语言艺术这一问题中才具有这种意义。

② 在第三章关于**模仿**的**方式**的评论中，厄尔斯指出叙事、混合和戏剧完成了一种出色的戏剧模仿方式的进步，这要归功于人类真理表达的直接特征，角色自己完成再现和模仿的行动。

际的行动”(48a 23[①])。因此，相对于诗人所创造的角色，这构成了诗人所采取的态度的差异（这就是为什么它构成了再现的一个“方式”)；或者诗人直接说道：他叙述角色的行动；或者为角色赋予台词，并且以间接的方式通过角色言说自身：这就是角色所“构成的戏剧”(48a 29)。

这一区别禁止我们把史诗和戏剧融合于叙事之中吗？肯定不会。因为，首先我们不用“方式”，即用角色或者作者的态度来界定叙事的特征，而是通过“对象”来界定，因此我们极其明确地把叙事称作亚里士多德所说的**情节**，即事件编排。所以我们并不在亚里士多德所处的层次上，即“方式”的层次上与亚里士多德不同。为了避免任何的混淆，我们区分了广义的叙事与狭义的叙事，前者被界定为模仿活动的“什么”，后者是亚里士多德的叙事（*diègèsis*）概念意义上的，我们以后称之为叙事创作。[②] 此外，术语的转化同样以不那么激烈的方式界定亚里士多德的范畴概念，无论亚里士多德是支持戏剧还是支持史诗，他都在不断减小这一差异。在戏剧这一方面，他说史诗所具有的内容（情节、性格、思想、节奏），悲剧同样也具有。然而，悲剧所具有的额外的内容（场景和音乐）并不是它的根本内容。场景的确是悲剧的一个“部分”，但是“它完全异质于艺术，并且与诗学没有任何关系，因为即使缺少巧合和角色，悲剧也能够实现其结局”(50b 17—19)。在《诗学》随后的部分，在处理经典的价值分配问题（第26章）时，亚里士多德可以把它归于悲剧，因为它可以被看到；但是他很快又把它收回：“如史诗那样，悲剧即

① 亚里士多德同时使用 *apangelia*（第三章）和 *diègèsis*（第23章和第26章）：“史诗是一种叙事。”(*en de tè epopoiia dia to diègèsin*)(59b 26）这一概念来自柏拉图（《理想国》第3卷，392c—294c)。但是在柏拉图那里，“模仿形式”的叙事对立于“简单”叙事，叙事降级为一个与直接叙事对立的角色，在亚里士多德那里，**模仿**成为一个包含戏剧创作和叙事创作的广义范畴。

② 在第28章的评论中（同上，第370页)，杜庞-罗克和让·拉洛特，毫不迟疑的谈论“叙述叙事”(récit diégétique）和“讲述叙事”(récit narratif)，以此来界定由叙事者讲述的叙事（根戏剧叙事，据《诗学》第三章的定义)。因此，我们应该也可以谈论并且赋予“叙事”概念一个与戏剧和叙事这两个类型相关的普遍特征。

使不借助动作也能产生它的效果，因为人们只要仅凭阅读，便可以清楚地看出它的本质。”(62a 12[①]）对于史诗而言，诗与角色之间的关系在叙事行为中并不像它的定义所设想的那么直接。第一个对立之间的缓和甚至从一开始就被纳入这一问题。亚里士多德给作为叙事者的诗人的定义增加了一个附释：“既可以凭叙述——或进入角色，此乃荷马的做法，或以本人的口吻讲述，不改变身份。”(48a 21—23）准确地说，由于荷马把自己隐匿于具有各种性格的角色背后，让角色行动、以自身名义说话，总之，便是让角色占据舞台场景，所以亚里士多德在之后的第 23 章肯定了荷马的这一做法。正是以此方式，史诗限制了戏剧。亚里士多德可以在关于“韵文叙事的模仿艺术”章节的一开始毫无悖谬地写道：“显然，正如在悲剧中那样，情节应该以戏剧的形式被编制。”(59a 19）同样，在戏剧-叙事这对概念中，戏剧作为模型规定了叙事的性质。因此，亚里士多德以多种方式缓和了叙事模仿（或再现）与戏剧模仿（或再现）之间的“模式”对立，在任何情况下，对立都不影响模仿的对象，即情节构造。

最后一个限制值得被置于**模仿-情节**这对概念之下，因为它为进一步精确亚里士多德对**模仿**的使用提供了机会。正是它把对角色的考察归属于对行动本身的考察。限制看起来是有限度的，如果我们考虑现代小说的发展以及亨利·詹姆士（Henry James）[②]为角色的发展赋予了一个与情节相同的地位，而不是高于后者。正如弗兰

① 我们可以缓解亚里士多德的与场景有关的两个判断的对立，同时他的略微自欺地想要人们接受其对悲剧偏爱的立场而不违背他的形式化模型的信念排除了真实的表演。一方面，我们可以说，与杜庞-罗克和让·拉洛特（同上，第 407—408 页）一样，剧本包含模仿活动所有的构造性特征，而无需场景；另一方面，戏剧文本被叙述的方式包含了它被呈现的要求。我认为：不需要场景，剧本便是对场景的规定。实际的场景对于这一已有的规定并非必要。这也适用于交响乐的乐谱。

② 亨利·詹姆斯，《一位女士的画像》序言（Henry James, “The Portrait of a Lady”, in *The Art of the Novel*, New York, 1934, éd. R. P. Blackmuir, pp.42—48)。

克·克蒙德[①]所指出，为了发展一个角色，应该叙述更多的内容；并且，为了发展一种情节，应该增加一个角色。亚里士多德更加严格："悲剧模仿的不是人，而是行动和生活［人的幸与不幸均体现在行动中，生活的目的是某种行动，而不是品质］……此外，没有行动即没有悲剧，但没有性格，悲剧却仍然可能成立。"(50a 16—24)通过指出它只是涉及整理悲剧的"部分"，我们肯定可以缓和严格的等级化问题。悲剧和喜剧之间的差异从影响角色的伦理差异得出。因此，给予角色次要的地位并没有取消角色范畴。此外，在当代的叙事符号学中，我们将会遇到与亚里士多德类似的尝试——这一尝试来源于普洛普（Propp），也就是尝试在"功能"的基础上，即在行动的抽象部分基础上，而不是在角色的基础上重构叙事的逻辑。

但是，关键问题不在这里：通过赋予行动相对于角色的优先性，亚里士多德建立了行动的模仿地位。在《尼各马可伦理学》(1105a 30*sq*）中，主体在道德性质的序列中采取行动。在诗学中，诗人的创作行动控制着角色的伦理性质。作为一种限制，把角色附属于行动与前面两个限制并不具有相同的本质，它巩固了两个表达之间的平衡："行动的再现"与"事件编排"。如果要强调组织，那么模仿或再现应该是属于行动的，而不是属于人的。

二、情节：协调模型

我们先暂时把模仿的地位问题悬置起来，因为它并不是单独被情节构造来定义的，我们直接讨论**情节**理论，以此在其中辨析我们

---

① Frank Kermode, *The Genesis of Secrecy*, Cambridge：Harvard University Press, 1979, p.81sq. 在相同的意义上，詹姆斯·莱德菲尔德指出《伊利亚德》围绕着阿基里斯的愤怒和艾克托尔的悲剧命运展开。但是，在一个角色没有被确认的内在性的史诗中，只有角色之间的交流是重要的。由此，角色只有被整合入情节才有意义（同上，第 22 页）。如果我们进一步通过情节来理解"模糊的概念统一把实际形式赋予工作"(同上，第 23 页)，那么便不会再有关于优先性的争论。这就是我们整本书中所采取的立场。

自己叙事创作的理论起点。

我们不能忘记**情节**理论是从我们在《诗学》第六章的悲剧定义中抽象而来，并且我们在前边曾引用它。

我们在此书中始终探索的问题是理解秩序的范例、悲剧的特征是否可以延伸和转变为应用于整个叙事领域。然而这一困难并没有使我们停止探究。在我们叙事理解调查的一开始，悲剧模型的严格性便具有建立秩序紧迫性的优先性。通过奥古斯丁的**延展心灵**概念，最极端的对立马上就被建立。同样，作为对时间思辨悖论的诗学解答，悲剧**情节**被建立，因为秩序的发明致力于排除所有时间特征。与我们稍后提出的**模型**理论的重新展开相关，从模型得出时间的意义将是我们的任务和责任。但是，如果我们想要指出亚里士多德的理论没有强调唯一的协调性，而是以十分精微的方式强调协调性内部的不协调性问题，那么从整体上思考奥古斯丁的**延展心灵**概念和亚里士多德的悲剧**情节**似乎更不可能。正是这个内在于诗歌创作的内在辩证法把悲剧**情节**与奥古斯丁的悖论对立起来。

把**情节**定义为事件编排首先强调了协调性。这一协调性可以被三种特征刻画：完整性、整体性、适度的篇幅长度（étendue）。①

“整体”（*holos*）思想将是我们稍后分析的关键。这一分析绝不是对组织的时间特性进行调查，而是完全集中于其逻辑特征。② 正

① “我们的观点是悲剧是对一个完整划一，且具有一定长度的行动的模仿。”（50b 23—25）

② 厄尔斯强烈坚持把逻辑和编年史（choronologique）区分开（参见评论，*ad* 50b 21—34）。唯一重要的是使得可能性和必然性成为“诗的至高原则”的内在必然性（同上书，第 282 页）。他直到此时才在理想深度的时间图型中看到一个“艺术领域”中的“某种巴门尼德式的存在”（第 294 页）。他从亚里士多德在《诗学》第 23 章关于史诗的讨论中所指出的“历史必须记载的不是一个行动，而是一个独特的时期（*henos khronou*）”（59a 22—23）中得出了自己的论证。亚里士多德把“非时间”的普遍性与“单个时间编纂”对立起来（第 574 页）。我认为不必以放弃《诗学》和《伦理学》之间的亲缘性为代价来进一步推动逻辑和编年史之间的对立。在随后的章节中，我将会尝试从我的角度澄清一个叙事时间性的非历史性概念。难道厄尔斯本人没有谈论戏剧中所包含的事件，就像“通常意义的非时间性的事件”吗？（第 574 页）。同样，也不能完全忽略戏剧的时间，因为我们赋予史诗地位的优先性“讲述同时实现的情节的不同部分（hama）”（59b 27）。角色自身采取行动的**独特时间视角**需要我们反思与叙述叙事（récit diégétique）相区别的戏剧叙事的时间，反思控制这两种叙事的情节时间。

是在这一概念勾勒时间问题时，它才最大程度地使自己远离了时间概念："一个完整的事物由起始、中段和结尾组成。"（50b 26）然而，只有考虑到诗学创作，某事才能够作为起始、中段和结尾出现：定义起始的东西并不缺乏前提，而是缺乏后继中的必然性。至于结尾，它在其他事物之后才到来，但是"它的承继或是因为出于必须，或是因为符合多数的情况"（50b 30）。只有中段似乎被简单的后继来定义："中段指自然地承上启下的部分。"（50b 31）但是，在悲剧的模型中，它具有自身的逻辑，即把幸福转变为不幸福的"反转"（*métabilè, metaballein*, 51a 14；*metabasis*, 52a 16）。"复杂"情节的理论将会包含一个具有特定悲剧结局的反转类型学。在关于"整体"概念的分析中，重点是关于主导着承继的偶然性缺失，以及符合必然性和可能性（vraisemblable）的要求。然而，承继也可以归属于某些逻辑联结，这是因为起始、中段和结尾的观念并不是从体验中获得的：这并不是实际行动的特点，而是诗歌编排的效果。

这同样适用于作品的篇幅长度。只有在情节中行动才有一个轮廓、一个限度（*horos*, 51a 6）和由此确定的篇幅长度。我们将会重新回到适当的标准定义中的注意和记忆的作用问题，这与在亚里士多德那里所产生的接受美学相关。无论观看者把作品包容于单一观点的能力是什么，这一外在标准与作品中的内在要求相关联，这是此处唯一需要注意的："作品的长度要以容纳可表现人物从败逆之境转入顺达之境或从顺达之境转入败逆之境的一系列可能性或必然性的原则依次组织起来事件为宜。长度若能以此为限，也就足够了。"（51a 12—15）毫无疑问，篇幅长度只能是时间性的：反转蕴含着时间。但这是作品的时间，而不是世界中的事件的时间：把必然性的特征应用于事件，情节让事件彼此融贯（*éphéxés*，同上）。空虚的时间被排除。我们并不探询在英雄的生命中被分离的两个事件之间做什么：厄尔斯指出，在《俄狄浦斯王》中，信使正好在情节呈现的时刻回来："不早不晚"（*no sooner and no later, op. Cit.*, p.239）。同样也是因为创作的内部原因，史诗允许一个更长的篇幅长度：如果需要更加包容事件片段，就需要更加丰富的内容，但是也并不放弃对限度的要求。

不仅时间没有被考虑，而且时间被排除了：例如，就史诗而言（《诗学》，第 23 章），为了遵循由悲剧完美澄清地对完满性和整体性的要求，亚里士多德反对两种统一性：一方面，时间统一性（*henos khronou*）刻画了“发生在**某一**时期内的、涉及一个或一些人的所有事件——尽管一些事情和其他事情之间只有偶然的关连”（59a 23—24）；另一方面，戏剧统一性刻画了“一种行动的**整体**”（59a 22）（其构成了一个全体，并且通过一个起始、一个中段和一个结尾实现自身）。因此，在某个时间阶段内发生的数量众多的行动还没有形成单一的行动整体。这就是为什么荷马因为选择了特洛伊战争的历史而受到赞扬——虽然这一历史有一个起始和结尾——正是“某一个部分”的艺术单独决定了其起始和结尾。这些评论确认了亚里士多德没有表现出对于可以蕴涵在情节构造中的时间构造的任何兴趣。

因此，如果情节的内在联结是逻辑的，而不是编年史的，那么它是什么逻辑呢？实际上，“逻辑”这一词语没有出现，除了与《工具论》的概念类似的必然性和可能性。“逻辑”还未出现，这是因为它涉及一个适用于**实践**（*praxis*）领域而不是**理论**（*théoria*）领域的可理解性，它与**实践智慧**（*phronèsis*）领域关系密切，即与行动的智慧领域相关。诗实际上是一个“制作”（faire），是一种关于“制作”的“制作”——《诗学》第三章的“行动者”。但是它不是一个实际的、伦理的“制作”，确切的说是一个被创造的、诗学的“制作”。这就是为什么必须要辨别模仿、神秘理智的具体特征——在亚里士多德的意义上。

在第四章的开始部分，亚里士多德清楚地指出这是一个理智的问题，亚里士多德通过发生学的方式在这一章建立了最重要的概念。亚里士多德询问为什么我们乐意看到令人反感的事物自身的意象

（image）——令人厌恶的动物和尸体？“这是因为求知不仅于哲学家，而且对一般人来说都是一件最快乐的事……因此，人们乐于观看艺术形象，因为通过对作品的观察，他们可以学到东西，并可就每个具体形象进行推论，比如认出作品中的某个人物是某某人。”（48b 12—17）求知、推论、认出形象：这就是模仿（或者再现）的喜悦的可理解性轮廓。[①] 但是，如果这不是哲学的普遍性，那么这些“诗学的”普遍性是什么呢？毫无疑问它们是普遍的，因为我们可以用可能与现实、普遍与特殊这两个对立来刻画它们。第一个对立被解释为希罗多德式的诗与历史之间的显著对立[②]：“历史学家和诗人的区别不在于是否用格律文写作（希罗多德的作品可以被改写成格律文，但仍然是一种历史，用不用格律不会改变这一点），而在于前者记述已经发生的事，后者描述可能发生的事。所以，诗是一种比历史更富有哲学性、更严肃的艺术，因为诗倾向于表现带普遍性的事，而历史却倾向于记载具体事件。”（51b 4—7）

然而，问题并没有被完全澄清：因为亚里士多德谨慎地反对“描述已经发生的事……根据可然和必然的原则可能发生的事”（51a 37—38）。“所谓‘带普遍性的事’，指根据可然或必然的原则某一类人可能会说的话或会做的事。”（51b 9）换句话说：并不在事件编排之外去寻找可能性、必然性，因为这一联结必须是可能的和必然的。简言之，情节必须是典型的。我们重新理解了为什么行动优先于角

① 对于艺术家模仿的“理智回应”，参见：G. 厄尔斯（评论，48b 4—24）。詹姆斯·莱德菲尔德同样特别坚持模仿的**教育**功能（同上，第 52—55 页）：可能性以自己的方式是普遍的（第 55—60 页）；情节产生认识（第 60—67 页）。以此方式，《诗学》与 7 世纪的修辞学和论证的文化保持着紧密的联系。但是，在法庭辩论中添加叙事本身便会导致偶然，戏剧把论证纳入到叙事中，并在情节的基础上构建事件的条件：“因此，我们可以把幻想定义为对行动的中介原因进行假设性调查的结果，这一调查促使诗人去发现，并在人类可能性和必然性的普遍模式的故事中进行交流。”（第 59—60 页）同样，“幻想是某种调查的结果”（第 79 页）：这是如何发生的？谁进行行动？在同样的意义上，戈尔登（Golden）指出：“通过模仿，事件被还原成形式，因此，无论它们自身如何不纯粹，被描绘的事件都可被纯化——澄清——为可理解性。”（同上，第 236 页）

② 新近的法语译者（杜庞—罗克和让·拉洛特）指出：他们用编年史（chronique）而不是用历史（history）去翻译**情节构造**（*muthos*）概念。这一选择确实更能为关于历史写作不那么消极的否定判断留下位置。

色：因为情节的普遍性使得角色被普遍化，即使它们有自己的姓名。格言从哪里来：首先是理解情节，其次是赋予姓名。

人们可能会反驳这是循环论证：可能和普遍刻画了必然性和可能性；但是相反，却是可能和普遍以必然性和可能性为条件。必须假设这样一种与因果性相近的编排以使得被编排的事件成为典型吗？就我个人而言，我尝试追随历史叙事主义理论者的思路，就像明克（Louis O.Mink）①那样，把所有的理智工作都集中在事件之间所建立的联系上，简言之，集中在“整体把握”的裁判行为上。思考一种因果性联系，即使是孤立事件之间的联系，便已经是一种普遍化。

这便是通过整体情节与片段式（穿插式）情节之间的对立所确定的情况（51b 33—35）。这并不是亚里士多德所谴责的情节：悲剧只能以千篇一律为代价放弃它们，史诗却最大程度地利用它们。情节的不协调被谴责：“所谓‘穿插式’指的是那种场与场（épisodes）之间的继承（*met' allèla*）不是按可然或必然的原则连接起来的情节。”（51b 33—35）关键的对立便在其中：“依次”/“因果序列”（*diè' alléla*, 52a 4）。依次便是穿插之间的继承，因此是不可能性；因果序列便是因果联结，因此是可能性。怀疑不再被允许：情节所要求的普遍性种类从它的序列中得出，这种普遍性实现了它的完备性和完整性。情节所包含的普遍性并不是柏拉图的理念。这是与实践智慧相关的普遍性，因此是伦理的和政治的普遍性。当行动的结构奠基于行动内部的联系而不是外在的偶然联系时，情节便蕴含着这些普遍性。这样的内在联系便是普遍性的开端。**模仿**的一个特征指向**情节**中的协调性特征而不是它的神话特征。它的“制作”直接就是一种普遍化的“制作”。所有的叙事**理解**（*Verstehen*）问题一开始便包含在这里。构造情节已经是从偶然性中发现理解，从单个中发

① 参见下文，第二部分，第二章。

现普遍，从穿插的情节中发现必然性或者可能性。难道这不是亚里士多德在 51b 29—32 节所说的："与其说诗人应是格律文的制作者，倒不如说应是情节的编制者。即使偶然写了过去发生的事，他仍然是位诗人，因为没有理由否认，在过去的往事中，有些事情的发生是符合可能性［和可能发生］的——正因为这样，他才是这些事件的编制者?"[①]（51b 27—32）情节的编制者 / 行动的模仿者这一天平的两边平衡了：这就是诗人的工作。

然而，困难只是被部分地解决：我们可以在现实性中确认一种因果链条，但是在诗歌构造中是什么情况呢？这是一个令人困扰的问题：如果模仿活动"构造"行动，那么便是模仿活动在构造中建立了必然性。它不观察普遍性，而是使其产生。什么是它的标准呢？在前面提到的表述中，我们有一个部分性回应："因为通过对作品的观察，他们可以学到东西，并可就每个具体形象进行推论，比如认出作品中的某个人物是某某人。"（48b 16—17）在我看来，这种认识的喜悦——就像最近的法语评论者所说的（杜庞-罗克和让·拉洛特）那样——预设了一个真理的预期概念，发明即重新发现。但是这一真理的预期概念在一种更加形式化的情节结构中并没有任何位置，它预设了一种比简单把**模仿**等同于**情节**的理论更加进步的**模仿**理论。我将在研究的结尾回到这一问题。

三、内在的不协调

悲剧模型不单纯是一种协调的模型，而是一种不协调的协调性模型。它正是以此方式提供了一个延展心灵的对立面。亚里士多德在每一个分析阶段都讨论不协调，即使它只是在"复杂"（相对于

① 厄尔斯宣称："过去事件的编制者！并不是编制事件的现实性，而是它们的逻辑结构和意义：它们的已发生相对于它们的被构造是偶然的。"（同上书，第 321 页）

“简单”）情节名义下通过主题化的方式被处理。它在悲剧的标准定义中已经出现：它应该是一种“已臻完善[①]”（*téléios*）（49a 25）的高贵行动的再现。但是完善不是一个无关紧要的特征，因为行动的结果概念与幸福和不幸有关，并且角色的伦理性质奠基了任何一种结果的可能性。因此，只有当行动产生了任一个结果，它才是完善的。使行动导致其结果的“穿插式情节”的空间因此被凸显。亚里士多德没有反对任何穿插论证。他所摒弃的不是穿插，而是穿插的内容，即穿插以偶然的方式所承继的情节。被情节所控制的穿插赋予著作以广度和“长度”。

但是悲剧的定义包含另一种特征：“它的模仿方式是借助人物行动，而不是叙述，通过引发怜悯和恐惧使这些情感得到疏泄。”（49b 26—27）我们先暂时搁置关于**净化**（*katharsis*）的棘手问题，集中探讨**净化**的方式（*dia*）问题。在我看来，厄尔斯、杜庞-罗克和让·拉洛特已经理解了亚里士多德的目的，这可以通过语句的构造得到反映：在戏剧中，在毁灭的性质中，以及在角色自身所遭受的痛苦中，观众的情感回应被构造。随后对**受苦**（*pathos*）概念的讨论将会确认这一点，就像复杂情节的第三种组成部分那样。因此，无论**净化**概念的含义是什么，它都是由情节本身实现。于是，第一个不协调便是令人恐惧和使人怜悯的特征。它们构成了对于情节协调性的主要威胁。这就是为什么亚里士多德通过把它们与必然性和可能性联系起来，并且在穿插批判的文本中再一次谈论它们（《诗学》第九章）。他不再使用怜悯和恐惧的名词形式，而是“怜悯的”和“恐惧的”形容词形式（52a 2），它们修饰了诗人通过情节所再现的事件。

关于惊奇的分析仍然直接针对不协调的协调问题。亚里士多德通过一种错格（anacoluthe）的特殊方式来刻画它：“出人意外 / 因果

① 在前面我们已经引用：“一个完整划一，具有一定长度的行动”（50b 24—25）。在相邻的段落，亚里士多德只是评论“完整”和“长度”。

关系”(*para tèn dosan di'allèla*)(52a 4)。“使人惊异”(*to thaumaston*)(同上)——不协调的顶点——是似乎必然要发生的偶然性的冲击。

但是通过悲剧行动的核心现象，即亚里士多德所命名的“反转”(*metabolè*)(《诗学》第十一章)，我们触及了不协调的协调的核心，它仍是简单情节和复杂情节的共性。在悲剧中，反转实现了幸运到不幸的转折，但是它的方向可能是相反的：由于没有对恐惧和怜悯事件的产生怀疑，所以悲剧并不利用这一方法。正是这个反转掌控时间，并规定了作品的长度。创作的艺术在于使不协调表现为协调：“因果关系”优于“此先彼后①”(52a 18—22)。在生命中而不是在悲剧艺术中，不协调摧毁了协调。

众所周知，复杂情节的反转特征是**情节的戏剧性变化**(*péripétéia*)(根据杜庞-罗克和让·拉洛特的独特发现)，并且必须把**受苦**（*pathos*）添加到**发现**（*anagnôrisis*）之上。反转类型的定义在第十一章被给出，相应的评论也十分著名。② 对于我们重要的是亚里士多德在这里丰富了情节的对立，并且使其模型更加稳固和紧凑。更加紧凑，这是因为**情节**理论与悲剧情节越来越同一化：于是问题便是我们称作叙事的东西是否可以从其他程序而不是从亚里士多德所列举的程序中获得，从而产生其他对立而不是悲剧的对立。但是模型也变得更加稳固，这是因为戏剧性变化、发现和受苦——特别是当它们被统一于同一作品，就像索福克罗斯的俄狄浦斯王当中那样——在最大程度上带来“悖论”与“因果”序

① 莱德菲尔德把《诗学》的 52a 1—4 翻译为：«*The imitation is not only of a complete action but of things pitiable and fearful; such things most happen when they happen contrary to expectation because of one anohter*（di'allèla）.» 厄尔斯翻译为：«*contrary to experience but because of one another*». 莱昂·戈尔登翻译为：«*unexpectedly, yet because of one another*»。

② 我们知道俄狄浦斯悲剧的故事结构和结局，它为我们保留了其戏剧性变化的特征吗？回答是肯定的，如果我们不用某些外在的认识定义惊奇，而是用被情节的内在发展所创造的**期待**关系来定义：反转发生在**我们**的期待中，但是通过情节被创造（参见后文关于内在结构与观众意向关系的讨论）。

列、惊奇和必然性之间融合的紧张。[①]但是，所有叙事理论想要通过其他方式而不是悲剧类型的方式保存的正是这种模型的力量。基于此，我们可以询问如果我们抛弃了构成反转的主要限制，在它的最宽泛的意义上，即“行动的发展从一个方向转至相反的方向”（52a 22），是否我们没有离开叙事。根据吕贝（H. Lübbe）文章的标题[②]，当我们稍后询问“什么从行动提炼出一个故事（或多个故事）”时，我们将会重新发现这一问题。出人意料的结果，以及在历史学理论中“反常的”结果将会给我们提出类似的问题。这一问题的意义是多样的：如果反转对于所有故事如此重要，其中无意义威胁着有意义，反转和认识的结合难道没有保留一种超越悲剧情形的普遍性吗？历史学家难道也没有尝试用清醒代替困惑？对最出乎意料的运气反转的困惑难道不是最大的吗？还有其他更加紧迫的意义：难道不应该同样通过反转保留对幸运和不幸的引用吗？无论是更好还是更坏[③]，所有故事最终难道没有处理运气的反转吗？在回顾反转模型时，把受苦（l'*effet violent*/pathos）看作是适当的部分并不是必须的：亚里士多德在第十一章的结尾赋予其一个十分严格的定义。受苦与内在于悲剧情节中的“令人恐惧和令人怜悯的事件”相联系，它是不协调的首要产生者。被厄尔斯解读为“受苦的事”（*the thing suffered*）的“受苦”只在复杂情节中完全实现了恐惧和

① 作为从不知到知的转变（在允许的范围内，我将会在下一个注释中讨论），**认识**的作用**补偿**（*compenser*）了通过它所产生的理解而包含在**反转**中的惊奇效果。通过逃脱自我欺骗，英雄进入了他的真实存在，观众**认识**了这一真实存在。在这个意义上，厄尔斯或许有理由把悲剧的过错（faute）问题与发现的问题联系起来。至少包含了无知和失误（erreur）的过错其实是认识的反面。在此书的第四部分，找到亚里士多德意义上、黑格尔意义上和海德格尔意义上的认识之间的关联将是一个重要的问题。

② Hermann Lübbe, «Was aus Handlungen Geschichten macht», in *Vernünftiges Denken*, éd. Par Jürgen Mittelstrass et Manfred riedel, Berlin, New York, Walter de Gruyter, 1978, pp.237—250.

③ 模型的局限性或许在认识中更加明显，从不知到知的转变在“置身于顺达之境或败逆之境中的人物认识到对方原来是自己的亲人或仇敌”的关系中实现（52a 31）。毫无疑问，亲人关系超越了仇敌关系，但是它构成了一个十分严格的限制。然而我们可以询问是否现代小说——至少理查德森的小说《帕梅拉》(*Pamela*) 所采用的形式，即通过行动的结果实现爱情——作为一种与亚里士多德的认识相同的深刻工作，并没有重构亲人和仇敌敌对关系的平衡。（参见：第三部分第一章）

怜悯。

对事件情感性质的考察并不外在于我们的研究，正如对完善性和整体性研究的可理解性的关注应该蕴涵一种与“情感主义”相对立的“理智主义”。怜悯和恐惧是与最出乎意料的从幸运转变为不幸的反转紧密联系的情感性质。情节想要把必然性和可能性赋予这些不协调的事件。通过这种方式，情节纯化并精炼了它们。我们稍后会再回到这一问题。通过把不协调纳入协调，情节把情感纳入到理智之中。亚里士多德因此可以说**受苦**是**实践**的再现或模仿的构成部分。伦理学使这些概念对立，而诗学让这些概念融合。①

因此，需要进一步的考察：如果怜悯和恐惧可以被整合进悲剧，那么这些情感就像厄尔斯所说的那样（同上，第375页）具有它们的**理性**（*rationale*），这种理性反过来又会成为衡量每一个运气反转的悲剧性质的标准。第八章和第十四章致力于对与情节本身相关的怜悯和恐惧的结果进行检查。实际上，当情感不与令人厌恶和残暴相容，或者不与非人性相容（缺少让我们在人群中发现与我们“兴趣相投”的“慈爱”），那么它们在情节的比喻中便会发挥主要的作用。这一问题在两个轴线上被建立：角色是否高尚和卑鄙，它们是否有幸福和不幸的结局。这两种悲剧情感控制着可能性结合的等级层次：“因为怜悯的对象是遭受了不该遭受之不幸的人，而恐惧的产生是因为遭受不幸者是和我们一样的人。”（53a 3—5）

最终，仍然是悲剧情感迫使英雄由于一些“过错”而不能在美德和正义的秩序中达到完美，而与使其堕入不幸的罪恶或邪恶无关：“介于上述两种人之间还有另一种人，这些人不具有十分的美德，也不是十分的公正，他们之所以遭受不幸，不是因为本身的罪恶或邪

① 詹姆斯·莱德菲尔德：“**受苦**和学习一起构成了对于我们来说完美叙事的价值特征。我觉得亚里士多德准确地通过净化（katharsis）概念意指情感和学习的结合。”（同上书，第67页）

恶，而是因为犯了某种错误。”① （53a 7*sq*）同样，对悲剧错误的洞察由怜悯、恐惧和人类意义上的情感性质产生。② 关系因此是循环的。通过再现怜悯的和令人恐惧的事件，情节构造净化了情感，并且正是这些被净化的情感主导着我们对悲剧的洞察。似乎很难进一步把令人恐惧和怜悯纳入到戏剧文本中。但是亚里士多德可以得出以下形式的结论：“既然诗人应通过模仿使人产生怜悯和恐惧并从体验这些情感中得到快感，那么，很明显，他必须使情节包蕴产生此种效果的动因。” ③ （53b 12—13）

亚里士多德不断为其悲剧模型增加限制。我们可以追问通过增加悲剧情节的限制，亚里士多德是否并没有使模型更加稳固和更有限度。④

四、诗学构型的两个侧面

为了进行总结，我准备回到模仿问题，这是我阅读《诗学》的

① **过错**（*hamartia*）不仅仅是一种不协调的极端情形；它还最大程度上促成了悲剧作品的**考察**（*investigation*）性质。它使得意外的不幸成为一个**问题**。解释错误是悲剧的任务，正如“调查文化的优点和弱点”一样（莱德菲尔德，同上，第 89 页）。我们稍后会再回到诗学作品作为一种文化的“功能障碍”揭示者的作用（同上，第 111 页，注释 1）。

② 厄尔斯准确地指出这种洞察让我们进行判断：但是我们通过与人性本身相伴随的弱点，而不是通过法律的执行者来进行判断。对怜悯和恐惧的净化代替了谴责和诅咒。并不是我们而是情节来进行净化（同上，第 437 页）。我们重新发现了前文所指出的悲剧差错和认识之间的联系。**净化**（*catharsis*）是被情节结构控制的完整程序，并在认识中达到顶点。

③ 戈尔登翻译为：“*Since the poet should produce pleasure from*（*apo*）*pity and fear through*（*dia*）*imitation, it is apparent that this function must be worked into*（*en trois pragmasin empoièteon*）*the incidents*.”（同上书，第 23 页）厄尔斯评论道：“*through the shaping of the work* out of *the emotions*.”

④ 人们将会注意到我没有对第十八章的“设局”（«nouement»/*désis*）和“解局”（«dénouement» *lusis*）之间的区别进行评论。亚里士多德把事件中的结归于事件“之外”中使我认为我们不应该把这一区别放在与复杂情节的其他特征相同的层次，也不应该把它看作是情节本身的一个特征，因为它们所有的标准都“内在于”它。这就是为什么一种对封闭叙事的批判只获得了一个外围和异质概念——对它的论证利用了这一分析的疑难（参见：第三部分），亚里士多德稍后补充的可能正是这一概念（参见厄尔斯，第 520 页），而不是情节概念的核心意义。

第二个兴趣点。在我看来，这一问题没有被“行动的模仿（或表象）”与“事件编排”这两个同等的表达主导。它也并不是要把这一等式剔除。毫无疑问，**模仿**的主流含义通过与**情节**相联结而凸显：如果我们继续用仿制（imitation）翻译**模仿**（*mimèsis*），那么就必须理解一种与预先存在的真实复制完全相反的东西，并且谈论创造性模仿的替代品。并且，如果我们用表象（représentation）翻译**模仿**（就像杜庞-罗克和让·拉洛特所做的那样），那么就不能把这一概念理解为显现的重复，就像我们仍可以通过柏拉图主义的**模仿**所理解的那样，而是把它理解为敞开想象空间的分离。语言工作者不生产事物，只生产准-事物，他们发明了似然性（comme-si）。在这个意义上，亚里士多德的**模仿**概念——用我们今天的话来说——是建立文学作品文学性的转折标志。

但是**模仿**和**情节**之间的等式并没有完全满足**模仿实践**（mimēsis praxeos）的意义。的确可以把所有格的对象——就像我们曾做的那样——处理为模仿的意向相关项（corrélat noématique），并把这一相关项等同于完整的表述：“事件编排”，亚里士多德把其处理为**模仿**的“什么”——对象。但是，同时属于**伦理学**所主导的现实领域和**诗学**所主导的想象领域的**实践**概念表明**模仿**不仅有一种分离的功能，而且还有联结的功能，它通过**构造情节**概念恰好建立了实践领域的“隐喻”转换的地位。如果事实如此，那么必须在**模仿**概念中保留一个指涉古希腊诗学创作的侧面。我把这一指涉称作**模仿 I**，以区别于**模仿 II**——**模仿-创造**（*mimèsis-création*），后者仍然是功能-核心。我希望指出甚至在亚里士多德的文本中都存在对这一诗学创作侧面的零散指涉。但这并不是全部：作为一种活动，我们回忆起模仿活动不是单独通过诗学文本中的动态机制达到其目的，它还需要观察者和阅读者。诗学创作还具有另外一个侧面，我称之为**模仿 III**，我会在《政治学》中寻找它存在的迹象。借助于构造**模仿-发明**（*mimèsis-invention*）两个侧面的两种操作所形成的想象跳跃，我不想削弱而是丰富**情节**中的模仿活动的意义。我希望表明这一活动能从它的沉思功能中获得可理解性，这一活动通过其重新构型的能力使我们从文本的一个侧面转到另一个侧面。

在《诗学》中，并不缺少对行动以及激情理解的指涉——《伦理学》对此有论述。这些都是默会的指涉，虽然《修辞学》本身包含一个真正的“论激情”。差异可以被理解：修辞学探究这些激情，而诗学把人类的行动和经历转换成诗歌。

下一章将会给出一个对叙事活动所包含的行动序列进行理解的更加完整的观点。作为叙事性的有限模型，悲剧模型通过这种前-理解让自身受到限制。悲剧**情节**反转了幸福，使幸运变为不幸，它是一种对方法的探索，通过这些方法让善良的人以出乎意料的方式遭受不幸。它充当了伦理的反面，指引人们的行动如何通过美德练习获得幸福。同时，它也只能从行动的前理解获得其伦理学特征。①

首先，诗人一直知道他所创作的角色（personnage）是“行动者”(48a 1)；他一直知道“所谓‘性格’(caractère)，指的是这样一种成分，通过它，我们可以判断行动者的属类”(50a 4)；他一直知道“这些人必然不是好人，便是卑劣低俗者”(48a 2)。此句话之后的插入语是一个伦理学的插入语：“性格几乎脱不出这些特征，（所有）人的性格因善与恶相区别”(48a 2—4)。“所有人”(*pantes*）是《诗学》中的**模仿 I** 的标志。在探讨性格的第十五章，“被模仿的人物”(54a 27）是根据伦理学所创造的人物。伦理学的属性来源于现实。模仿和表象所表现的是逻辑的协调。在同一个脉络中，悲剧和喜剧的差异表现为：“喜剧倾向于表现比今天的人差的人；悲剧倾

① 詹姆斯·莱德菲尔德强烈坚持伦理学和诗学之间的联系；通过**实践**、“行动”和**品质**(èthos)、“特征”之间的共同性，这种联系以可见的方式被确认。它以更加深刻的方式关注幸福的实现。实际上，伦理学只以潜在的方式研究幸福：它考察其条件，即美德；但是美德和幸福状态之间的关系仍然是偶然关系。通过构造情节，诗人赋予这种偶然联系一种可理解性。明显的悖论出自这里：“幻想是关于非真实的幸福和不幸的，而这些则是真实的。”(莱德菲尔德，第 63 页）以此为代价，叙事“指引”在悲剧中被命名的与幸福和**生命**有关的内容：“悲剧模仿的不是人，而是行动和生活（人的幸福和与不幸均体现在行动之中)。”(50a 17—18)

向于表现比今天的人好的人”(48a 16—18)：这是**模仿 I** 的第二个标志。因此，性格可以通过行动被改善和败坏，诗人知道这一点并对此有预设：“所谓‘性格’，指的是这样一种成分，通过它，我们可以判断行动者的属类。”(50a 4)①

总之，为了可以谈论“模仿替换”或者准-隐喻的从伦理学到诗学的“转换”，必须把模仿活动理解为联系，而不仅仅是断裂。它也是从**模仿 I** 到**模仿 II** 的运动。如果不怀疑**情节**概念指出了非连续性，**实践**概念同样通过其双重支持确认了伦理学和诗学这两个行动领域之间的连续性。②

毫无疑问，在《修辞学》第二卷中被充分讨论的**情绪**（*pathè*）与悲剧艺术构成了情节之“部分”(52b 9sq）的**受苦**（*pathos*）之间，同一性和差异之间的相似关系可以被确认。

或许应该把伦理学重新纳入到诗学中的工作更进一步。诗人不仅在其文化根基中发现了实践领域暗含的一个分类，而且还发现了此领域第一个叙事形式。如果悲剧诗人不同于喜剧诗人，后者允许自己用偶然选择的名称支撑诗的情节，“沿用历史人名”(génoménôn)(51b 15)，即从传统中获得的名称，因为可能性——客观特征——必须是**令人信服的**（*pithanon*）(51b 16）——主观特征。因此，可能性的逻辑联系不能与文化规定的可接受性相分离。毫无疑问，这里的艺术仍然指出了一种分裂：“即使偶然写了过去发生的

---

① 在第三部分的第二章，我们将会看到克劳德·布雷蒙（Claude Brémond）在其“可能叙事的逻辑”中讨论了改善和败坏的问题。当杜庞-罗克和让·拉洛特确认“诗学”反转了伦理学所建立的行动和性格之间的先天关系时，我们可以认可他们的判断；他们认为，在伦理学中性格是第一位的，而在诗学中则是第二位的；“反转行动者和行动之间的先天关系直接导致把悲剧诗定义为**行动**的表象”(第 196 页；以及第 202—204 页)。然而，厄尔斯指出（48a 2）是行动把道德性质赋予性格，对于伦理学来说也是如此。无论如何，如果《诗学》所反转的优先顺序没有被反转保留，这里所援引的反转如何被认识呢？我们的读者毫无疑问会同意这一点：在他们看来，模仿活动的对象不仅在本章，而且可能直到结尾都保留着模型—对象（所模仿的自然对象）和复制—对象（所创造的人工制品）的模糊含义。他们指出（48a 9）：模仿活动在模型和复制这两个对象之间建立了一个复杂的关系；在同一个运动中，它同时包含相似与差异、同一与转变（p.157）。

② 51a 16—20 在这一问题上的讨论令人印象深刻，它讨论在单独个体生命中突现的行动，这些行动形成了一个单独的统一行动。

事，他仍然是位诗人。”（51b 29—30）但是，如果没有神话的转换，就不会有任何东西以诗的方式进行转换。谁可以把从神话中获得的被诗人转换为一种悲剧结局的无限暴力源泉叙述出来呢？比流传甚广的阿特里德斯家族悲剧和俄狄浦斯家族悲剧更强的潜在悲剧在哪里呢？如果亚里士多德如此关心诗歌行为的自主性，建议诗人继续在这一宝藏中挖掘令人惊恐和怜悯的材料，那么这并不是偶然的。①

通过可能性标准，诗人可以区分流传的故事和情节——无论它们是实际发生的或者只在传统中存在，人们可能怀疑它是否可以被一个纯粹的诗歌“逻辑”勾勒。我所指出的它与“令人信服”之间的关系让我认为它在某种程度上也被接受。但是这一问题与我要讨论的**模仿 III** 相关。

乍看起来，似乎从《诗学》中只能获得极少关于第二个侧面的内容。不同于《修辞学》把言说的秩序归属于对听众产生的效果，《诗学》没有对作品与大众的交流任何明确的兴趣。它甚至在某些地方表现出一种对辩论制度的限定（51a 7）以及与普通公众的低级趣味（第 25 章）相关的不耐烦。作品的接受问题不是《诗学》的主要问题。它是与创作相关的论著，几乎毫不关心谁接受了它。

我现在在**模仿 III** 的名义下整理的注释由于极其少见也更具有价值。对于强调文本内部结构的诗歌来说，它们表明了一种把自身限制在文本中的不可能性。

我在这里想要探究的是：《诗学》并不讨论结构，而是讨论结构化（structuration）；因为结构化是一种只能在观察者和读者中完成的特定活动。

在一开始，**创制**概念把其动态机制施加于《诗学》的所有概念，

---

① 詹姆斯·莱德菲尔德（*op. cit.*, pp.31—35）指出传统中的英雄故事不同于神的故事，而是灾难和受苦的故事，有时超出了人的忍受能力，但通常是可以忍受的。悲剧故事不是在谈论城邦的建立，而是它们的摧毁。史诗诗人从中收集著名的人物，即**荣耀**（*kléos*），并写下他们的回忆。正是在这一基础上，悲剧诗人也可以从中获取材料；通过有所保留，“故事可以被借用，但是情节不可以”（第 58 页）。

并且把这些概念处理为操作性概念：**模仿**是一种表现**活动**，**聚合**（*sustasis/sunthèsis*）是一种把事件整理为系统的操作，它不是系统本身。另外，**创制**的动态机制在《诗学》的开始部分便被设想为对完整性的要求（47a 8—10）；在第六章，正是它要求行动实现其目的（*téléios*）。毫无疑问，这种完整性是著作的完整性，是其**情节**的完整性；但是它只能通过悲剧本身的“快感”（53b 11）才能获得，亚里士多德称之为**功能**（ergon）（52b 30）、“悲剧本身的效果”[戈尔登把它翻译为：本身的功能（the propre fonction），同上，第 21 页]。因此，亚里士多德著作中与**模仿 III** 有关的所有征象都与这一“悲剧快感”相关，并且与其产生的条件相关。我想表明这种快感以何种方式在著作中被构造并同时被剔除。它把内部与外部联系起来，并以辩证的方式处理这一从外部到内部的关系，借助于由符号学所提出的禁止所有超语言内容的名义，现代诗歌急于把这一关系还原成一种简单的分离。① 仿佛语言并不是从一开始便已通过其存在论激情超出自身！在《伦理学》中，我们已经有一个引导用来正确地叙述作品内部和外部。这便是快乐的理论。如果把亚里士多德在《尼各马可伦理学》第 7 卷和第 10 卷所讨论的快乐应用于文学作品，即从一个无阻碍的行动产生并且附加于已完成的行动，就像一个为其加冕的附加物一样，那么必须以同样的方式阐述创作的内在结局并阐述接受它的外部结局。②

① 我在下一章要论证的立场与汉斯 · 罗伯特 · 姚斯在《关于接受美学》（*Pour une esthétique de la réception*, Paris：Gallimard, 1978, pp.21—80）的立场相近。“快乐”（jouissance）概念同样存在于姚斯的《审美经验与文学阐释》当中（*Asthetische Erfahrung und Liteerarische Hermeneutik*, Munich, Wilhelm Fink Verlag, 1977, pp.24—211）。

② 在作品与受众的连接处，快乐的结合性地位毫无疑问解释了为什么场景在《诗学》的讨论中有一个如此变换不定的位置。一方面，认为它“完全外在于艺术”：“一部悲剧，即使不通过演出和演员的表演，也不会失去它的潜力”（50b 17）；另一方面，它是悲剧的一个“部分”；虽然不是必要的，它实际上不能被排除，因为文本让我们看到某些东西，当文本不让我们看到某些东西时，它提供某些东西给我们阅读。亚里士多德没有呈现的理论：阅读一直只是场景的替代品。因此，如果把其定义为“关于长度……即应以可被从头至尾一览无遗为限”，假如不是观众或者作为其代替者的阅读者，谁可以评价一部作品的“正确长度”？（59b 19）通过“观看”，学习的快乐得以发生。

学习的快乐实际上是文本快乐的首要构成部分。亚里士多德把它看作是一个我们在模仿和再现中所理解的快乐的推论，根据第四章的发生学分析，它是诗学艺术的本质原因之一。亚里士多德把学习行为与“可就每个具体形象进行推论，比如认出作品中的某个人物是某某人”(48b 17）联系起来。学习的快乐因此是一种认出(reconnaître)。当观众在俄狄浦斯中认识到由情节构造产生的普遍性时，他们所做的正是这一点。因此，认出的快乐同时在作品中被构造并被观众体验。

与这种认出的快乐对应的便是快乐的结果，观众根据必然性和可能性把这种快乐纳入到创作中。这些“逻辑”标准本身同时在剧本中被建立并由观众来付诸实施。在不协调的协调的极端情况下，我们已经暗示亚里士多德在或然与可接受之间所建立的联系——“令人信服的”是《修辞学》中的主要概念。一旦似是而非的情况必须被纳入到“一个导致另一个”(l’un à cause de l’autre）的因果链条中，便会导致这种情况。当史诗包含荒谬（*alogon*)、非理性时，也仍是这种情况，这是悲剧应该避免的。在不可能性的压力下，可能性于是被延伸至分裂之处。不应该忘记令人惊叹的告诫：“不可能发生但却可信的事情，比可能发生却不可信的事更为可取。”(60a 26—2)在稍后的第 25 章，当亚里士多德确定在“问题”的解决中进行指导的准则时，他把这些再现的事物分为三类：“(一）过去或当今的事，(二）传说或设想中的事，(三）应该是这样或那样的事。”(60b 10—11）如果现在（和过去）的现实性、意见和本该如此的事情（le devoir-être）所表明的不是令人确信的内容，那么它们所表明的是什么呢？我们在这里触及到认出的快乐最隐秘的源头，即“令人信服”的标准，其轮廓也是社会想象的轮廓（最近的法语评论家很好地指出：“令人信服只是在对观众产生的影响中被考察的可能性，并且成为**模仿**最终的标准。”(第 382 页）亚里士多德确实明确地把令人信服看作是可能性的一个特征，它本身也是诗歌中的可能性标准（“可能发生之事是可信的”，51b 16）。但是当不可能性——不协调的极端情形——威胁结构，难道令人信服没有变成可接受的不可能性的标准吗？“就做诗的需要而言，一件不可能发生但却可信的事，比一件可能发生却不可信的事更为可取。”（61b 10—11）“意见”（同上）在这里是唯一的指南：“为不合情理之事辩护可以公众的意见为理由。”（61b 14）

同样，就其本质而言，不协调的协调的理智特征——亚里士多德把其置于“可能性”范畴之下——是作品和公众的共同产物。“令人信服”产生了二者的交叠。

悲剧本身的情感同样是在观众那里得到充分发展。悲剧本身的快感同样克服了恐惧和怜悯。没有什么比我们从作品到观众所采取的变化更好。实际上，一方面，令人怜悯和令人惊恐——作为形容词——刻画了“事实”（fait）本身，**构造情节**把“事实”构造成一个整体。在这个意义上，**构造情节**模拟或者再现了怜悯和恐惧。构造情节如何把它们再现呢？通过准确地使它们脱离事件编排。因此恐惧和怜悯通过创作被纳入到事件中，在这种条件下，构造情节通过了再现活动的检验（53b 13）。被观众所体验的东西必须首先在作品中被构造。在这个意义上，我们可以说亚里士多德的理想观众是一种沃尔夫冈·伊泽尔（Wolfgang Iser）所说的“隐含读者[①]”意义上的“隐含观众”——但却是一个可以体验快乐的有血肉的观众。

基于此，我同意厄尔斯，格尔顿，詹姆斯·莱德菲尔德（James M. Redfield），杜庞-罗克和让·拉洛特等人对**净化**概念相互重合的解释。[②] **净化**是一种提炼——或者更恰当地说是一种纯粹化，就像

① Wolfgang Iser, *The implied reader*, Baltimore et Londres, The Johns Hopkings University Press, 1974, pp.274—294.

② 杰拉德·厄尔斯：正是模仿过程产生了净化。因为情节**是**模仿，净化通过情节来完成。第六章对**净化**的暗示因此并没有构成一个附加物，而是预设了情节的整体理论。也可参见莱昂·戈尔登：“Catharsis,” *Transactions of the American Philological Association 43* (*1962*)：51—60. 詹姆斯·莱德菲尔德写道：“由于艺术保存形式，所以它是一种净化。当工作接近尾声时，我们将会看到每一个事物是其所是，没有任何东西被添加或（转下页）

杜庞-罗克和让·拉洛特所建议的那样——它在观众那里有作用。事实上这正是在于悲剧的“快乐”从怜悯和恐惧产生。因此，它在于从内在于情感中的痛苦到快乐的转化。但是这种主体情感的变化同样是**通过**模仿活动**在**作品**中**被构造。就像我们刚才所说的那样，再现导致了怜悯和令人恐惧的插曲（épisodique）自身的这种变化。并且创作本身反过来又导致诗学的再现。在这个意义上，借助于杜庞-罗克和让·拉洛特最新的评论，说纯粹化首先内在于诗学构造并不过分。另外，我本人也建议把**净化**看作附加了认识、想象和情感的隐喻化过程的组成部分。① 在这个意义上，内在和外在的辩证法在**净化**中得到最大程度的体现：观众进行体验，它在作品中被建立。这就是为什么亚里士多德可以把它纳入到他对悲剧的定义中，而不用对它单独进行分析：“它的模仿方式是借助人物行动，而不是叙述，通过引发怜悯和恐惧使这些情感得到净化。”(49b 28)

我倾向于认为被《诗学》看作是理解的快乐以及被看作是体验恐惧和怜悯的快乐——在《诗学》中，二者构成同一个快乐——单独构成了**模仿** III 理论的开端。当作品展现了一个专属于读者的**世界**时，这只是表现为其全部内容。这个世界是一种文化世界。关于作品另一个侧面的一种指称理论的根本轴心因此通过诗歌与文化之间的关系来实现。就像詹姆斯·莱德菲尔德在《伊利亚特中的自然与文化》一书中强烈建议的那样，两种相互对立的关系可以在两个事物中建立：“必须通过一种第三方的关系来解释…… ：诗人作为文

（接上页）删除。因此这一工作使我们从不纯粹进入到纯粹”；“不纯粹通过形式艺术的力量被触及和克服”(第 161 页)。净化正是一种纯粹化，艺术家通过“还原”给出形式，借用列维-斯特劳斯（Lévi-Strauss）的话来说：“对这一还原的标记是艺术的终结。”(第 165 页）这是因为文学作品的世界是“**自我包含的**”(同上)，“艺术通过模仿生命可以让生命中的可理解的情况成为不可理解的”(第 166 页)。杜庞-罗克和拉洛特因此有充足的理由用“纯粹化”(épuration）来翻译**净化**（*catharsis*）(参见他们的评论，第 188—193 页)。

① «The Metaphorical Proces as Cognition, Imagination, and Feeling», *Critical Inquiry*, University of Chicago, Vol.5, n°1（1978）, pp.143—159.

化的创制者。”（前言，第 11 页）① 亚里士多德的《诗学》并不涉足这一领域。但是它指出了理想观众乃至理想读者：它的智慧、“被净化”的情感、快乐与作品以及由之创造的文化联合了起来。通过这种方式，尽管亚里士多德《诗学》的所有兴趣几乎都是关于**模仿**-发明，但是它的确在所有方面都提供了某些研究模仿活动的开端。

---

① 詹姆斯·莱德菲尔德全书的主题都是诗歌的可理解性对于文化的影响。文化被定义如下：“可以通过除了选择、努力和知识的应用之外的方式被建立的东西构成了文化领域。”（第 70 页）自然和文化之间的对立根本上内在于在强制性和偶然性（contingence）之间的对立：“价值和规范……并不是对行动的限制，而是（目的论意义上）行动的源泉。”（第 70 页）“强制性构成了自然领域；它们是不能被制造的东西。”（第 71 页）因此，艺术作品的意义只能从它对文化的影响中获得。对于詹姆斯·莱德菲尔德来说，这种影响是决定性的：悲剧从文化价值和规范之间的歧义性中产生。通过关注规范，诗人向听众展示了一种具有异常特征的不确定的历史（第 81 页）：“因此，悲剧诗检验了文化的界限……在悲剧中，文化自身变成不确定的。”（第 84 页）在悲剧之前，史诗借助于“史诗距离”已经实现了这一功能：“史诗为观众描绘了英雄的世界，而自身却隐藏在另外一个普通的世界。”（第 36 页）通过使其观众迷惑，诗人首先树立了自身权威，然后从英雄颂歌中提供了一个毁灭和混乱无序主题的有序再现。但是它并没有解决生命的困境。同样，在《伊利亚特》中，和解的葬礼仪式并没有揭示任何意义，但是却让所有与战争有关的事业缺乏意义：“悲剧艺术从生命的困境和悖论中诞生，但是对于解决困境，它并没有做出任何承诺；相反，当悲剧艺术为我们揭示了这些普遍的、令人信服的和必然的困境时，它可以很好地达到其最高形式的完美。”（第 219 页）“诗歌（为人）提供的不是喜悦而是可理解性。”（第 220 页）特别是在由悲剧性错误恶化的不应得的受苦情况中更为典型：“通过悲剧的非应得的受苦特征，文化问题被带回给我们。”（第 87 页）作为不协调的盲点，**过错**（*hamartia*）同样是“悲剧教育”的盲点。在这个意义上，我们可以大胆地称艺术为“文化的否定”（第 218—223 页）。借助于汉斯·罗伯特·姚斯的帮助，我们将在第四部分回到关于文学作品的功能问题，它在这一部分把一种文化的生命体验主题化。

第三章　时间与叙事：三重模仿

现在到了把两个独立研究联系起来并对我的假设基础进行检验的时候，即在叙述故事活动和人类经验的时间特征之间存在一种联系，这一联系不仅是偶然的，而且呈现了一种跨文化的必然性形式。也就是说：**当时间以叙事的方式被说出，它就变成人类的时间，当叙事成为一种时间存在的条件，它便获得了其全部的意义**。

把奥古斯丁在《忏悔录》中的时间分析与亚里士多德在《诗学》中的情节分析分离的文化断裂迫使我甘愿冒险建立一个描述二者联系的中介内容。实际上，就像人们曾说的那样，奥古斯丁所说的时间经验的悖论与叙述故事的活动没有任何关系。他的诵读一首韵文和一首诗歌的重要事例只能起到加深而不是解决这一悖论的作用。亚里士多德关于情节的分析与其时间理论没有任何关系，后者只是在《物理学》中才被讨论；此外，在《诗学》中，构造情节的“逻辑”阻止任何关于时间的考察，即使它蕴含了诸如开端、中间和结束等概念，或者它本身涉及关于情节篇幅和长度的叙述。

我将要审慎提出的**中介性**构建包含与作为整体的研究工作相

同的题目：《时间与叙事》。然而在当前的研究阶段，它仍只是需要进一步发展、批评和修正的框架。实际上，当前的研究并没有考虑历史叙事与虚构叙事之间的根本分歧，本书的第二部分和第三部分将会对其进行更加专门的研究。从对这两个领域的单独研究之中将会产生我整个研究工作的最为严重的质疑，在真理的断言层次所产生的质疑与在言说的内在结构层次一样严重。这里所概括的只是研究主题的一种简化类型，此书剩下的部分必须对其进行论证。

我把在上文提及的对时间与叙事之间中介的探究看作线索，通过对亚里士多德《诗学》的阐释，它已经被部分地澄清，即我以有趣和严格的方式把**模仿**的三个时刻称之为**模仿 I**、**模仿 II** 和**模仿 III**。我认为**模仿 II** 构成了分析的核心；通过它的分离作用，**模仿 II** 敞开了诗学创作的世界，并像我曾指出的那样建立了文学作品的文学性。但是我的立场是情节构造的构造性操作（opération）的意义来源于被我称为**模仿 I** 和**模仿 III** 之间的中介位置，并且二者构成了**模仿 II** 的两个侧面。以此，我想指出**模仿 II** 从其中介能力中获得自身的可理解性，即通过构型（configuration）的能力使一个侧面转化为另一个侧面，使我们可以从一个侧面进入另一个侧面。在本书致力于探讨虚构叙事的部分，我预留了这一主题与被我理解为文本符号学的特征之间的交锋：即一种文本科学可以独立建立在**模仿 II** 的抽象之上，并且可以只考虑文学作品的内在规则，而不用考虑文本的两个侧面。相反，诠释学的任务便是重构这些操作的集合，通过这些活动一部作品得以在生命、行动和受苦的隐秘基础上提升自身，从而作者可以把它呈现给接受它进而改变其行动的读者。对于一种符号学来说，唯一的可操作概念仍然是文学文本的概念。然而诠释学则致力于重构那些使实践经验得以呈现给作品、作者和读者的操作的整体轮廓。它并不局限于把**模仿 II** 置于**模仿 I** 和**模仿 III** 之间。它想通过其中介功能刻画**模仿 II**。因此，关键问题是具体的过程，这一具体过程使文本构造成为实践领域的前构造与作品被接受的再构造之间的中介。在分析的结尾，它将会以一个必然的结果出现，即读者是最佳的操作者，读者通过其行动——阅读的行动——确认了经由**模仿 II** 所实现的从**模仿 I** 转变到**模仿 III** 的统一性。

在我看来，突出情节构造动态特征是时间与叙事之间关系的问题关键。通过从最初的时间与叙事之间的**中介**问题过渡到**模仿**的三个阶段之间的连续性新问题，我把此书的整体策略建立在第二个问题附属于第一个问题的基础之上。通过构造三个模仿模式之间的关系，我建立了时间与叙事之间的中介。也正是通过**模仿**的三个阶段，这一中介得以实现。也就是说，为了解决时间与叙事之间的关系问题，我必须在产生它的实践经验阶段与继承它的阶段之间建立一个情节构造的中介者角色。在此意义上，此书的论证在于通过表明模仿阶段中情节构造的中介作用建立时间与叙事之间的中介。我们已经看到，亚里士多德忽视了情节构造的时间性内容。我建议把它们从文本构型的行为中剥离出来，并且指出实践领域中预示的时间性内容与通过这一被构造时间重新塑造我们的时间经验之间的情节构造时间的中介作用。**因此，我们通过时间构造的中介领会了预示时间成为被再塑造时间的命运。**

在这一考察的视域中，对叙事行为与时间性存在之间的恶性循环的批评出现。难道这一循环使得我的工作只是被指责为一种巨大的同义反复？通过选择两个尽可能不同的出发点，我似乎避免了这一批评：奥古斯丁的时间，亚里士多德的情节构造。但是，通过研究这两个极端之间的调和概念，并通过赋予情节构造和其所构成的时间一种中介作用，难道我们没有对这一批评给出新的回应？我不打算否认此主题的循环特征，即时间性已经发展到可以构造和重塑时间经验的语言阶段。但是我希望在本章的结尾部分指出这一循环可能并不是一个僵死的同义反复。

一、模仿 I

无论我们时间经验中的诗学构造的革新力量是什么，情节构造都植根于一个行动世界的前理解：它的意义结构，它的符号资源以及它的时间特征。这些特征被描述而不是被演绎。但是在这个意义上，没有任何东西要求它们的列表是封闭的。然而，对它们列举的推进很容易建立。首先，如果情节是行动的模仿这一命题是真的，那么就需要一些初级的能力：通过行动的结构特征来确认**一般**行动的能力。行动的语义学澄清了这种最初的能力。其次，如果模仿是制定一些行动的**被表达**的意义，那么便需要一种附加的能力：一种辨别被我称为行动的**符号中介**的禀赋，即卡西尔使之成为经典的以及文化人类学——我会从中借用几个例子——所采用的一种特定意义的“符号”。最后，这些行动的符号表达包含着更加精确的**时间特征**，从中可以更加直接地产生要被叙述的行动能力或者叙述它的需要。我将会借用海德格尔的诠释现象学对第三种特征进行描述。

我们将会连续考察这三个特征：结构、符号、时间。

情节构造所包含的可理解性在我们有意义的使用**概念网络**的能力中发现了它的第一个立足点，这是一种以结构化的方式区分**行动**领域和物理运动领域的能力。[①] 我称之为概念网络而不是行动概念是为了强调行动概念——狭义的某人行动的**对象**（ce que）——从与整个概念网络的其他概念相结合的能力中获得了它的显著意义。行动蕴含着**目的**，目的预期不与预见或预言的结果相混淆，但却导致了行动所依赖的预期。此外，行动的**动机**解释了为什么某人在做或曾做了某事，以此我们可以清晰地区分一个物理行动如何导致另一个

---

① 参见我在《行动语义学》一书中的讨论（*la sémantique de l'Action*, Paris, Éd. Du CNRS, 1977, pp.21—63）。

物理行动。行动还具有做某事或可以做某事的**行动者**（agents），这些事被看作是**他们的**工作，或者就像用法语来说**他们的**行为（fait）：因此，这些行动者可以对其行动的某些后果负责。在这个概念网络中，由“为什么”(pourquoi）问题开启的无限倒退与由“谁”(qui）的问题开启的无限倒退是不相容的。确认一个行动者和认识到他的动机是互补的操作。我们也可以理解行动者在不是他们所产生的但却属于实践领域的**环境**中采取行动，确切说来，环境在物理运动过程中限定历史行动者的干涉并为他们的行动提供支持或阻碍的机会。相反，这种干涉则包含了行动，即与一个行动者可以做什么相一致——作为“基础行动”(action de base）——并且不用观察他就知道自己可以做什么，这与一个封闭的物理体系的最初状态相符合。① 此外，行动一直是“与”他者一起行动：**相互作用**可以采取合作、竞争和斗争的形式。通过支持和对立的特征，相互作用的偶然性因此也涉及环境的偶然性。最后，行动的**结果**可以是一个向幸福或不幸的运气转变。

简言之，这些概念以及其他类似概念在被归类为对行为的“什么”“为什么”“谁”“如何”“支持或反对谁”的问题解答中涌现。但是关键的问题是在一个问题和解答的情况下，以有意义的方式使用其中的某一概念，即能够把这一概念与同一家族中的其他概念相联系。在这个意义上，家族中的所有概念是一种相互指称（intersignification）的关系。在概念家族中掌握概念网络，并且每一个概念都是家族中的一员，这是一种可以被称为**实践理解**(compréhension pratique）的能力。

因此，**叙事理解**与实践理解是什么样的关系？对这一问题的解答主导着在叙事理论和行动理论之间所建立的关系，这是在英语分

① 关于“基本行动”概念，参见 A. Danto：«Basic Actions», *Am. Ohil. Quaterly* 2（1965）：141—148。关于“非观察知识”(le savoir sans observation)，参见 G. E. M. Anscombe, *Intention*, Oxford, Blackwell, 1957。最后，关于活动概念与封闭物理体系概念的关系，参见：H. von Wright, *Explanation and understanding*, Londres, Routledge and Kegan Paul, 1971。

析哲学的意义上使用此概念。在我看来，这种关系是双重的。它既是一种**假设**（*présupposition*）关系，也是一种**转变**（*transformation*）关系。

一方面，所有叙事都通过行动者、目的、方式、环境、帮助、敌对、合作、冲突、成功、失败等概念预设了叙事者和听众之间的一种亲缘性（familiarité）。在这个意义上，最短的叙事语句是一种 X 在这样或那样的环境中做 A 并理解 Y 在相同或不同的环境中做 B 的行动语句。叙事最终把行动和受苦作为主题。在讨论亚里士多德时，我们看到并讨论这一问题。我们将会看到从弗·普罗普（Vladimir Propp）到格雷马斯（A. J. Gremias），叙事的结构分析以功能和施动者（actant）的形式在哪一点上检验了这种预设的关系，这种关系在行动语句的基础上建立了叙事话语。在这个意义上，不存在任何不借助“行动”（faire）的含糊或清晰现象学的叙事结构分析。①

另一方面，叙事不局限于通过行动的概念结构利用我们的亲缘性。它为自己增加了**言语**（*discursif*）特征，从而区别于一种简单的行动话语序列。这些特征不再属于行动语义学的概念网络。它们是句法特征，其功能是产生被称作叙事的话语模态的构造，无论它是历史叙事问题还是虚构叙事问题。通过借助于符号学中常用的聚合关系（ordre paradigmatique）与横组合关系（ordre syntagmatique）②的区分，我们可以理解行动概念网络与叙事构造规则的关系。由于呈现了聚合关系，所有与行动有关的概念都是共时的（synchronique），在这个意义上，在目的、方法、行动者、环境与余下其他东西之间存在的相互指称关系可以完美地互换。相反，话语的组合关系蕴含着所有被叙述故事的不可被还原的历时（diachronique）特征。即使这个历时性不阻止倒叙（rebours du récit）

---

① 在《行动语义学》（同上书，第 113—132 页）中，我讨论了现象学与语言分析之间的关系。

② “ordre paradigmatique”又译为“联想关系”；“ordre syntagmatique”又译为“句段关系”。——译者注

阅读，因为我们将会看到这是复述行为的特征，这种从结尾到开端的阅读并没有放弃叙事的基本历时性。当我们讨论结构主义尝试从非完全历时性模型得出叙事的逻辑时，我们将会得出这一结论。目前，我们还是仅限于指出理解什么是叙事，即掌握规定叙事组合关系的规则。因此，叙事理解不局限于预设一个与行动语义学的概念构造网络的相似性。此外，它还需要具有与规定故事历时性序列的构造规则的相似性。前一章被讨论的广义情节，即被叙述故事的整个构造行动中的事件编排（作为行动阶段的协调性）与叙事引入实践领域的组合序列是完全等同的。

我们可以把叙事理解与实践理解的双重关系作如下总结。通过从行动的聚合关系序列过渡到叙事的组合关系序列，行动的语义学概念获得了完整性和现实性。现实性：由于情节赋予行动者及其行动和苦难一种有序的协调性，所以在聚合关系中只具有一种虚拟意义的概念，即一种单纯的应用能力获得了一种现实意义。能够实现整合，是因为与行动者、动机和环境异质的概念在实际的时间全体性中可以共存并可以结合。正是在这个意义上，情节构造规则与行动概念的双重关系同时构成了一种预设关系和一种转化关系。理解一个故事便是同时理解“行动”的语言和产生情节类型学的文化传统。

叙事构造在实践理解中发现的第二个基础在于实践领域的符号（symboliques）[①] 资源。这一基础将会规定行动、能够–行动（pouvoir-faire）、知道–能够–行动（savoir-pouvoir-faire）的**哪些方面**来自诗学的转换。

实际上，如果行动可以被叙述，这是因为它已经通过标记（signes）、规则（règles）和规范（normes）被叙述：它一直以**符号**

① 为了保持译名统一，以及更贴近利科的愿意，“symbole”在这里统一翻译为“符号”，而不是“象征”。——译者注

的形式实现。正如上文所说，我在这里使用了以各种方式使用**理解社会学**（Verstehen sociology）的社会学家的工作，其中包括著有《文化的解释》的克利福德·格尔茨（Clifford Geertz）。[①] 此书中的“符号”（symbole）概念采取了我们可称作中值的含义，在同一于简单记号（notation）（我所想到的是莱布尼茨的直接观看的直观知识与简明符号形式的符号知识之间的对立，它可以被一个逻辑操作的长链条代替）与同一于隐喻基础上的双重含义表达之间的中途（mi-chemin），即在隐含的含义上，它只能获得一种隐秘的知识。在过于贫乏和过于丰富的词义之间，我采取了与卡西尔（Cassirer）在《符号形式哲学》中类似的用法，因为对于他来说，符号形式是表述全部经验的文化过程。如果我更准确地称之为**符号中介**，那是为了在属于话语或书写的独立符号整体脱离实践层次之前，在构成文化本质的符号中区分构成行动基础的符号与构成其首要意义的符号。在这个意义上，我们可以谈论一种与清晰的和独立的符号主义相对立的隐含的和内在的符号主义。[②]

对于人类学家和社会学家，符号概念直接强调有意义陈述的**公共**特征。用克利福德·格尔茨的话来说：“因为意义是公共的，所以文化也是公共的。”我倾向于采用这个最初的刻画，这一刻画表明符号主义不在精神中，也不是一种以指导行动为目的的心理学操作，而是一种整合到行动之中的意义，并可以被社会相互作用中的其他角色所辨认。

此外，符号概念——更确切地说，符号中介——表明了符号系统的**结构化**特征。克利福德·格尔茨在此意义上谈论“相互作用的

---

① Clifford Geertz, *The Interpretation of Culture*, New York, Basic Books, 1973.

② 在我提炼的大部分致力于研究行动的符号中介文章中，我区分了**构造**（constituant）符号主义与**表现**（représentatif）符号主义（«La structure symbolique de l'action», in *Symbolism,* conférence international de sciologie religieuse, CISR, Strasbourg, 1977, pp.29—50）。这一术语在我今天看来是不充分的。此外，作为一个补充分析，我还会再回到我的文章：«L'imgination dans le discours et dans l'action», *Savoir, faire, espérer: les limites de la raison*, Bruxelles, Publications des facultés universitaires Saint-Louis, 5, 1976, pp.207—228。

符号系统”“意义协作模式”。在成为文本之前，符号中介具有一种结构（texture）。理解一种礼仪，便是把它置于一个仪式中，置于一种信仰中，并逐渐置于构成文化符号网络的约定、信仰和制度整体中。

一种符号系统同样为特殊的行动提供一种**描述背景**。换句话说，正是在这样一种符号约定的“作为……的功能”中，我们可以把如此这般的姿势解释**为**意指这个或那个：基于背景，抬起胳膊的同一姿势可以被理解**为**问候、叫出租车或者选举。在被解释之前，符号是内在于行动的解释者。①

以这种方式，符号主义赋予行动最初的**可读性**（*lisibilité*）。我们借此就不能混淆行动的结构与人种学家**所书写**的文本——与人种学的文本，后者借助概念以范畴的方式使用法理学（nomologique）原则进行写作，这些原则是科学本身的贡献，因此不能与使文化理解自身的范畴相混淆。然而，如果我们可以把行动看作是准-文本（quasi-texte），这是因为被理解为解释者的符号提供了意义规则，由此这样或那样的行动可以被解释。②

此外，符号概念还引入了**规则**（*règle*）概念，不单单是刚才所讨论的描述和解释规则意义上的，而是**规范**（*norme*）意义上的。例如，通过把意义行为刻画为**规则控制的行为**，彼得·温奇（Peter Winch）③特别强调这一特征。通过把文化密码比作遗传密码，我们

① 正是在这一点上，我所强调的符号概念的意义与我自己远离的另外两个含义相似。作为行动者的解释者，一种符号主义同时也是一种**记号**系统，后者以数学符号主义的方式精简了大量的行动细节，并且以音乐符号主义的方式要求执行或行动过程可以实现它。但是它也是作为被克利福德·格尔茨称为**“深描”**（thick description）的主导解释者，符号也把一种双重意义的关系引入到它主导解释的姿势或行为中。可以把对一个姿势的经验整合看作是蕴涵象征意义的书面意义。在某些近似于秘密的条件下，这一意义最后可以作为有待破译的隐含含义出现。这便是任何社会礼仪如何呈现给一个陌生人，而不用把它们解释为深奥和晦涩的东西。

② 参见我的文章：«The model of the Text. Meaningful Action Considered as a Text », in *Social Research*, 38（1971）, 3, pp.529—562，再版于 *New Literary History*, 5（1973）, 1, pp.91—117。

③ Peter Winch, *The Idea of a Social Science and its Relation to Philosophy*, Londres, Routledge and Kegan Paul, 1958, pp.40—65.

可以澄清社会规则的功能。像遗传密码一样，文化密码是行为的“程序”；它们为生命提供形式、次序和方向。但是，不同于基因密码，文化密码在基因调节失效的区域建立，并且只能以密码系统的全部重置为代价才能生效。习俗、风俗和所有被黑格尔称为先于反思性道德（*Morralität*）的伦理（*Sittlichkeit*）内容因此代替了基因密码。

通过符号中介，可以毫无困难地从内在意义概念过渡到规则概念，即采用为了进行描述的规则的意义，然后再过渡到规范的意义，即等同于这一概念的规范性含义的规则。

作为文化的内在规范，行动可以被判断和评价，即根据一种道德倾向的等级序列来进行评价。行动也获得了一种相对**价值**，也就是说这一行动比另一行动**更有价值**。最初属于行动的价值等级可以扩展至被认为是好和坏、更好和更坏的行动者自身。

通过文化人类学的方法，我们把亚里士多德《诗学》中的一些“伦理”假设也纳入进来，因此我可以把它附加于**模仿 I** 层次。《诗学》不仅假定了“行动者”，而且还赋予角色高尚和卑鄙的伦理性质。如果悲剧可以使之比现实的人表现得“更好”，喜剧使之表现得“更坏”，这是因为作者和读者共享的实践理解必然包含一种通过好和坏对角色以及对其行动的评价。作为一种以善良和邪恶为两极的价值级序，没有行动不引起赞赏和斥责，无论程度有多小。我们会适时讨论一种排除对所有角色进行伦理评价的阅读方式是否可能的问题。如果审美快乐偶然与所有的同情和厌恶相分离是为了角色的伦理性质，那么亚里士多德教导我们的与意外不幸相结合的怜悯仍剩余什么？我们将会看到，这种可能的伦理中立性不得不在与原初内在于行动特征的交锋中被彻底击败：准确的说永远不可能存在伦理中立。思考这一既不是可能的也不是意愿的中立性的原因之一，便是行动的实际序列不仅向艺术家提供将要消失的习惯和信心，而且提供一种以假设模式来解决问题的含糊性和复杂性。许多对艺术与文化关系进行反思的现代批判曾强调了规范的争论特性，这一特性是文化提供给诗人的模仿活动。[①] 在对索福克勒斯的《安提戈涅》的著名思考中，黑格尔早已讨论这些问题。同样，艺术家的伦理中立性难道没有取消艺术最为古老的功能之一，即建造一个实验室，艺术家可以在其中通过有价值的实验探究虚拟的模式？无论这些问题的答案是什么，诗歌都不会停止借用伦理学，即使它宣称悬置所有道德判断或者反讽。伦理中立性的计划本身在虚构的最初方面便预设了行动的原初伦理性质。这一伦理性质自身只是行动的主要特征的一个推论，它一直以符号的方式实现。

模仿活动的第二个层次所预设的行动前理解的第三个特征也是我们考察的关键。它关注**时间性**特征，叙事时间在这些特征之上移植其构型（configuration）。实际上，行动理解不局限于与行动的概念网络以及与其符号中介保持亲缘性；它甚至会在需要叙事的时间结构中进行认识。在这一层次上，叙事与时间的等同仍是不清楚的。但是我不会把对行动的时间特征分析推进到我们可以直接谈论的叙事结构或者时间经验的前叙事结构，就像我们谈论自己身上所发生的或者我们沉湎于其中的故事以及某人的生活故事所表明的那样。在本章的结尾，我将会考察经验的前叙事结构问题；它实际上提供了一个直面阻碍所有分析的恶性循环的机会。我在这里仅仅考察行动的符号中介中仍不清楚的时间特征，这些特征可以被看作叙事的引发因素（inducteur）。

我不会停步于行动概念网络的某一元素与被单独考虑的某一时间维度之间所建立的过于明显的**关联**，因为这一关联几乎是从概念到概念。很容易察觉到这一计划与将来有关，它以一种极其特殊的方式把将来与预测或者预言区分开。从过去继承的在当前经

① 我们曾引用一个例子：在《〈伊利亚特〉中的自然与文化》（*Nature and Culture in the Iliad*）中，詹姆斯·莱德菲尔德讨论了艺术和文化之间的关系。参见上文，第 104 页。

验中进行改变的动机与禀赋之间的紧密相似性绝不是不明显的。最终，“我能”“我做”“我遭受”明显地实现了我们主动赋予现在的意义。

比特定行动范畴与相继时间维度的松散关联更重要的是实际行动在时间维度之间所呈现的**转换**。奥古斯丁所说的时间的不协调–协调结构在反思的思想层次发展出了某些悖论性特征，行动现象学实际上可以为其刻画第一份草图。通过说没有一个将来时间、过去时间和现在时间，而是一个三重现在，即一个将来事物的现在、一个过去事物的现在和一个现在事物的现在，奥古斯丁为我们开辟了调查行动的更原初时间结构的道路。在三重现在概念中，很容易重新书写每一个行动的时间三重结构。将来的现在？**从此**，即从现在开始，我让自己致力于**明天**做此事。过去的现在？我**现在**具有做此事的意图，因为我**刚刚**意识到……现在的现在？我**现在**做此事，因为我**现在**可以做此事：做此事的实际现在包含了能够做此事的潜在现在，并且自身构成为现在的现在。

但是行动现象学可以比奥古斯丁通过对**延展心灵**的反思所开辟的概念到概念的关联更进一步。关键是日常实践如何安排将来现在、过去现在和现在的现在之间的相互关系。因为正是这一实践关联构成了叙事最基本的引发因素。

海德格尔的存在分析在这里可以发挥关键作用，但它只是在某些被清晰建立的条件下。我没有忽视对《存在与时间》的单纯人类学解读会具有破坏整部著作的风险，因为在这种解读方式下，它的存在论目标可能会被误解：**此在**（*Dasein*）是存在（l’être）的“场所”(lieu)，我们通过提出存在问题和存在的意义问题在其中被构成。因此，从《存在与时间》分离出哲学人类学便是忘记了核心存在范畴的主要意义。在《存在与时间》中，存在问题是被最初与哲学人类学计划具有某种程度协调性的分析准确地敞开的，并以此实现它所期待的存在论突破。除此之外，这一哲学人类学在一个主题之上进行自我组织，即“烦”或“操心”(sorge)，这一概念从没被人类行为学（praxéologie）完全澄清，却从颠覆性的实践秩序中借用的描述获得澄清，后者允许它动摇对象性知识的优先性，并且揭示了比所有主体到客体关系更为根本的在世存在（l'être-au-monde）结构。在《存在与时间》中，以这种方式诉诸实践具有一种间接的存在论意义。在这一方面，可以看到在所有清晰的认识程序和所有已发展的命题表达之前，工具分析和朝向什么（en vue-de-quoi）提供了意义（或者意义性）关系的首要框架。

在《存在与时间》第二部分的时间性研究中，我发现了同样有力的突破。这些分析聚焦于我们与时间的关系，例如在什么“之中”，我们以日常的方式行动。因此，在我看来，正是这一内-时间性(*Innerzeitikeit*) 更好地刻画了行动的时间性，在当前的分析层次，它也适用于一种意志现象学（phénoménologie du volontaire）和非意志现象学（phénoménologie du involontaire)，并且适用于一种行动的语义学。

某些反对意见会认为通过最后一章进入《存在与时间》是非常危险的。但是必须理解由于某些原因最后一章是《存在与时间》的关键。首先，第二部分关于时间的沉思本身便可以被看作推迟的。第一部分实际上可以通过“什么使得此在成为一个整体?”这样一个如此表达的问题而被重新把握。由于关于时间的沉思被看作对这一问题的回答，所以我在第四部分会重新回到此问题。就其本身而言，目前分析阶段我唯一感兴趣的是内-时间性研究，它本身通过海德格尔赋予其时间沉思的等级化结构而被推迟。这一等级化结构同时是向低等级派生和不断降低本真性。众所周知，海德格尔以最原初的形式和最本真的时间经验方式保留了**时间性**（*Zeitlichkeit*）概念，即将在（être-à-venir)、曾在（ayant-été）和现在（rendre-présent）之间的辩证法。在此辩证法中，时间是完全去实体化的(désubstantialisé)。将来、过去和现在概念消失了，时间本身是作为一种生出此三种时间性的绽出（extases）统一体。这一辩证法是烦或操心的时间性构造。就像我们所理解的那样，对立于奥古斯丁，通过内在于所有期待和筹划的界限，向死而在（l'être-pour-la-mort）赋予将来相对于现在的优先性，并且赋予将来一种终结。海德格尔随后为直接相邻的派生层次保留了**历史性**（*Geschichtlichkeit*）概念。因此，两个特征被强调：出生和死亡之间的时间性延展；把对过去的强调置换为对将来的强调。借助于第三个特征——重复，这一特征表明历史性相对于深层时间性的派生性，海德格尔尝试把历史学科的整体附加于此层次。①

因此，**内–时间性**只在第三层次出现，我现在就讨论此问题。②这种时间性结构被放在最后的位置，因为它最易于被时间的线性表象均质化为抽象现在的简单连续。我在这里对其感兴趣是因为这一结构通过这些特征区别于时间的线性表象，并且拒绝以均质化的方式被还原为表象，海德格尔称之为"庸俗"的时间概念。

内–时间性被烦的根本特征定义：被抛入事物的存在条件易于使时间性描述依赖于对我们所操心事物的描述。这一特征把烦还原为烦忙（*Besorgen*）层次（同上，第 121 页，法译版，第 153 页，英译版，第 157 页）。但是无论这一关系是多么非本真，它仍表明从我们所操心的外在对象领域所攫取的某些特征，并在其根本构造中以隐匿的方式把自己附加于操心本身。需要注意的是，为了分辨这些本已存在的特征，海德格尔本人也倾向于我们对于时间所说的和所分析的。这种方式非常类似于我们在日常语言哲学中所碰到的方式。这并不令人诧异：在我们讨论的开始阶段，我们所关注的计划肯定是奥斯汀（J.-L. Austin）等人所说的真正的日常语言问题，即在我们的经验中最适用于人类的表达方式。因此，通过保留其日常意义，

① 在第四部分关于时间现象学的一般性讨论中，我最终会再回到"重复"概念。

② Heidegger, *Sein und Zeit*, Tübingen, Max Niemeyer, 10ᵉ éd., 1963, §78—83, pp.404—437. 我用 *intra-temporalité* 和 *être-«dans»-le-temps* 翻译 *Innerzeitkeit*。约翰·麦奎利（John Macquarrie）和爱德华·罗宾逊（Edward Robinson）用 *Within-time-ness* 来翻译（*Being and Time*, New York, Harper and Row, 1962, pp.456—488）。

语言阻止了以烦忙模式对操心进行描述，从而落入我们所操心的对事物进行描述的陷阱。

内–时间性或者在时间“之中”存在（être-«dans»-le-temps）以这种方式展现了不能被还原为线性时间表象的特征。在时间“之中”存在，已经是另外的事物，而不是衡量界限–瞬间的间隔。在时间“之中”存在首先是考虑时间并由此来计算时间。但是，因为我们估量（compter avec）时间并且计算时间，所以我们必须借助于度量标准，而不是反过来。因此，在借助于度量之前，必须能够对“估量”进行存在描述。在这里，诸如“有时间去……”(avoir le temps de)、“花时间去……”(prendre le temps de)、“耽误时间”(perdre le temps）等表达是高度相关的。动词时间的语法系统以及高度分化的时间的形容词系统也是如此：那么（alors)、之后（après)、以后(plus tard)、更早（plus tôt)、自从（depuis)、直到（jusqu'à ce que)、当……的时候（tandis que)、在……期间（pendant que)、一直以来(toutes les fois que)、既然（maintenant que）等等。所有这些极其精细和微小差异的表达都是关于烦忙时间的公共性和可计时性特征。但是，一直是烦忙决定时间的意义，而不是我们所操心的事物。然而，如果在时间“之中”存在以如此简单的方式被解释为时间的一般表象，这是因为对时间的首要度量标准是从自然环境借用的，并且首先是从光线和季节的变换游戏中借用的。基于此，天是最自然的度量工具。[①] 但是天并不是一个抽象的度量，它是一个对应这我们操心的长度，并且对应于“到做某事的时间”的世界，其中“现在”意味着“既然”。这是劳动和工作日的时间。

---

① «Le *Dasein*, du fait qu'il interprète le temps en le datant... s'historialise *de jour en jour* »（*sein Gechehen ist auf Grund der... datierenden Zeitauslegung ein Tagtäliches, op. cit.*, p.413）(英译：Dasein *historizes* from day to day *by reason of its way of interpreting time by dating it..., op. cit.*, p.466)。回到奥古斯丁关于“天”的思考，他不赞成简单地把天还原成阳光的变化。海德格尔没有采用此方式：他设定了时间“最自然”的度量（同上）与所有工具性和人造的度量之间的区别。我们“所处”的时间是世界时间（*Weltzeit*)(同上书，第 419 页)：比所有可能对象“更客观”，也同样比所有可能主体“更主观”。它既不在内也不在外。

因此，看到繁忙时间的“现在”与抽象时刻意义上的“现在”之间的意义差异是重要的。存在性的现在被繁忙的现在决定，这是一种“当前化”(rendre-présent)，与“期待”(attendre) 和“居持”(retenir) 不可分离（同上，第416页）。这仅仅是因为在繁忙中，操心易于与当前化结合，并且易于消除它与期待和滞留的差异，被分离的“现在”可能会作为一个抽象时刻而受限于表象。

为了使“现在”的意义不被还原为一种抽象时刻，特别需要注意在什么条件下，我们在行动和日常的苦难中“谈论-现在”(disons-maintenant)：海德格尔写道“说现在是当前化的有所言谈的勾连；**当前化**则与有所居持的期待统一在一起到时”[①]。“我们把解释着自己的当前化亦即那些作为‘现在’而谈及被理解的东西称作‘时间’。”[②] 在某些实践条件下，我们理解这一解释如何能够在线性时间表象的方向产生：对于我们来说，说-现在成为看钟表时间的同义词。但是，只要小时和钟表仍被看作天的衍生物，它自身把操心与世界的光线联系起来，那么谈论-现在就保留其存在含义；当用于测量时间的机器被剥夺首先指涉自然度量，那么谈论-现在就会回到时间的抽象表象。

乍看起来，内-时间性分析和叙事之间的关系似乎非常疏远；就像我们在第四部分所确认的那样，海德格尔的文本似乎也没有对此进行讨论，因为《存在与时间》中的历史学与事件之间的关系是在历史学而不是在内-时间性的层次实现。他对内-时间性分析的优点在其他方面：它在于这一分析与被理解为简单现在连续的时间线性

① 中译引自海德格尔：《存在与时间》，陈嘉映、王庆节译，生活·读书·新知三联书店2014年版，第470页。——译者注 «*Das Jetzt-sgen aber ist die redende Artikulation eines* Gegenwärtigens*, das in der Einheit mit einem behaltenden Gewärrtigen sich zeitigt*»（*op. cit.*, p.416）（英译：Saying «*now*» ... *is the discursive Articulation of a making-presnet which temporalizes itself in a unity with a retentive awaiting, op. cit.*, p.469）。

② 《存在与时间》，第461页。« *Das sich auslegende Gegenwärtigen, das heisst dans im “ jetze” angesprochene Ausgelegte nennen wir “ zeit”* »（*op. cit.*, p.408）（英译：*The makeing-present which interprets itself...— in other words, that which has been interpreted and is addressed in the* «*now*» *— is what we call* «*time*»*, op. cit.*, p.460）。

表象的决裂。时间性的第一个障碍通过赋予操心首要性而被克服。通过认识这一**障碍**，叙事秩序和操心之间的关联被第一次建立。在内–时间性的基础上，叙事构型和与之相对应的时间性的最清晰形式的结合得以建立。

我们可以看到**模仿 I** 含义中的丰富性：模仿或表象行动，这首先是在语义学、符号学和时间性中对人类行动是什么的前–理解。在这一前–理解的基础上，情节构造被提出并且由此完成文本和文学的模仿。

在文学作品领域，这种对行动世界的前理解退回到"目录"行列是真实的，就像沃尔夫冈·伊瑟尔在《阅读行为》(*Der Akt des Lesens*）中所说的那样，为了使用另外一个与分析哲学关系更紧密的术语，它退回到了"谈及"(mention）行列。虽然文学作品建立了一个分裂，但是如果它没有对人类行动中已具有形式的内容进行构型，那么它将永远不会被理解。

二、模仿 II

通过**模仿 II**，**仿佛**（*comme si*）的国度被打开。为了与文学批评中的流行用法相一致，我称之为**虚构**（*fiction*）的国度。然而我放弃了这一表达，虽然它完全适用于对**模仿 II** 的分析，以避免同一个概念在两种不同意义的使用中所产生的含混性：首先，作为叙事构造的同义词；其次，作为构造"真实"叙事的历史叙事断言的反义词。文学批评没有认识到这一困难，因为它没有意识到叙事话语分裂成了两大类别。因此，它可以忽视影响叙事的**指称**层次的差异，并且局限于虚构叙事与历史叙事的**共同结构**特征。虚构概念因此可以确定以构造情节为范例的叙事构造，而不用考虑与两个类别的叙事真理断言的差异。无论对虚构、“想象”叙事与“真实”叙事之间的差异进行多少调整，虚构叙事与历史叙事之间的差异仍然存在，这一差异将在第四部分被重新讨论。为了完成这一澄清，我选择为上文所考察的第二个意义保留虚构概念，并且把虚构叙事对立于历史叙事。在第一个意义中，我会讨论创作或构造，它没有涉及指称和真理性的问题。可以看到，亚里士多德的构造情节含义被《诗学》定义为“事件编排”(agencement des faits)。

我建议现在把情节构造活动从悲剧范式中解放出来，后者在亚里士多德那里限定于情节构造概念。另外，我打算通过分析其时间结构来完善这一模式。我们已看到，《诗学》没有涉及时间分析。我希望通过后边的第二和第三部分证明：在一种最大程度的抽象条件下，并且通过增加合适的时间特征，亚里士多德的范式并没有因为历史理论和虚构叙事理论对它的夸大和修正而从根本上被改变。

此书稍后关于情节构造范式的讨论回应了之前章节所提出的一种根本性要求。通过把**模仿 II** 置于**模仿**的之前和之后阶段之中，我不仅尝试定位它和框定它，我更想理解其构造前后之间的中介功能。因为**模仿 II** 具有一种中介功能，所以它只处于中间位置。

因此，这一中介功能来源于**构造操作**的动态特征，后者使我们倾向于情节构造概念而不是情节概念，以及组织概念而不是系统概念。所有与此相关的概念实际上都指向操作。这一动态性在于情节已经在自身背景中实现了一种构造功能，以及此意义上的中介功能，使其得以超出这一背景，从而在前-理解和我大胆所说的行动与时间特征序列的后-理解之间发挥一种最大程度的中介作用。

情节至少以三种方式实现中介作用：

首先，它在**事件**或个别枝节与作为整体的**故事**之间建立了中介。基于此，我们能以等同的方式说它**从**（*de*）一个事件或者枝节的多样化中提炼出一个故事（亚里士多德所说的**事件**）；或者它把事件或枝节转化**为**（*en*）一个故事。通过**从**和**为**两个词语表达的相互关系把情节刻画为事件与被叙述故事之间的中介。因此，一个事件应该不仅仅是一个个别的枝节。它从其对情节发展的贡献获得定义。另一方面，一个故事应该不仅仅是一系列事件的列举，它应该把这些事件编排成一个可理解的整体，由此我们可以一直探寻故事的“主题”是什么。简言之，情节构造是从一个简单的连续中提炼出构型的操作。

另外，情节构造把行动者、目的、方式、相互作用、环境、意外的结果等这些**异质**的**因素构造为整体**。亚里士多德以几种方式预见到这种中介特征：首先，它在“什么”（模仿）的标题下把悲剧的三个“部分”——情节、角色和思想——构造成了一个子集。因此没有任何东西禁止把情节概念扩展至整体的三位一体。第一个扩展因此赋予情节概念一个允许其接受进一步完善的原初能力。

因为情节概念可以进行内容的扩展：通过把令人怜悯和令人恐惧的事故、戏剧冲突、认识、强烈的效果纳入到复杂情节中，亚里士多德**把情节等同于构型**，我们把后者理解为**协调-不协调**。正是这一特征最终构成了情节的中介功能。我们曾在前文预示过此特征：叙事可以使得组合序列中所有那些被行动语义学所建立的能够纳入聚合关系中的组成部分呈现出来。从聚合到组合的过渡同样构成了从**模仿 I** 到**模仿 II** 的转变。它是构型活动的工作。

情节以第三种方式，即其本身的**时间特征**进行中介。时间特征允许我们通过普遍化方式把情节称为**异质的综合**。[①]

亚里士多德没有考虑这些**时间特征**。但是这些特征直接蕴含在

① 正是以这一普遍化为代价，历史学家保罗·韦纳可以把情节定义为目的、原因和偶然性可变部分的组合，并在《人如何书写历史》（*Comment on écrit l’histoire*）中把其作为历史学的主线（参见下文，第二部分，第二章）。

以另外的补充方式而不是对立的方式，冯·赖特（G. H. von Wright）在历史推理中看到了一种实践三段论与受到系统限制控制的因果性链条的组合（参见下文，第二部分，第二章）。因此，情节以多样的方式构成了异质的系列。

叙事构型的构造性动态中。以此方式，它们赋予前一章的协调-不协调概念一种完整意义。基于此，我们可以说情节构造的操作同时反映了奥古斯丁式的时间悖论，并且解决了悖论，但是不是以思辨的方式而是以诗学的方式。

情节构造行为在可变的部分中结合了两个时间维度，因此它反映了时间序列和非时间序列的悖论。第一个构成了叙事的片段插曲维度：它把故事刻画为由事件组成。严格说来，第二个是构型维度，情节借此把事件转化**为**故事。这种构型行为①在于“整体把握”（prendre-ensemble）细节行动或者那些被我们称为故事的枝节；从这些多样的事实可以提炼出时间整体的统一体。我们不能过于强调构型行为本身的“整体把握”与康德的判断活动之间的相似性。对于康德来说，判断的先验意义在于以比把直观杂多置于概念规则之下更少的方式把主语和谓词结合起来。我们知道，对于康德来说，把主词与谓词结合起来的判断的先验意义要比把直观杂多置于概念规则之下的判断的先验意义更少。它与反省判断的相似性更大，康德把定言判断对立于反省判断，在这个意义上，它反映了在鉴赏的审美判断中以及在应用于有机体整体的目的论判断中发挥作用的思想工作。情节行为具有一种类似的功能，因为它从一种连续性中提炼出一种构型。②

但是创制比反思时间性的悖论做得更多。通过在事件和故事这两端建立中介，情节构造为悖论提出了一个解决方式，即诗学行为自身。我们刚刚指出这一行为从一个连续中提炼出一个形式，在理解故事的能力中把自身呈现给听众和读者。③

---

① 我借用了路易斯·明克的构型行为（configurational act）概念，他把这一概念应用于历史理解，并且我把它扩展到所有的叙事理解领域（Louis O. Mink, «The Autonomy of Historical Understanding», in *History and Theory*, vol.V, n°1, 1965, pp.24—47）。参见下文，第二部分，第二章。

② 我们稍后考察历史中其他判断的反思性特征的意义。参见第二部分，第三章。

③ 我借用了加利（W.B. Gallie）的“可追踪性”（followability）概念，*Philosophy and the Historical Understanding*, New York, Schoken Books, 1964。我在第二部分会讨论加利著作的核心主题，即历史学是一种被述故事类型的一个属。

理解一个故事便是在希望的引导下在意外和转折的迷雾中前进，希望在**结局**中被满足。这一结局没有被某些先前的预设逻辑地蕴涵。它赋予故事一个“终点”，这一终点反过来提供一种观点，从中故事可以被理解为构成一个整体。理解一个故事便是理解连续的片段如何和为什么导致这一结局，这一根本不能被预见的结局最终必须被接受，从而与通过故事被整合的片段相契合。

正是这种理解故事的能力构成了延展和意向悖论的诗学解答。可以被理解的故事把悖论转变为生动的辩证法。

一方面，叙事的片段维度从线性表象中提取了叙事时间。它以多种方式实现这一点。首先，通过“然后，再然后”(alors-et-alors) 我们回答了“然后呢？”(et puis ?) 这一问题，“然后，再然后”表明行动的过程处于一种外在的关系。其次，片段构成一个开放的事件序列，这一序列允许我们把“以及诸如此类”附加于“然后，再然后”“然后”。最终，片段之间前后连贯，从而与物理事件和人类事件共有的不可逆转的时间序列保持一致。

构型反过来会也会呈现时间特征与片段内容之间的对立。它也以几种方式实现这一点。

首先，构型安排会把事件的连续转变为一种意义整体，它是整合事件行为的对象，并让故事可以被理解。借助于这一反思行为，整体的情节可以被翻译为一种“思想”，这一“思想”仅仅是其“论点”和“主题”。但是，如果认为这一论点是非时间的，那就会完全误解它。用诺思洛普·弗莱的话来说，“神话和主题”的时间是构成片段内容和构型内容之间中介的叙事时间。

其次，情节构造把“最终结果的意义”(为了翻译克蒙德的 *The Sense of an Ending* 这一著作的名称）强加于未确定的事件连续性上。我们刚刚把“结局”看作是一个终点，故事从中可以被看作是一个整体。我们现在可以补充解释，正是在重述行为中，而不是在叙述行为中，结局的结构功能可以被辨别。一旦一个故事被众人所知晓——这是大部分传统和流行叙事的情况，也是报道作为共同体基础事件的民族编年史的情况，理解一个故事便是在对附加于故事的意义认识中包含更少的意外和发现，从而把众所周知的片段本身理解为导致了这一故事结局。一种新的时间性质从这种理解中浮现。

最后，根据众所周知的“时间之箭”的隐喻，重述一个故事——通过其结束的方式被控制为一个整体——构成了一种对从过去到将来的时间表象的反转。似乎是回忆反转了所谓的时间的“自然”序列。通过在开端中阅读结局并在结局中阅读开端，我们也把时间本身解读为回溯，就像在行动的最终后果中重新把握行动过程的最初条件。

简言之，在理解故事行为中所反映的叙述行为产生了悖论，这些悖论困扰了奥古斯丁，从而使其沉默。

仍需要为构型行为分析增加两个补充特性，这两个特性确认了**模仿 III** 结合**模仿 II** 过程的连续性。稍后将会看到这两个特征比之前的特征更加明显，它们获得了阅读的支撑从而可以被重新激活。这涉及构型行为的**图型化**（*schématisation*）和**传统性**（*traditionalité*）特征，两个特征都与时间具有一种特殊关系。

这将使人想起我们一直把构型行为的“整合”特征比照为康德的判断。如果仍处于康德的理论脉络中，不应该犹豫把构型行为的作品比照为生产性想象的作品。后者应该被理解为一种先验功能而不是心理化功能。生产性想象不仅不是无规则的，而且还构成了规则的发生模型。在康德的《纯粹理性批判》中，知性范畴首先是被生产性想象图型化的。图型具有这种能力，因为生产性想象具有一种根本的综合功能。通过同时产生理智和直观的综合，它把知性与直观相结合。在曾被称为论点、主题、被叙述故事的“思想”与环境、角色、片段的直观呈现之间，以及与形成结局的运气转折之间，情节构造同样产生了一种混合的可理解性。通过这种方式，我们可以谈论叙事功能的图型。就像所有的图型那样，叙事的图型适用于一种类型的类型学，例如诺思洛普·弗莱在《批评的解剖》（*Anatomy of Criticism*）中所提出的那种类型学。①

图型转而在一个故事中进行自我构造，这一故事具有**传统**的所有特征。我们通过这一概念所理解的不是已僵死物质沉积的传承，而是一种革新（innovation）的充满活力的传承，这一传承一直可以通过回到诗学创作的最具创造性的时刻而被激活。同时，我们还可以理解：**传统性**丰富了情节与具有新特征的时间的关系。

实际上，一种传统的构造建基于革新和积淀（sédimentation）之间的相互影响。构造情节构造类型学的范例必须依赖于积淀。因为这些范例从积淀的历史中产生，只是其起源被掩盖。

因为**积淀**在不同层次上产生，这就要求我们在使用范例式概念时具有深刻的洞察力。在我们今天看来，如果亚里士多德没有完成三个工作，那么他至少完成了两个工作。一方面，他在最为**形式化**的特征中建立了情节概念，我们把这些特征等同于不协调的协调。另一方面，他描述了希腊悲剧的**体裁**（附带地包括史诗的体裁，但是要用悲剧模式的标准来衡量）。这一体裁同时满足了使其成为**情节**的形式条件和使其成为悲剧**情节**的限制条件：从幸运到不幸（令人怜悯和令人恐惧的事件、意外的不幸、被极端的邪恶和恶意所表现的角色的悲剧错误等）的意义反转。这种体裁曾在很大程度上主导了西方悲剧文学之后的发展。毫无疑问，我们的文化继承了多种叙事传统：希伯来和基督教，同样包括凯尔特、日耳曼、冰岛、斯

① 但是这种类型学没有取消图型（schématisme）突出的时间特征。不能忘记康德把图型构成与他称之为时间的先天（a priori）特征联系起来的方式：“图型无非是按照规则的先天时间规定而已，这些规则是按照范畴的秩序而与一切可能对象上的时间序列、时间内容、时间次序及最后，时间总和发生关系的。”（参见康德：《纯粹理性批判》，邓晓芒译，人民出版社 2004 年版，第 143 页。——译者注）但是，康德只认识到物理世界客观构造的时间特征。叙事功能的图型蕴含着一种新类型的特征，这便是我们刚才通过片段特征和情节构造的辩证法所指出的。

拉夫。①

但这并不是全部：产生范例的不仅包括不协调的协调的**形式**（*forme*），或者被之后的传统确认为一种稳定的文学**体裁**的模型；还包括亚里士多德《诗学》中的《伊利亚特》《俄狄浦斯王》等特殊的著作。实际上，在事件编排中，因果联系（一个事件导致另一个事件）优先于纯粹的连续（一个事件在另一个事件之后），正如我们曾解释的那样，一种普遍性的出现是组织自身以**类型**（*type*）的形式被建立。这也是为什么叙事传统曾经不仅被不协调协调的**形式**的积淀和悲剧体裁的积淀（以及同一层次的其它模型）所突出，而且也被在特殊著作层次产生的体裁所突出。如果把**形式**、**体裁**和**类型**纳入**范例**（*paradigme*）之中，那么范例便是在这些不同层次的生产性想象工作上产生。

这些范例自身从一种先前的革新中产生，它们在叙事领域中为之后的实验提供了规则。这些规则在新创造的压力下改变，但是在积淀的过程中，它们以缓慢的方式改变，并抵抗改变。

至于其他传统、**革新**，它的地位与积淀相关。在诗歌的**创作**中，只要所产生的作品在最终的分析中一直是特殊的作品，那么革新便会一直存在。这就是为什么范例只是构成了规定新作品创作的语法——成为类型化的作品之前的新作品。一种语言的语法以同样的方式规定精心构造的语句的生产，其数目和内容是无法预料的，一个艺术作品——诗歌、戏剧、小说——是一种原初性生产，是语言王国中新的存在。② 但是其对立面同样是真的：革新仍是一种被规

① 在《叙事的本质》（*The nature of Narrative*, Oxford University Press, 1968）中，罗伯特·斯科尔斯（Robert Scholes）和罗伯特·凯洛格（Robert Kellogg）有理由通过重新考察西方艺术史的叙述提出他们对叙事概念的分析。被我称为情节构造的图型只存在于历史发展的过程之中。这也是为什么在精彩的《模仿》（*Minèsis*）一书中，埃里克·奥尔巴赫（Eric Auerbach）选择把他对于现实性表象的分析和评价移植到涉及众多文本样本，但却严格限定的西方文化中。

② 亚里士多德观察到我们只认识普遍性：特殊性（singulier）是无法表达的。但是我们制造特殊事物。参见：G.-G. Granger, *Essai d'une philosophie du style*, Paris, Armand Colin, 1968, pp.5—16。

则控制的行为。想象活动并不是无中生有的。它不止以一种方式与传统范例相联结。但是它可以与这些范例保持一种多变的关系。答案涵盖的范围十分巨大；通过贯穿所有程度的“被规定的异变”，它在顺应性应用和被预先考虑的异常这两端之间展开。民间传说、神话以及一般的传统叙事与第一端最为接近。但是随着我们远离传统叙事，异变（déviance）、差异（écart）成为规则。当争论超过对范例应用的简单变化的爱好时，当代小说同样在很大程度上被定义为反-小说（anti-roman）。

此外，相对于类型、体裁，甚至是协调-不协调的形式原则，差异可以在所有层次发挥作用。第一种差异似乎是由所有特殊的作品构成：每一个作品都与其他作品保持差异。类型的变化更少见：它与一种新类型的创造相等同，例如，小说相对于戏剧或者精彩叙事，还有历史编纂学相对于编年史。但是更根本的是关于协调-不协调的形式原则的争论。稍后我们将会考察形式范例所允许的变化种类的范围。我们将会探寻这一分裂的争论是否并不意味着叙事形式本身的死亡。但是，差异的可能性仍然处在不断积累的范例和实际著作的关系之中。在极端分裂的形式下，它仅仅是顺应性应用的对立面。被规定的异变构成了中轴，围绕这一中轴，在应用中范例的各种变化被安排。应用中的变化赋予生产性想象一个历史，并且作为积淀的对立面，它使得一种叙事传统得以可能。这便是最终扩充的内容，由此叙事与时间的关系在**模仿 II** 的层次得到发展。

三、模仿 III

我现在打算指出模仿 II——回到其第一层次的可理解性——如何要求第三个表现阶段作为其补充，这一阶段仍可以被称为**模仿**。

请允许我再次提及此处对**模仿**进行扩展的兴趣在其自身之内并

没有结束。对于**模仿**的解释自始至终都属于对于时间与叙事中介的考察。只有在我们对**模仿**进行彻底讨论的结束时刻，在本章开始部分被陈述的主题才获得了一个具体的内容：当叙事回复到**模仿 III** 中的行动与遭受的时刻，它才具有了完整意义。

这一阶段对应伽达默尔在其哲学诠释学中称为“应用”(application)的概念。亚里士多德在其《诗学》的不同段落指出了**模仿实践**（*mimèsis praxeôs*）这一最后的意义，虽然他在《诗学》中比在《修辞学》中更少担心听众，在其中说服理论完全受听众的接受能力主导。但是，当他说诗歌“教导”普遍性，悲剧“通过表现怜悯和恐惧，……实现了情感的净化”，并且甚至当他提及我们看到令人恐惧和令人怜悯的事件所获得的快感促使构成悲剧的运气的转折，他确实意指**模仿**的全过程在听众和读者那里实现。

未来整体上超越亚里士多德，我会认为**模仿 III** 表明文本世界与听众或读者世界相互重叠。因此，通过诗歌被构型的世界与真实行动发生并展开其具体时间性的世界相互重叠。

我将以四个步骤来推进研究：

1. 如果通过把**模仿**的三个阶段联系在一起，我们在时间与叙事之间建立一个中介是正确的，那么一个初步的问题便被提出，即是否这一联系表明了一种真正的进展。我将会在此处回应本章开始提出的针对**循环性**的反对意见。
2. 如果这一观点正确的，即阅读行为是通过情节对经验进行建模能力的媒介，那么必须指出这一行为如何在构型行为本身的能动性之上被陈述，进而扩展这一行为并使其达到其目的。
3. 随后，通过直面由情节构造所实现的时间经验再-形式化的主题，我将会指出通过阅读它进入著作的**交流**领域同时表明它介入了**指称**领域。重新讨论我在《活的隐喻》中留下的问题，我打算概括叙事序列中附属于指称范畴的特殊困难。
4. 最终，由于叙事重构的世界是一种**时间性**世界，所以这里提出的问题便是知道一种被叙述时间的诠释学能够从**时间现象学**获得什么样的支持。对此问题的回应将会呈现一个比借由**模仿 II** 所实现的从**模仿 III** 到**模仿 II** 的关系更加根本的循环性。在此书的开始部分，对奥古斯丁时间理论的研究已为我们提供一个预见此回应的机会。它关注不断产生疑难的现象学与上文被我们称作对此疑难的**诗学**“解答”之间的关系。在这一时间性的疑难与诗学辩证法中，时间与叙事的关系问题达到了顶点。

（一）模仿的循环

在介入模仿 III 的核心问题域之前，我想直面恶性循环这一怀疑，它一直处于借由**模仿 II** 所实现的从**模仿 III** 到**模仿 II** 的过渡中。不管我们是否考虑行动的意义结构，还是它的符号化资源或者时间特征，结局似乎又回到原点，甚至更糟糕的是这一结局似乎在原点就被预设。如果情况确实如此，那么叙事性与时间性的诠释学循环便会消解于**模仿**的恶性循环中。

分析是循环的这一点并没有争议。但是如果这一循环是恶性循环，那就可以拒绝它。基于此，我更愿意称之为一个没有终点的不断经过同一点但在不同高度的螺旋。对恶性循环的指控来自两种版本的循环性的诱惑。第一个强调解释的**暴力**，第二个强调解释的**冗言**（*redondance*）。

1. 一方面，我们可能被诱导认为叙事把协调置于只有不协调的地方。通过这种方式，叙事赋予非形式的内容以形式。但是通过叙事赋予形式可能被怀疑为是虚假的。它充其量只是提供我们所理解的仅仅是虚构自身的“仿佛”，一种文学技巧。这便是它慰藉我们面对死亡时的方式。但是，一旦我们通过求助于由范例提供的慰藉不再自我愚弄，那么我们便会意识到暴力和谎言；我们即将屈从于绝对的非形式化的诱惑，以及被尼采称为“正直”（*Redlichkeit*）的这一根本理智诚实的呼吁。我们只能通过某种对秩序的怀旧（nostalgie）才能抵抗这种诱惑，并且我们只能绝望地赞同秩序是我们的一部分这一观点。从此刻起，强加于时间性不协调的叙事协调仍是适于被称作解释暴力的工作。悖论的叙事解答仅仅是此暴力的**根蘖**。

我绝不否认叙事性与时间性辩证法这样的剧本以完全恰当的方式揭示了不协调的协调的特征，这一特征附属于叙事与时间之间的关系。但是，只要我们以片面的方式把协调只置于叙事一侧，把不协调只置于时间性一侧，就像论证所表明的那样，那么我们便会错失这一关系自身的辩证法特征。

首先，时间性经验不被还原为简单的不协调。就像我们通过奥古斯丁所看到的那样，**延展**与**意向**在最为本真的经验深处相互对抗。必须使时间悖论摆脱被还原为简单不协调的均等化。而应该考察为一种彻底非形式的时间经验进行辩护本身是否是非形式诱惑的产物，后者是现代性的特征之一。总之，当文学思想家或批评家似乎屈从于简单的对秩序的怀旧，甚或屈从于对混乱的恐惧，最终触动他们的是对时间悖论的本真认识，这一认识超越了一种特殊文化意义特征的**丧失**（*perte*）——即我们自身的文化。

其次，叙事的协调特征——我们被诱导以非辩证的方式使之对立于我们时间经验的不协调——自身也必须被缓和。情节构造绝不是简单的“秩序”的胜利。甚至希腊悲剧的范例让位于**突转**的扰乱作用，偶然性和运气的转折激起了恐惧和怜悯。情节自身协调延展和意向。在弗兰克·克蒙德看来，在我们西方传统中主导“结局的意义”的另一个范例也必须被提及。我所思考的末日启示模型，它以如此出色的方式突出开端——创世记（la *Genèse*）——与结局——世界末日（l'*Apocalypse*）之间的关联。克蒙德本人也并没有忽视去强调由这一模型所产生的无数紧张关系，以及由所有那些触及事件的东西所产生的紧张关系，这些事件在“时间之间”并且特别是在“最终时间”中发生。当结局是废止时间和预见“最终几日恐惧”的灾难时，反转便被末日模型崇高化。尽管末日模型以乌托邦形式通过其现代重现得以延续，或者更恰当的是以乌托时（uchronias）的形式延续，但是末日模型只是众多范例之一，它也绝没有穷尽动态叙事。

除了希腊悲剧和末日模型，其他范例持续由相同的传统的形式化过程产生，我们在上文曾把它附加于生产性想象本身的形式化力量。我在第三部分将会指出这种范例的重生并没有废止不协调的协调的基本辩证法。甚至对所有范例的拒斥——今天是通过反-小说被澄清——都揭示了“协调”的悖论历史。通过由他们对所有范例的讽刺式猜疑所产生的沮丧，以及由于读者通过它们被激发或被剥夺的或多或少的堕落的快乐，这些著作同时满足了它们抛之脑后的传统以及非组织化的经验，这些经验是它们通过不模仿已接受范例的形式结束模仿。

对解释暴力的怀疑在这一极端情况中绝不是非法的。它不再是被强制附加于我们时间经验的“不协调”之上的“协调”。现在它是通过与所有范例有关的讽刺距离（distance ironique）在话语中所产生的“不协调”，它从内部破坏了维持我们时间经验基础的“协调”观点，并且推翻了作为**延展心灵**存在基础的**意向**。于是我们可以合理地怀疑所谓的时间经验的不协调只是一种文学技巧。

对于协调界限的反思也绝不会失去其合法性。在叙事层次以及在时间层次，它应用于每一个不协调的协调和协调的不协调的“形象”(figure)。在所有情况中，循环是不可避免的，但并不是恶性的。

2. 对恶性循环的反对可以具有另一种形式。在讨论了解释暴力之后，我们必须面对相反的可能性，即解释的**冗言**。如果**模仿 I** 自身一直是**模仿 III** 的一种意义效果，便会是此种情况。**模仿 II** 因此只恢复它从**模仿 I** 中所获得的**模仿 III**，因为**模仿 I** 已是**模仿 III** 的结果。

对冗言的反对似乎是由对**模仿 I** 的分析提出。如果人类经验不是已经通过符号系统以及通过它们之中的叙事被中介化，那么就像我们过去所认为的那样，行动寻找叙事就是毫无疑义的。实际上，我们如何能够说一种人类生活就像开端状态的故事一样，因为在由他人或由我们讲述主题的故事之外，我们没有介入存在的时间戏剧的方式？

在我看来，我将会使用一系列情境（situation）概念反对这一反对意见，情境概念要求我们赋予这些经验一种不成熟的叙事性，它不是产生于我们过去所说的关于生命的文学投射，而是构造了一种叙事的本真要求。为了刻画这些情境，我会毫不犹豫地谈论一种经验的前-叙事结构。

对**模仿 I** 层次的行动的时间特征分析已触及这一概念的起点。如果我没有在此时突破这一起点，那是因为正是在思想中用冗言反对恶性循环提供了一个更加有利的去表明情境的策略重要性的机会，我将在**模仿**的循环中讨论情境的策略重要性。

不离开日常经验，难道我们没有倾向于在我们生命片段的链条中看到“(还未）被讲述”的故事，需要故事，以及为叙事提供支点的故事？我没有忽略“(还未）被讲述的故事”这一表述有多不恰当。故事本身难道没有通过定义被讲述。如果我们谈论真实的故事，便没有争论。但是潜在故事的概念是可接受的吗？

我打算指出两种更少见的情境，在其中“(还未）被讲述的故事”这一表述通过一种令人惊叹的力量迫使我们接受。与精神分析学家对话的病人显示出生命故事的碎片，梦、“原初场景”、冲突的片段。我们有理由认为这些分析场景的目的和结果是为了这一分析，并且从这些碎片和片段中提炼出一个同时更有依据和更易被理解的叙事。罗伊·沙弗（Roy Schafer）[①] 甚至教给我们把弗洛伊德元心理学（métapsychologique）理论的整体看作一个规则体系，这一体系是

① Roy Schafer, *A new language for Psychanalysis*, New Haven, Yale, U. P., 1976.

为了重新-讲述生命的故事并把故事提升到案例故事（histoire de cas）层次。这种对精神分析理论的叙事解释意味着一个产生于未被讲述和压抑故事的生命故事可以成为真实的故事，主体可以使其成为自身的故事，并把它们看作是自身人格同一性的构成内容。对人格同一性的寻求确认了潜在、混乱故事与我们身上实际发生的故事之间的连续性。

未被讲述的故事似乎适用于另外一种情境。威廉·沙普（Wilhelm Schapp）在《历史中的纠缠》（*Enchevêtré dans des histoires*[①]）一文中——**描述了一个案例，法官通过厘清嫌疑人所置身的错综复杂的情节，尽力去理解一系列行动、一个角色。这里的重点是关于"被纠缠"**（*verstricktsein*）**概念**（第 85 页），这一被动性动词强调故事在被讲述之前已经"发生"在某人身上。纠缠似乎更像是故事的"前故事"，其开端有待于被讲述者选择。故事的"前故事"把故事与一个更大的整体相联系，并赋予它一个"背景"。这一背景是通过每一个真实故事与其他真实故事"生动的交叠"（imbrication vivnate）在一起而构成。因此故事应该从这一背景中"显现"（*auftauchen*）。被蕴涵的主题通过这一显现得以呈现。因此我们可以说："故事代表着人"（*die Geschichte steht für den Mann*）（第 100 页）。这个对"在历史中纠缠"的人类存在分析的主要结果表现为叙事是一个从属的过程，即"故事被人知晓"（*das Bekanntwerden des Geschichte*）（第 101 页）。讲述、跟随、理解故事只是未被言说故事的"继续"。

在亚里士多德的传统中所形成的文学批评，即故事是一种由作者创造的技巧，几乎很难满足这个故事的概念，它与消失在朦胧视域故事中的被动纠缠的主体具有某种"连续性"。然而，赋予未被讲述故事的优先性可以作为所有强调讲述艺术技巧特征的批判性例证。

---

① Wilhelm Schapp, «Enchevêtré dans des histoires» , in *Geschichten verstrickt*, Wiesbaden, B. Heymann, 1976.

我们讲述故事，因为人类生命最终需要并值得被讲述。当我们提出从失败和迷失中拯救历史时，这一评论获得了完整意义。所有蒙难的历史呼喊复仇并需要叙事。

但是，如果文学批评关注从自身领域所产生的一个新近建议时，文学批评在接受我们纠缠于其中的故事概念时将会受到更少的抵触。在《秘密的起源》(*The Genesis of Secrecy*）中，弗兰克·克蒙德提出了某些叙事的目的可以不是进行澄清，而是进行掩盖和隐瞒。耶稣的寓言便是如此，根据福音传教士圣马可的解释，这些寓言以不被“不信仰的人”所理解的方式说出，并且严厉地把那些人从他们所处的优势地位“之中”驱逐出去。但是很多其他叙事也具有这种“把解释者从其神秘位置驱逐出去”(第 33—34 页）的神秘力量。毫无疑问，这些神秘位置在文本中具有位置。它们是不可穷尽性的内在标志。如果被发现的不是和谐的话，难道我们不能说这种叙事的“解释学潜能”(同上，第 40 页）在我们生命未被言说的故事中至少发现了一种共鸣吗？难道在由叙事本身所产生的**秘密**——至少由类似于圣马可或者卡夫卡的叙事所产生的秘密——与故事从中所显现的构成前历史、背景和生动交叠的关于我们生命的未被讲述故事之间不存在一种隐藏的关联吗？换句话说，难道在故事**从中**产生的秘密与故事回返**其中**的秘密之间没有隐藏的相似性吗？

无论这个最后建议的强制性力量是什么，我们都可以从中发现对我们主要论证的强化，虽然循环性不停地让内在于经验的时间形式与叙事结构相互解释，但是呈现了所有叙事分析的循环性并不是一种僵死的同义反复。反而应该在其中看到一种“有益的循环”，在其中所提出的关于问题两个不同方面的论证相互巩固。

（二）构型、重构和阅读

时间和叙事的解释学循环也不停地从**模仿**不同阶段形成的循环中重生。现在要重点考察由阅读行为所完成的**模仿 II** 与**模仿 III** 之间的过渡。

就像上文所说的那样，如果这一行为被看作是使经验模型化的情节能力的**媒介**（*vecteur*），这是因为它重新把握并完成了构型行为，我们也强调它与在情节整体中理解——“整体把握”——行动多样性的判断之间的相似性。

没有什么比我们在**模仿 II** 阶段用来刻画情节的两个特征更好，即**图型化**（*schématisation*）和**传统性**（*traditionalité*）这两个特征。这两个特征特别有助于消除文本的“内”与“外”之间对立的偏见。实际上，这一对立与任何文本结构的静态和封闭概念相联系。在情节构造操作中可见的结构化活动概念超越了这一对立。因此图型化和传统性从一开始便是关于写作操作性和阅读操作性之间内在联系的概念。

一方面，被接受的范例使得读者的**期待**（*attentes*）结构化并帮助读者认识通过故事而被树立为典型的形式化规则、体裁和类型。它们为文本与读者的相遇提供了指导原则。总之，正是它们控制着故事被理解的能力。另一方面，正是阅读行为伴随着叙事构型并实现了其进行理解的能力。理解一个故事便是通过阅读实现它。

如果情节构造可以被描述为一种判断和生产性想象行为，这是因为它便是文本和读者相结合的产物，正如亚里士多德指出感觉是被感受者和感受者共同的产物。

正是伴随着创新活动与范例积淀活动相互影响的阅读行为使情节构造形式化。正是在阅读行为中，接受者与叙事限制一同发生作用，带来分离，介入小说和反-小说的对抗之中，并且享受被罗兰·巴特（Roland Barthes）称为文本快乐的乐趣。

根据罗曼·英伽登（Roman Ingarden）在《文学作品的结构》（*la Structure de l'oeuvre littéraire*）中的讨论，以及沃尔夫冈·伊泽尔在《阅读行为》（*Der Akt des Lesens*）中的讨论，是阅读者最终完成了作品，因为被写就的作品是为了进行阅读的概述。实际上，文本包含空白（trous）、脱文（lacunes）、不确定的区域，就像在乔伊斯的《尤利西斯》中那样，它们挑战了读者去构型作者似乎故意要解型（défigurer）作品本身的能力。在极端情况下，几乎被作品抛弃的读者独自承担情节构造的重担。

因此阅读行为是把**模仿 III** 和**模仿 II** 结合起来的操作者。它以情节符号的形式成为对行动世界进行重新构型的最终媒介。我们在第四部分所关注的关键问题之一将是在此基础上协调沃尔夫冈·伊泽尔的阅读理论与罗伯特·姚斯（Robert Jauss）的接受理论。我们目前仅限于指出他们的共同点是在对个体或群体接受者产生影响的文本中，看到文本的实际和现实意义的内在构成部分。对于二人来说，文本是个体阅读者和公共阅读者以被动或创造性方式所**完成**的一系列**指引**。只有在文本和接受者的相互作用中，文本才可以成为作品。在这一共同的基础上，可以分离出两种不同的方式，即《阅读行为》和《接受美学》。

（三）叙事性与指称

通过一种阅读理论完成一种写作理论只是在**模仿 III** 的道路上完成了第一步。一种接受美学如果不涉及**指称**问题便不能处理**交流**（*communication*）问题。在最终的分析中，被交流的内容正是超出作品意义的它所投射并构成其视域（horizon）的世界。在这个意义上，听众和读者根据其接纳能力接受它，它本身在世界视域的基础上被同时有限和敞开的情景规定。视域概念和相对应的世界概念同样在上文提出的**模仿 III** 的定义中出现两次：文本世界与听众、读者世界的交叉。这一类似于伽达默尔“视域融合”思想的定义建立在三个前提之上，这三个前提分别构成一般话语行为、话语行为中的文学作品、文学作品中的叙事作品的论据。把三个前提联系在一起的秩序因此是不断增长的**规范**（*spécification*）。

关于第一点，我只是重复在《活的隐喻》中被详尽辩护的观点，它涉及所有话语中的意义与指称的关系。根据这一立场，通过采纳本维尼斯特（Beveniste）而不是索绪尔的观点，如果我们把句子看作是话语的统一体，那么在符号体系的内在性中，话语的意指对象便不再与每个意指者（siginfiant）的被意指对象（signifié）相混淆。通过句子，语言超出自身：它**对**某物说出某些东西。话语的指称对象严格与其事件特征和对话功能保持同步。它是话语事例的另一面。完整的事件不仅是某人言说并朝向对话者，而且他渴望把新的**经验**纳入语言，并与他人分享经验。正是这一经验转而把世界作为其视域。指称和视域正如形式和基础那样是相关联的。所有的经验同时拥有一个围绕自身和区别自身的轮廓，并且在一个构成经验内在和外在视域的潜能性视域的基础上出现：内在指的是它一直可以为某些在稳定范围内部被考虑的所有事物给出更多细节和更加精确的规定；外在指的是被意向的事物都与其他事物在整体世界的视域下保持潜在的关系，而其自身决不能充当言语对象。正是在视域概念的双重意义上，情境和视域是相关的概念。这种非常普遍的前提意味着语言并没有为自己构造一个世界。它自身也不是一个世界。因为我们在世界之中并且被情境所感触，我们试着通过理解的方式使我们身处其中，并且我们要说出某些东西，即被言说和被分享的经验。

这便是指称的存在论预设，这一预设在语言之内把自己表现为缺少任何内在证明的假设。语言本身便是同一（Même）的秩序；世界是语言的他者（Autre）。这种相异性的证明来源于语言对自身的反思，它**在**存在**之中**理解自身以便对存在**施加影响**。

这种预设既不是来自语言学也不是来自符号学。相反，这些科学通过方法的假设拒绝一种朝向超语言意向的概念。一旦提出它们的方法论假设，正如一个未被证明和未被认可的跳跃一样，我刚才所说的存在论证明必须对它们显现。实际上，如果它所要求的具象化不是一种优先的和更加原初的观念对立物，从我们在世界和时间之中存在的经验开始，并且从这种存在论条件发展到它在语言之中的表达，那么这一存在论证明仍然是一种非理性的跳跃。

第一种预设必须与我之前对文本接受的反思相协调：交流的禀赋和指称的能力必须被同时提出。所有的指称都是一种共-指称（co-référence），即对话体或对话指称。因此并不需要在接受美学和艺术作品的存在论之间做出一个选择。读者所接受的不仅是作品的意义，而且是通过意义所获得的指称，即被语言表达的经验，以及在最终的分析中面对这些经验时所显现的世界和时间性。

在所有的言语行为中，对“艺术作品”的考察需要**第二个**预设，这一假设不放弃第一个假设而是使之更加复杂。根据我在《活的隐喻》中所提出的以及我在此处重新提出的主张，**文学**作品自身也使得经验被表达并因此介入到世界之中，就像所有的话语所做的那样。第二个预设直接针对当代诗学的主流理论，在文学语言与自身相关的严格的内在性名义下，后者反对任何对指称的考虑，因为它把指称理解为超-语言学的。当文学文本包含不可避免地带回存在与表象辩证法①的真与假、谎言与秘密的断言时，这种诗学被看作一种简单的意义效果，通过一种方法论的裁定（décret），它所决定的内容被称作一种指称幻象。但是文学作品与读者世界的关系问题也并没有被抛弃。它只是简单地被推迟。“指称幻象”并不仅仅是任何文本的意义效果：它要求一种对述真模式进行详细解释的理论。这些模式反过来在构成文本世界的世界视域的基础上凸显出来。我们当然可以把视域概念包含进文本的内在性中，并且把文本世界的概念看作一种指称幻象的增生部分。但是阅读又重新提出了两个视域的融合问题，即文本视域与读者视域的融合，以及文本世界与读者世界的重合问题。

我们可以尝试拒绝问题本身，并且把文学对日常经验的影响

① 甚至在一种坚决排除任何诉诸外在指称的理论内部，格雷马斯的“**述真**”（véridiction）概念为我们提供了一个回到这一辩证法的出色范例。参见：A. Julien G. et J. Courtés, art. «Véridition», in *Sémantique, dictionnaire raisonné de la théorie du langage*, p.417。

问题看作是不恰当的。但是，因为一方面我们以悖论的方式修正了我们普遍反对的实证主义，即只有以经验方式观察和科学方式描述所给予的内容才是真实的偏见。另一方面，我们可以把文学纳入到世界自身之中，并消除反对道德秩序和社会秩序的破坏性观点。我们忘记了虚构使语言成为最高的危险，瓦尔特·本雅明（Walter Benjamin）在荷尔德林（Hölderlin）之后以惊骇和敬佩的方式谈论这一危险。

所有的情况都通过这种相互影响的现象被敞开：从对被建立秩序的意识形态的确认开始——就像在官方艺术和国家历史中那样——一直到社会批判和所有“真实的”嘲讽。甚至与现实相关的极端异化也仍是一种重合的案例。这种视域的冲突融合并不是与文本的运动，特别是与积淀和创新的辩证法毫无关系。在作品自身之中，并不比现实冲突更少的可能冲突通过个别作品的差异在已接受的范例与激增的分歧之间的内在相互影响中被强化。因此，在所有诗学文本中，叙事文学既通过其差异也通过其范例成为实践现实性的模型。

因此，如果我们不是简单地拒绝文本与读者视域的融合问题，或者文本世界与读者世界的重合问题，那么必须通过反-指称诗学内在特征的方法，在诗学语言的功能中找到弥补两个世界鸿沟的方法。在《活的隐喻》中，我曾尝试指出语言的指称能力没有被描述性话语穷尽，并且诗学作品以自身独有的方式与世界相关，即隐喻指称的方式[①]。这一主张覆盖所有语言的非描述用法，以及所有的诗学文本，无论是抒情的还是叙事的。它意味着诗学文本自身也论**及**世界，即使它们并不是以描述的方式谈论世界。我要重提的是，隐喻指称在于描述指称的遗忘——作为第一种相似性，遗忘让语言回到自身——在第二种相似性中被揭示为一种否定性条件，这一否定

① 《活的隐喻》，第七研究。

性条件是为了释放一种对不能被直接谈论的我们在世存在（être-au-monde）方面进行指涉的更加根本的力量。在文学意义被其不契合所废止的废墟之上，借助于隐喻陈述在意义层次建立的新的契合，这些方面以一种间接但十分肯定的方式被意向。只有当我们深入到隐喻化动词存在本身并且在“作为……存在”(être-comm...）中察觉到“被看作……”(voir-comme...）的对象，在其中隐喻的工作被总结，这种关于隐喻意义的隐喻指称的描述才有完全的存在论意义。这种“作为……存在”把第二个假设提升到第一个假设的存在论层次。同时，它也扩展了第二个假设。视域概念和世界概念不仅涉及描述指称，而且涉及非描述的指称，即诗学措辞的指称。再回到之前的一个主张①，我认为世界是一系列指称的整体，它通过我所阅读的、解释的和喜欢的所有类型的描述或诗学文本被敞开。理解这些文本便是在我们的情境谓词当中插入所有那些从一个简单环境（*Umwelt*）出发构成一个世界（*Welt*）的意义。实际上，我们把大部分我们存在视域的扩展归结为虚构的作品。文学作品绝不是只能产生弱化的现实性图像——即“阴影”，就像柏拉图的《斐德罗篇》(*Phèdre*, 274e—277e）把它看作是绘画和写作中的**投影或魔方**（*eikôn*），文学作品还可以通过用意义**扩展**现实性来描述它，这些意义本身依赖于情节以令人惊异的方式呈现的缩略、饱满度和高潮。在《书写与肖像学》(*Écriture et Iconographie*）中，弗朗索瓦·达高涅（Francois Dagognet）对柏拉图反对书写和所有**模仿**的论证进行了反驳，被刻画为**相似性扩展**（*agumentation iconique*）的画家的策略在同时有限和言简意赅的视觉字母表基础上重构现实性。②这一概念需要被扩展至所有的临摹性模式，即扩展至我们在此处所说的虚构。在相关

① 关于这一问题，参见除了《活的隐喻》的第七研究，在《解释理论》中也包含对我的论点的总结。*Interpretation theory*, Fort Worth, The Texas Christian University Press, 1976, pp.36—37, 40—44, 80, 88.

② Francois Dagognet, *Écriture et Iconographie*, Paris：Vrin, 1973.（此引用出自英译本，法文本缺少此注释。——译者注）

的意义上，欧根·芬克（Eugen Fink）把**图像**（*Bild*）——他使之区别于简单的、被全部知觉到的现实性的显现——比作一扇向田野无限风景敞开的“窗”。除此之外，伽达默尔还认为**图像**具有增加我们由于日常使用被弱化了的观看世界的能力。①

属于一般诗学作品的构成对再塑形功能进行认识的基础假设是解释学的一部分，相比一个文本通过在自身面前以某种方式展开一个世界的形式来阐明运动，它较少以在文本背后恢复作者的意图为目的。此外，通过重点关注后-海德格尔解释学与浪漫主义解释学的关系，我曾在其他地方详尽地讨论了这种转折。② 过去几年，我也没有停止坚持这种观点：在文本中被解释的是我可以居于其中并且可以对其施加最大程度影响的一种关于世界的命题。在《活的隐喻》中，我曾认为诗歌通过其**构造情节**的功能重新描述了世界。我以相同的方式在此书中认为叙事活动在其时间维度中重新意谓世界，在某种程度上，讲述便是通过诗篇的劝诱重塑行动。③

如果叙事作品的指称能力可以被归入一般的诗学作品的指称能力，那么现在**第三个假设**便出现了。由叙事性提出的问题实际上比抒情诗提出的问题更简单又更复杂。更简单是因为世界在其中是在人类**实践**的角度下被理解，而不是在**宇宙共情**（*pathos cosmique*）的角度下被理解。通过叙事被重新意谓的内容已经在人类行动的维度被前-意谓（pré-signifié）。我们重新想起由**模仿 I** 主导的对

① Eugen Fink, *De la phénoménologie*（1966）；trad. Fr., Didier Frank, Paris, Éd. De Minuit, 1974, § 34；H.-G. Gdamer, *Wahrheit und Methode*, Tübingen, J. C. B. Mohr, 1960, Ire Partie, II, 2 trad. Fr., *Vérité et Méthode*, Paris, Éd. du Seuil.

② «La tâche de l'herméneutique», in *Exegèsis: Problème de méthode et excercices de lecture*, éd. Par François Bovon et Grégoire Rouiller, Neuchâtel, Delachaux et Niestlé, 1975, pp.179—200. Tra. Angl. In *Philosophy Today*, 17（1973）, pp.112—128，重新收录于我的文集：*Hermeneutics and the Human Sciences*, éd. Et trad. Par John B. Thompson, Cambrige University Press et Éditions de la Maison des sciences de l'homme, 1981, pp.43—62。

③ 在《艺术的语言》中，纳尔逊·古德曼（Nelson Goodman）认为，文学作品特别是叙事作品不停地塑造和重塑世界，在某种程度上，构造情节的**创制**也是一种对创作产生影响的创作。没有什么比古德曼著作第一章的标题“*Reality Remade*”更贴切，他的格言——通过世界思考作品，通过作品思考世界——也是如此。

行动世界的前-理解通过熟练掌握**行动语义学**的构造性交互指称（intersignification）网络，以及通过熟悉人类行动的**符号中介**和**前-叙事资源**而被刻画。叙事性基础之上的在世存在是一种已被属于这种前-理解的语言实践所指明的在世存在。此处有问题的形象扩展（iconique augmentation）依赖于预先的解释者已发挥作用的**可读性扩展**。人类行动可能会被过度意指，因为它已经通过其符号陈述的所有模式被前-意指。正是在此意义上，指称问题在叙事模式中比在诗学的抒情模式中更加简单。同样，在《活的隐喻》中，我已经通过悲剧的**构造情节**推论澄清了结合**构造情节**和重述的诗学指称理论：实际上，行动和遭受的隐喻是最容易被破解的。

考虑到指称意向和对真理的断言，通过叙事性提出的问题是比通过抒情诗提出的问题更加复杂的另一种意义。作为叙事话语的两大类型，虚构和历史编纂的叙事提出了一系列将在此书的第四部分被讨论的具体问题。我在此处只列出一部分问题。最为明显的，或许也是最难以处理的问题是来源于历史叙事和虚构叙事的指称模式之间不可否认的不对等性。只有历史编纂学才可以要求一个**经验**现实性中的指称，因为历史意向性指向已经**真实**发生的事件。即使过去已经不再，并且根据奥古斯丁的表述，如果它只能在过去的现在中才可以被获得，即在对历史学家来说已成为档案的过去的痕迹中，过去仍然是已经发生的。无论过去的事件在当前知觉中如何缺乏，它都控制着历史意向性，并为历史赋予一个文学从来不会赋予的现实注脚，即使它做出一个“现实主义”论断。对真实的过去痕迹的指称需要一种具体分析，本书第四部分的一整章将会讨论这一问题。一方面，必须指出这一指称通过痕迹从普遍见于每一个诗学作品的隐喻指称中借用的内容是什么，因为过去只能通过想象被重建，另一方面，它所增加的内容也是被过去的现实性所突出。相反，问题将会出现：是否虚构叙事没有反过来从这种痕迹指称中借用其一部分动态指称。正如在对过去话语时间的一般使用中去讲述非现实性那样，所有的叙事难道没有像已然发生那样被讲述吗？在此意义上，虚构借助于历史与历史借助于虚构是相同的。正是这种互借允许我提出历史编纂学与虚构叙事的**交互指称**问题。此问题只能在一种实证主义的历史概念中才可以被规避，因为它误解了痕迹指称中的虚构部分，并且在一种文学的反-指称概念中误解了所有诗学中的隐喻指称的意义。交互指称的问题构成了此书第四部分的主要问题之一。

如果不是在人类行动的**时间性**上互指，痕迹指称和隐喻指称**在哪里**互指呢？难道不是历史编纂学和文学虚构通过它们指称模式的交织**共同**重构的人类时间吗？

（四）被讲述的时间

为了进一步明确我在本书最后部分重新提出的历史编纂学与叙事之间的交叉指称问题的框架，还需要刻画构型行为所重构的世界的**时间**特征。

我想重新从上文引入的形象扩展概念出发。我们也可以重新考察我们用来界定行动的前-理解的每一个特征：实践范畴之间的相互指称网络；内在于前理解的象征性；特别是实践本身的时间性。我们可以说每一个特征都是被增强的，以形象化的方式被扩展。

我几乎没有谈论前两个特征：正如我们曾把其描述为异质的综合那样，计划、环境、偶然性之间的相互指称正是通过情节被整理。叙事作品是一种把我们的实践**看作**通过我们文学中这样和那样的陈述情节被整理的发明。至于内在于行动中的象征主义，我们可以说正是通过不断成为传统的以及被范例的历史性所颠覆的图式（schématisme），它被重新-象征或者解征化（dé-symbolisation）——或者通过解征化进行重新-象征。最终，正是行动**时间**而不是其他内容通过付诸行动被重构。

但是这里需要一个漫长的迂回进路。在交叉指称的讨论中，如果没有已经在历史编纂学方法论与应用于叙事性文学批评之间被澄清的作为对话的第三者中介，一种被重构的时间理论——或者也可以说被讲述的时间理论——是不能被提出的。

这个第三者便是**时间现象学**，我们在奥古斯丁的时间研究中只是考察了其开端阶段。此书的后续部分，从第二部分到第四部分只是一个长篇幅的、困难的历史编纂学、文学批评和现象学哲学之间的**三元对话**。据我所知，在没有先例的情况下，这种时间与叙事的辩证法只能是通常相互忽略的三个对话者之间对峙的最终结果。

为了充分讨论第三个对话者，梳理从奥古斯丁到胡塞尔和海德格尔的时间现象学是非常重要的，这并不是为了书写这一段历史，而是重点讨论我对《忏悔录》的第一章进行研究时没有被进一步证明的一个评论：我认为在奥古斯丁那里没有纯粹时间现象学。我们还可以进一步补充：或许在他之后也从来没有。需要证明的正是一种时间的**纯粹**现象学的不可能性。我所指的纯粹现象学是一种对于时间结构的**直观**理解，它不仅可以与**论证**的程序相分离，现象学可以借助于这些程序去解决早期传统遗留下的疑难，而且可以不用通过付出更大代价的疑难来做出新的发现。我的观点是时间现象学的真正发现肯定不能从强烈刻画奥古斯丁时间理论的疑难领域中移除出去。因此，必须重新考察奥古斯丁本人所创造的疑难，并且证明它们的范例性特征。在这一方面，胡塞尔在《内时间意识现象学讲座》中的分析和讨论将会构成关于纯粹时间现象学确定性疑难特征立场的主要反例。几乎以某种意外的方式，至少对于我来说如此，我们将会通过讨论重新回到康德的立场，即“因为时间本身是**不可见的**，所以时间不可以被直接观察”。在此意义上，纯粹时间现象学无止境疑难的代价便是尽一切可能**让时间显示自身**，这一目标将会把时间现象学界定为纯粹现象学。这将是第四部分的主要工作，即从根本上证明纯粹时间现象学的疑难特征。

如果必须坚持我的立场的普遍有效性，即叙事性的诗学回应和对应着时间性的疑难，那么这一证明就是必要的。亚里士多德的

《诗学》与奥古斯丁的《忏悔录》之间的对比只是对此立场提供了一种部分的以及某种旁证。如果所有时间纯粹现象学的疑难特征至少可以通过一种可能的方式被证明，只要历史编纂学和文学批评没有以它们自己的话语谈论历史时间和关于时间的虚构游戏，那么叙事性和时间性之间的解释学循环将会超出**模仿**的循环，这是在本书的第一部分中所讨论的内容。只是在我刚才称之为三元对话的结束部分，现象学在其中将会对前两个学科发表自己的观点，解释学循环将会被等同于叙事性诗学（它在上文的交叉指称问题中得到了最大程度的体现）和时间性疑难的循环。

从现在开始，我们可以反对我的关于纯粹时间现象学的普遍性疑难特征的立场，海德格尔的解释学表明一种与奥古斯丁和胡塞尔的主体主义现象学的决裂。通过把现象学建基于**此在**和在世存在的存在论，海德格尔的存在论规避了主体和客体的二分，难道他不能合理地宣称时间性——正如他所描述的那样——比所有主体“更主观”，比所有客体“更客观”吗？我不否认这一点。我对海德格尔的分析将会充分证明其原创性，即夸耀把现象学奠基于一种存在论，并且自身表现为一种解释学。

从现在可以说，海德格尔对时间分析的**现象学**原创性——这种原创性归功于其立足于**烦**（Souci）的存在论——在于对时间性（temporalité）而不是对时间化（temporalisation）层次的**层级化**。表明这一点之后，我们可以在奥古斯丁那里发现他已预感到此问题。实际上，通过用延伸解释时间的长度（extension），并且把人类时间描述为由于受其永恒性极端的吸引而从内部超越自身，奥古斯丁已经提前赋予一种时间层次多样性概念的合理性。时间间隔没有根据它们的计数数量、年包含的天数、世纪包含的年数而简单地相互包含。一般说来，与时间长度相关的问题并没有深入涉及人类时间的问题。因为长度反映了一种意向和延伸的辩证法，时间的长度并不仅仅具有计数的特征，从而可以回答这些问题：什么时间开始？持续了多长时间？在多长时间内？它还具有一个**张力逐渐增加**的质性特征。

从对奥古斯丁的时间研究开始，我已经指出这一时间等级概念的根本认识论影响：历史编纂学在与事件历史的对抗中，以及叙事学在对叙事去年代化（déchronologiser）的目标中似乎只保留了一个唯一的选择：或者编年化，或者非编年化的系统性关系。但是编年化却还具有另外一个对立：时间性自身达到了其最高程度的**张力**。

在《存在与时间》中，在海德格尔对于时间性的分析中，奥古斯丁的突破以最为关键的方式被运用，就像我们所说的那样，虽然这是在反思向死存在（être-pour-la-mort）的基础上进行，而不是在奥古斯丁的三重现在的结构上进行。我认为海德格尔所建立的分析具有一种无法估量的影响，通过解释学现象学的资源，时间性经验可以在不同层次的根本性上展开，并且它属于**此在**的分析，或者从上到下，根据《存在与时间》中的次序——从本真时间和死亡时间朝向所有事物都发生于"其中"的日常时间和公共时间——或者从下到上，就像在《现象学之基本问题》中那样。① 时间经验本身的等级化比时间化等级所完成的方向更重要。②

在这一上升或回溯的进路上，停留于由向死存在所表明的内-时间性与根本时间性中间对于我来说似乎更为重要。因为我稍后就会提到，海德格尔通过历时性（*Greschichtlichkeit*）来区分它。正是在这一层次上，奥古斯丁和海德格尔的分析最为相近，在发生根本分歧之前——至少在表面上——前者走向保罗的希望，后者走向准-斯多葛直面死亡的决心。在第四部分，我们将会指出一个回到**历时性**分析的真实原因。实际上，正是通过它我们得出了对于**重演**

① Martin Heidegger, *Gesmmtausgabe, Bd. 24, Die grundprobleme der phänomenologie*, Francfort, Klostermann, 1975, § 19.

② 通过在上文建立**模仿 I** 的实践时间与从《存在与时间》所推论的时间性最终形式的对应关系——**内时间性**（*l'innerzeitigkeit*），"内—时间性"（l' «intra-temporalité»）或者"在时间之中存在"（*l'* «être "dans" le temps»）——，我们实际上已经选择与《存在与时间》相对立的次序，即《现象学之基本问题》的次序。

（*Wiederholung*）的分析，我们在其中寻找对认识论问题的存在论性质的解答，这些问题由历史意向性与虚构文学的真理目标的交叉指称提出。这就是为何我们从现在开始指出其介入点。

因此，问题并不是否认现象学本身的原初性，即海德格尔的时间性分析依赖于其植根于操心的存在论。然而，在**反转**（*Kehre*）这一问题上——从中产生了《存在与时间》之后的著作，必须承认**此在**存在论仍然与一种现象学紧密相关，这种现象学提出的问题与奥古斯丁和胡塞尔的现象学所提出的问题类似。在这里，现象学计划的突破产生了一种增加纯粹现象学疑难特征的新困难。这种困难的加重与现象学的目标相对应，它不仅完全不依赖于物理科学和人文科学的认识论，而且还成为它们的**基础**。

这里的悖论在于疑难必须同时间现象学与社会科学的关系相关：主要是历史编纂学，当代的叙事学也是如此。的确如此，这一悖论即海德格尔使历史编纂学、文学批评和现象学之间的三元对话更加困难。实际上，我们可以怀疑他是否已经成功从**此在**的历史性中推论出了与职业历史学家类似的历史概念，包括从狄尔泰那里所获得的社会科学的一般主题，对于解释学现象学来说，这一主题构成了时间性不同等级层次的中间层次。甚至更为迫切的是，最为根本的时间性是否包含死亡的烙印，我们可以询问我们如何从向死存在的根本性的私人化时间性过渡到每一叙事中众多角色之间进行交流所需要的一般时间，甚至过渡到历史编纂学所需要的公共时间？

在此意义上，为了维持叙事与时间的辩证法，通过海德格尔现象学所实现的进展需要一个附加的工作，虽然这一工作有时会使我们远离海德格尔。第四部分的重要主题之一将是澄清叙事与时间如何同时和相互地把自身置于等级化之中，尽管这一分裂似乎形成了两个极端。或者是时间解释学现象学将提供叙事等级化的关键，或者是历史叙事科学和虚构叙事科学允许我们以诗学的方式——根据前文所使用的一个表达——解决时间现象学以思辨方式最难以解决的疑难。

因此，正是从**此在**分析推导出历史科学的困难，以及在我们思想中把时间现象学的**死亡**时间与叙事科学的**公共**时间整合起来的更显著的困难将会激励我们**更好地**思考时间与叙事的关系。但是构成此书第一部分的初步反思已经把我们从等同于**模仿**阶段循环的解释学循环概念引导到另一个概念，后一个概念把这一辩证法置于叙事诗学与时间疑难的更大循环之中。

最终的问题出现：**时间性等级化过程的上限问题**。对于奥古斯丁和所有基督教传统来说，时间的纯粹延展关系的内在化涉及一种所有事物都同时呈现于其中的永恒性。因此，接近时间的永恒性在于处于静止状态的灵魂的**稳定性**："我将坚定地站立在你天主之中，在我的范畴、你的真理中"（《忏悔录》第11卷，30章40节）。但是，海德格尔的时间哲学——至少在《存在与时间》时期，通过以极其严格的方式重新讨论和发展时间化的不同层级问题——的反思不是朝向上帝的永恒性，而是由向死存在所确定的终点。这是把最大延展的绵延（durée）导向最大张力绵延的两种不可还原的方式吗？这种分裂只是表面的吗？必须认为只有死亡才可以形成"赋予生命一种使之不朽的尊严"吗？相对于事物的转瞬即逝，艺术作品的不朽难道只能在历史中形成吗？只有当历史超越死亡，对抗对死亡和逝者的遗忘，并且仍是一种对死亡的呼唤和对逝者的记忆时，历史自身才仍是历史的吗？此书可以提出的最为重要的问题便是理解要到什么时候对于叙事性和实践的哲学反思才可以有助于从整体上思考永恒性和死亡。

第二部分　历史与叙事

在本书的第一部分，我们已经尝试刻画叙事话语，而无需考虑如今区分历史编纂学与虚构叙事之间的主要分歧。通过这样做，我们已经以默许的方式承认历史编纂学本真地属于这一领域。现在必须考察的便是它是否真的属于这一领域。

两种同样坚定的看法都来源于当前的考察。第一个看法认为如今把历史的叙事特征与一种特殊形式的历史，即叙事历史联结起来的原因是无法获得的。基于此，**我的关于历史叙事最终特征的立场绝不与对历史叙事的辩护相混淆**。我的第二个看法：如果历史要中断与**我们理解一个故事的基本能力**的所有联系，并且中断与叙事理解认知操作的所有联系，正如我们在第一部分所描述的那样，那么它便会失去其在社会科学整体中的独特特征：它将不再是历史的。但是这种联系的本质是什么？

为了解决这一问题，我并不想采用一种简单的回答，即认为历史是一种半文学、半科学的模糊学科，并且历史的认识论只能借助遗憾（regret）来记录这种事态，停止朝着不再是一种叙事形式的历史努力。这种轻易的折中主义与我的目标相反。我的观点是最不具有叙事形式的历史继续通过一种我们以恰当的方式逐步、逐级重新建立的**派生**关系与叙事理解相联结。这种方法不是源于历史科学的方法论，而是源于一种关于学科的**可理解性最终条件**的第二等级反思，根据其科学目标，这一反思倾向于忘记这种派生关系，虽然这一关系继续以潜在的方式保存它作为历史科学的独特性。

这一命题具有一种关于历史时间的直接意义。我丝毫不怀疑历史学家拥有构造与时间参数相适应的对象和方法的优先权。我只是坚持认为这些构造的意义是借用来的，它间接地从我们曾在**模仿 II** 名称下所描述的叙事构造的意义中得出，并且它由此植根于行动世界的时间性特征。历史时间的构造将是我的研究工作的关键内容之一。这一关键内容既是一种结果也是一种检验标准。

因此，我的观点也区别于这两种观点：第一个观点在叙事历史的倒退中否认历史与叙事之间存在任何关联，使得历史时间成为一种没有任何来自叙事时间与行动时间支持的建构；另一个观点在历史与叙事之间建立了一种像种类（espèce）与体裁那样的直接关系，并且在行动时间和历史时间之间建立了一种直接明了的连续性。我的观点建立在推论的非直接关系判断之上，历史知识由此从叙事理解中产生，而没有失去任何科学目标。在此意义上，它不是一种折中的观点。①

重建历史到叙事间接关系的最终目的便是揭示**历史学家思想的意向性**，由此历史继续间接地意向人类行动的领域和它的基础时间性。

借助此间接意向，历史编纂学将会介入我们在第一部分所讨论的大的模仿循环中。正如我们在对**模仿 I** 的讨论中所描述的那样，通过对时间“之中”发生的事件的整理，它也在一种推论模式上植根于我们的实践能力；依靠历史编纂学移植到**模仿 II** 的叙事时间特征之上的最高等级的时间性构造，它也对实践领域进行构型；最终它也在实践领域的重构中获得其意义，并且促成对**模仿 III** 从中结束自身的存在的回溯。

这便是我的研究工作的最大视域。我在此部分并不讨论这一问题。我必须为与**模仿 III** 相对应的最后环节保留一个独立的研究。实际上，在行动和生命之中插入历史以及其重构时间的能力都涉及历史中的真理问题。然而，这一问题与被我称作历史真理与虚构断言之间的**交叉指称**不可分离。因此，本书第二部分所进行的讨论并没有涵盖历史问题的所有领域。为了保留《活的隐喻》中所使用的词汇，要分离“意义”问题与“指称”问题。或者为了仍忠实于第一

① 这并没有排除历史解释可以被描述为一种“混合”(mixte)：在这一点上，我接受我在第二章所讨论的冯·赖特的主张。但是“混合”并不是混乱，也不是含混。只要“混合”准确地被构建为与自身相适应的认识论框架的“混合”，它就绝不是一种折中。

部分的词汇，当前的调查通过**间接引语**模式努力以**模仿 II** 的名义把解释与叙事理解重新联系起来。

第二部分处理的问题序列被刚才所概括的对观点的证明主导。

在被命名为“叙事的衰落”的第二部分第一章中，我区分了现代历史与被明确表达的叙事形式。我尝试在对历史-叙事的攻击中区分两种完全相互独立的思想。第一个与历史实践更加接近，因此偏重于方法论而不是认识论，它似乎更好地被当代法国历史编纂学澄清。第二个源于与科学统一性有关的逻辑实证主义立场；因此，它更加偏重于认识论而不是方法论。

在被命名为“为叙事辩护”的第二部分第二章中，为了以**直接方式**把叙事能力扩展至历史话语，我考虑了几种不同的尝试——作为一个重要的例外，它们很大程度上是从说英语的作者那里借用来的。虽然我很赞同这些分析，并把它们整合进我自己的研究计划中，但是我必须指出我认为他们并没有完全达到其目标，因为他们只是解释了历史编纂学的形式，在其中它与叙事的关系是直接的，因此也是可见的。

以“历史意向性”命名的第三章包含了第二部分的主要主题，即从叙事可理解性开始的历史知识的**间接**派生的观点。在这一分析中，我重新讨论了已在其他地方讨论的解释（expliquer）与理解（comprendre）的关系。① 为了进行总结，我为第一部分开始的事件的地位问题给出了一个部分解答。解答不可能是完整的，因为事件的**认识论**地位——只在第二部分进行讨论的问题——离不开它的**存在论**地位，后者是第四章的一个问题。

我请求读者保持耐心。他必须知道他只能在随后的三章中发现一个对于时间与叙事问题的**准备性**分析。首先，历史**解释**与**叙事**能

① «Expliquer et comprendre», *Revue philsophique de Louvain*, 75（1977）, pp.126—147.

力之间的关系必须被澄清，进而我们才能以有效的方式探讨历史叙事对时间**重构**的贡献。并且，这个澄清自身需要一个长期的分析；在相应的论证压力下，法则理论和叙事理论应该揭示它们各自的不足，从而历史编纂学与叙事之间的**间接**关系可以依次逐步、逐级的被重新建立。然而这种长期的认识论准备不应该失去最终的存在论视域。延伸这一战线的一个额外理由是：在我看来，通过叙事来重构时间是一个把历史叙事与虚构叙事**结合**起来的工作。因此，只有在涉及虚构叙事的第三部分才可以**从整体上**重新讨论**被讲述的时间**问题。

第一章　叙事的衰落

法语的历史编纂学和新实证主义的认识论属于两种完全不同的话语世界。第一个是在传统上无任何衰退的对哲学的不信任，它倾向于把哲学等同于黑格尔式的历史哲学，而自身却轻易地与斯宾格勒（Spengler）和汤因比（Toynbee）的思辨哲学相混淆。至于承继于狄尔泰（Dilthey）、李凯尔特（Rickert）、齐美尔（Simmel）、马克斯·韦伯（Max Weber），并由雷蒙·阿隆（Raymond Aron）、亨利·马鲁（Henry Marrou）继续发展的历史批判哲学，它从没有被真正地整合进法国历史编纂学的主流之中。① 这就是为何我们没有在与方法论最相关的著作中发现一个与20世纪初德国学派类似的反思，也没有在当前英语世界的逻辑实证主义和其反对者——二者都是关于历史中的解释的认识论结构——那里找到类似的反思。它的

① 皮埃尔·肖努在1960年写道："认识论是一种我们必须坚决反对的诱惑。难道最近几年的经验没有证明对于那些在快乐中失去自我的问题来说，它可能是一种偷懒的解答——一个或两个明智的例外只是用来确认这一规则，这是研究停滞不前和毫无价值的标志吗？它至多是某些重要人物恰好所致力的——我们绝不会以某种方式判断如此——以更好地把富有活力的艺术家正在进行建构的知识——我们唯一可以做出论断的名称——从卡普阿（*Capoue*）病态的危险诱惑中解脱出来。"（*Histoire quantitative, Histoire Sérielle*, Paris, Armand Colin, 1978, p.10）

力量存在于别处：存在于恪守历史学家的职业之中。法国历史学派为此领域的研究者提供的最好贡献是一套方法论。在这一方面，它让哲学家进一步认为它没从中借鉴任何东西。相反，产生于新实证主义工作的优越性来源于它持续聚焦于用定义科学知识、其计划和成就的深刻完整性的假定模型来衡量历史中的解释。在此意义上，这些工作更多地表现为认识论的而不是方法论的。但是它们的优点也经常构成其缺点，因为历史学家的实践缺席于他们对解释模型的讨论。这一错误很遗憾地也被逻辑实证主义的对手们分享。正如我们稍后将会看到的那样，借助于对“叙事”论证的考察，实证主义和反实证主义的认识论从历史学家那里借用的例子极少能够达到历史科学今天的复杂性程度。

但是，虽然这两种思想流派是异质的，它们至少也有相同点，除了它们否认我们这里不关注的历史哲学，它们也否认今天所写就的历史的叙事特征。

结果中的分歧与论证的差异一样令人印象深刻。对于法国历史编纂学来说，叙事的衰落主要产生于历史对象的转移，即历史对象不再是行动的个体，而是整体的社会事态。对于逻辑实证主义来说，叙事的衰落反而产生于历史解释与叙事理解之间的认识论断裂。

通过把事件和历史绵延的各自目的作为线索，我们在此章主要讨论两种批判的差异。

一、法国历史编纂学中事件的衰落①

选择事件概念作为讨论的检验标准特别适合于检验法国

① 此部分的某些分析删减了我在《法国历史编纂学对于历史理论的贡献》(«The Contribution of French Historiography to the Theory of History», *The Zaharoff Lecture*（1978—1979), Oxford, Clarendon Press, 1980）一文中所做的某些更加细致的讨论进展。相反，在第三章可以看到《查哈洛夫讲座》中没有涉及的对法国历史学工作的进一步分析。

历史编纂学对于历史理论的贡献，因为“事件历史”的批判在其中具有重要位置，并且这种批判被看作等同于对叙事概念的拒斥。

在反思开始之前，历史事件概念与大多数通常意义的概念一样具有显而易见的错误假设。它蕴含两类未经过批判的观点：存在论的和认识论的，后者以前者为基础。

在存在论的意义上，我们把历史事件理解为那些过去实际发生的东西。这种观点自身具有多方面的含义。首先，我们承认所发生事件的属性在根本上不同于未发生事件的属性；在此意义上，已发生事件的过去被看作是一种［过去的］**绝对属性**，独立于我们的建构和重构。第一个特征与物理事件和历史事件相同。第二个特征划定了历史事件领域的范围：在所有发生的事件中，某些是与我们类似的历史主体做出的；历史事件因而是历史参与者促成和经历的：把历史一般地定义为对过去人类行动的认识产生于把我们的兴趣局限在**人类主体**的事件领域。第三个特征产生于把交流的可能范围局限于实践领域：把作为构成性障碍的影响我们交流能力的**异己性**（*altérité*）和**绝对**差异概念附加于人类过去的概念。似乎这是我们寻求理解和认同能力的意义，哈贝马斯在其中看到了一种普遍实践的规范，我们的交流能力所遭遇的陌生人的相异性像是一种挑战和障碍，只能以认识他们不可还原的相异性为代价，我们才有希望去理解他们。

这个存在论的三重假设——绝对的过去、绝对过去的人类行动、绝对的相异性——对应着一个认识论的三重假设。首先，我们把物理事件和人类事件的**不可重复的独特性**对立于法则（loi）的普遍性；无论它是否关系到高重复性的数据统计、因果联结或者功能性关系，事件只发生一次。然后，我们把**实践的偶然性**对立于逻辑或物理的必然性：事件可以通过另外的方式发生。最后，在所有已建立模型和所有不变之间的**差异**思想中，相异性具有其认识论的对立面。

这些便是我们总体上使用未经批判的历史事件概念的默认假设。在考察的开始，我们不知道偏见来自哪里，来自哲学或神学的传统（sédimentation），或者来自普遍规范的强迫。对偏见的过滤只能来自历史学家自身实践所完成的批判。在下文，法国历史编纂学将会根据对事件假设进行批判的贡献来被评价。

我只会大概提及雷蒙·阿隆的重要著作《历史哲学导论：论历史对象性的限度》[*Introduction à la philosophie de l'histoire: Essai sur les limites de l'objectivité historique*（1938）][1]，此书在吕西安·费弗尔（Lucien Febvre）和马克·布洛赫（Marc Bloch）创办《经济与社会史年鉴》（1938）将近十年之后才出版，《经济与社会史年鉴》在1945年之后更名为《年鉴：经济、社会与文明》。我建议稍后再回到阿隆书中关于解释和理解的辩证法分析。但是在此处提及此书是有价值的，因为它很大程度上有利于化解第一个一般意义的假设，即作为真实发生的事件，事件具有绝对特征的假设。通过设置历史对象性的界限，雷蒙·阿隆可以去宣称他所说的"对象的衰落"（dissolution de l'objet）。但遗憾的是这一观点导致了不止一种误解。它的目标更多的是夏尔·朗格卢瓦（Charles victor Langlois）和夏尔·塞尼奥搏斯（Charles Seignobos）[2]所支持的占主导地位的实证主义，而不是任何其他的存在论论点。它仅仅意谓如此：因为历史学家也介入到对过去事件的理解和解释中，一个绝对事件并不能通过历史话语被获得。理解——也包括日常生活中对其他个体的理解——绝不是一种直接的直观，而是一种重构。理解一直以来都不仅仅是简单的同情。简言之："不存在一种科学之前的**历史现实性**，科学只是忠实地再现它。"（第120页）只有把意向束、动机和价值纳入到一个可理解的整体之中，"无地王约翰曾经存在"这一描述才

---

① 我引用的是第十六版，Paris, NRF, Gallimard, «Bibliothèque des Idées», 1957。

② Charles victor Langlois et Charles Seignobos, *Introduction aux études historiques*, Paris, 1898.

是一个历史现实。因此，多种重构只是强调了把理解工作所宣称的对象性与非重复的生活经验分隔开的断裂。如果“对象的消解”已经由最谦逊的理解完成，那么对象的衰落在因果思想的层次会更加完整，从而可以把阿隆的术语应用于这一时期（我们将会在第三章回到此问题：对于阿隆来说，正如对于马克斯·韦伯一样，历史因果性是具体事件之间的关系，但是以回溯的或然性为中介）。在或然性（probabilité）等级中，最低等级规定了偶然性（accidentel），最高等级规定了马克斯·韦伯所说的充分性（adéquation）。正如充分性不同于逻辑或物理必然性，偶然性不再是绝对个体性的等价物。“由于或然性产生于历史分析和因果联系的部分特征，所以它存在于我们的心灵（esprit）中，而不是事物中。”（第 168 页）在这一方面，或然性的历史评价不同于科学家的逻辑，并且接近判断的逻辑。对于阿隆来说，哲学的任务因此便是解构回溯的命运必然性错觉，让历史理论向朝向未来行动的自发性敞开。

对于我们当前的研究来说，阿隆著作的明确结果便是：被理解为过去实际发生总体的过去超出了历史学家的研究范围。

在亨利-伊雷内·马鲁 1954 年的《论历史知识》(*De la connaissance historique*)[①] 中，我们可以发现一个类似于雷蒙·阿隆的论证。此外，历史学家的实践在其中更为明显。我暂时把这一问题搁置一旁，因为在第四部分我会回到此问题，即理解**他者**与认识人类**过去**之间的联系。[②]

在第一部分结尾提出的死亡时间与公共时间之间的连续性是直接蕴含这一问题的。我只是在这里保留了寻求理解他者的主要方法论含义，这与雷蒙·阿隆的“对象的衰落”原则相关。

---

① Henry-Irénée Marrou, *De la connaissance historique*, Paris, Édition Du Seuil, 1954.

② “在与过去相关的理解中，不存在任何特殊事物；这也正是在当下我们理解其他人的相同过程，并且特别是（因为，在更为常见的和最好的情况下，被考虑的材料是一种‘文本’）在被讲述语言的理解中。”（第 83 页）对于马鲁来说，从个体的记忆过渡到历史的过去并不构成问题，因为真正的断裂是沉迷于自我与向他人敞开之间的断裂。

首先，建立于他者见证基础上的历史知识“准确地说并不是一种科学，而只是一种信仰的知识”（第 137 页）。理解包含了历史学家的全部工作，因为“历史是一种精神的冒险，历史学家的个性在当中发挥作用；简单说来，通过历史学家，历史被赋予一种存在的价值，历史便是从此价值中获得其重要性、意义和价值”（第 197 页）。并且马鲁补充道：“正是这个构想形成了批判哲学的核心，围绕这一观点其他观点得以被整合和被澄清。”（同上）理解同样被整合到“历史真理”中（第 9 章的标题），即历史能够把理解整合进真理。理解并不是主观的方面，解释也不是客观的方面。主观性不是一个监狱，客观性也不是把我们从监狱中解放出来。主观性和客观性是相互补充的，而不是相互斗争的：“实际上，在历史的真理中［马鲁著作的倒数第 2 章的标题］，由于历史是真实的，它的真理性是双重的，既由关于过去的真理构成，也由历史学家提供的证据构成。”（第 221 页）

其次，历史学家参与到历史知识之中，他们不能完成重新实现过去这一不可能任务。[①] 不可能是因为两个原因：首先，历史只有通过在古人所经历的过去和当今的历史学家之间建立**关联**才能是知识。历史进程的整体构成了历史知识方程式的一部分。它所带来的后果便是人类所实际经历的过去只能被假设，正如所有经验现象根源深处的康德的物自体一样。此外，如果过去的经历可以被我们获得，那么它便不是知识的对象：因为，当过去被带到现在，那么它好像是我们的现在，但却是混乱的、多样的、不可理解的。因为历史的目的是进行认识，获得一种被组织过的观点，这是建立在因果链条和目的论、意义和价值之上的。从根本上来说，正好在阿隆做出“对象的衰落”论断之时，在我们上文所讨论的意义上，马鲁和

① 马鲁在这里不同于他最尊敬的思想家之一柯林武德（Collingwood）。但是对柯林伍德的重新阅读可能让他更加接近此处所辩护的立场（参见下文第四部分）。

阿隆是同道中人。①

同样的论证——禁止把历史看作是对过去的模糊记忆（réminiscence）——也批评实证主义，新一代的法国历史编纂学视其为眼中钉。如果历史是历史学家与过去之间的关系，那么我们可以把历史学家看作是一种附加于过去的干扰项，必须把它消除。我们看到方法论的证明完全重复了从理解中提炼的证明：如果苛刻的批评认为怀疑比同情更有价值，那么道德禀赋恰好与一种方法论幻象一致，这种错觉认为历史事实在材料中以潜在的方式存在，并且历史学家对于历史方程式来说是多余的。为了反对这一方法论幻象，必须确认历史中的开端并不属于历史材料（第三章），但却属于历史学家所提出的问题。这在历史研究中具有逻辑优先性。

在对抗**自在的过去**这一偏见时，马鲁的著作强化了阿隆的著作。同时，这也确认了它与年鉴学派反实证主义立场的联系。

年鉴学派对于此问题的贡献在很大程度上不同于阿隆哲学的贡献，也不同于哲学历史学家马鲁的贡献，二人都可以被标识为**理解**的德国式问题域。因为年鉴学派的贡献②，我们要处理专业历史学家的方法论问题，这与"理解"问题具有很大的差异。这一学派的历史学家最具有理论性的论著是反映其职业技艺的论著。

在《历史学家的技艺》③（*Apologie pour l'histoire ou Métier d'historien*）中，马克·布洛赫为此奠定了基调，此书的写作与系列丛书（bibiliothèques）非常不同。但由于布洛赫在1944年被纳粹杀害，此书只写了三分之二。这部未完成著作的目的是成为"一个总

① 引自阿隆，马鲁写道："在任何情况下，'都不存在先于知识的、只需要忠实再生产的现成的**历史现实性**'。（阿隆，第120页）：历史是创造性活动的结果，作为认识的主体，历史学家由此建立了他所展现的过去与自己所处的当下之间的关联。"（第50—51页）

② 关于年鉴学派的理论基础、历史继承和发展的整体历史，可参阅雅克·勒高夫的文章《新历史》（«L'histoire nouvelle», dans *la Nouvelle Histoire*, encyclopédie dirigée par Jacques Le Goff, Roger Chartier, Jacques Revel, Paris, Retz-CEPL, 1978, pp.210—241）。

③ 此书已是第七次出版：最后一版包含乔治·杜比的一篇重要序言（Paris, Armand Colin, 1974）。

喜欢日常工作的工匠的手册，一个长期操作直尺和水平仪、但并不因此以数学家自居的伙计的记事本”①（第 30 页）。此书的迟疑、大胆和审慎在今天仍有价值。当它选择去强调历史编纂学“未解决”的问题时，则更是如此。②

毫无疑问，叙事只是构成了“有意识留下的史料”的类别，它对历史的支配需要借助于考古学家、经济和社会结构历史学家所熟悉的“除自身之外的其他见证”的遗迹来被限制。但是对史料来源无限制的扩展并不意味着见证者概念不包含史料概念，或者不再是适用于对所有“遗迹”进行考察的模型（第 73 页）。结果便是“批判”从根本上来说——如果不是排他的——是一种对证据的批判，即对真实性进行验证，追踪虚假的内容，无论它是关于作者或者日期的（即法律意义上的造假）误导性信息，或者更加基础的欺骗（即剽窃、杜撰、篡改、散播偏见和谣言）。以关于原因和法律的问题为代价，这种赋予证据批判的重要性——同时也是英语认识论所关心的——从根本上归功于通过历史现象的**心理**特征对痕迹概念进行详细解释。③社会条件在其“深层本质中是精神性的”（第 158 页）；因此“证据批评针对的是心理事实，它始终是一门细致入微的艺术……但它也是一门理性的艺术，其基

① 此引文引自中译：马克·布洛赫（Marc Bloch）：《历史学家的技艺》（*Apologie pour l'histoire ou Métier d'historien*），黄艳红译，中国人民大学出版社 2011 年版，第 40 页。文中出现的所有相关引文都参考了此中译本，不再一一指出。

② 在第四部分，我会回到布洛赫在《历史学家的技艺》第一章，即“历史、人和时间”这一章所关注的问题。历史学家只把过去看作是人的过去，并把其定义为“时间中的人的科学”（第 50 页）；历史时间同时是连续的和不同的；历史应该摆脱对起源的纠结；没有过去的知识，现在的知识是不可能的，**反之亦然**——当我们探询历史的指称对象时，我们将会再回到这些问题。在这里，我们仅限定于布洛赫在专注于快速反思历史对象时的认识论洞见，特别是在反思“**遗迹**”（*trace*）和**证据**（*témoignage*）时的洞见。根据弗朗索瓦·西米安（François Simiand）贴切的表达，布洛赫的大胆创新在于以确定的方式把其根本的方法论系统附加于作为“通过遗迹来认识”的历史定义之上。因为，处于时间之中的我们借以建立关于人类的科学的这些遗迹本质上是“见证者的报告”（第 57 页）。因此，“历史考察”——第二章的标题——和史学批评——第三章的标题将主要致力于一种类型学和一种**证据**的标准学。值得注意的是，在《历史学家的技艺》中，叙事只有作为历史学家进行批评的证据类型之一时才会出现，即作为以读者知晓为目的的意向性证据，并且决不能作为历史学家书写的文学形式（参见**叙事**出现的页码，法文第 55、60、97、144 页）。

③ 在中世纪历史中，恶的重要作用也以偶然的方式解释了赋予给证据批判的范围。

础在于某些重要思想活动的条理化的实践”（第 97 页）。这一工作的审慎或者是胆怯是把史料概念附属于证据概念的对立面；实际上，即使“试论史学批评方法的逻辑”这一节（第 97—116 页）仍然局限于一种证据的心理-社会学分析，尽管它是精炼过的：即使这种理性艺术把证据相互对立起来，强调谎言的理由，但是它仍是由理查德·西蒙、博兰德学派、本笃会所创造的博学方法的遗产。在可预见的意义上，这并不是布洛赫没有察觉到的统计学批评的作用；但是他没有看到可能性的逻辑——马克斯·韦伯在 20 年之前曾考察此问题，雷蒙·阿隆之后又重新考察此问题——已不再来源于证据批评，而是来源于历史中的因果性问题。① 利用它只是为了揭示和解释证据的不完美性，这不可避免要限制其意义。②

《历史学家的技艺》所实现的真正突破可以在“历史分析”（第四章标题）的注释中找到。马克·布洛赫曾完美地把握到历史解释根本上在于构造相似现象的联结和建立它们之间的相互联系。分析相对于综合的优先性③ 允许布洛赫——在对《形式的生命》（*Vie des Formes*）的令人敬佩的作者福西永（Henri Focillon）的引用之下——在整体的历史现象中建立互相区分的不同内容之间的差异现象：政治的、经济的、艺术的，我们稍后将会借助于乔治·杜比（George Duby）回到此问题。特别是这赋予布洛赫一个对**术语**问题

① “估算一个事件的概率就是衡量其发生的可能性。”（第 107 页）当马克·布洛赫观察到推理模式的独特性时，这表现为把预测应用于已结束的过去，他与韦伯、阿隆很接近：“如果在想象中把过去和当下的分界线向前推进，当下便成为过去的未来，虽然它的基础对我们而言实际上是过去。”（第 107 页）

② “因此说到底，证据的批评基于某种关于相似和差异、单一和多样的直觉性的形而上学。”（第 101 页）它也在“有限的相似性原则”的运用中进行总结（第 101 页）。

③ 叙事与重构的阶段曾经相联系；在对米诗莱（Michelet）进行引用的名义之下：“但是我需要描述一场生机勃勃的伟大运动，因为所有不同的因素都围绕叙述的完整性展开。”（第 129 页的引用）《历史学家的技艺》最缺少的可能是对在观察问题（包含历史事实和事件的问题）基础上陈述解释问题（包含历史因果问题）的方式进行反思。

对于解释问题（包含历史因果问题）方式的反思通过观察被描述（包含历史事实和事件的问题）。正是在描述这一点上，关于叙事和事件与叙事之间的关系的反思才可以被澄清。

进行深刻讨论的机会（第130—155页）。

这一问题明显与事实的分类问题相关；但是它提出了关于语言性质的特殊问题：难道我们必须用已被史料用来定义它们的概念来**命名**过去的历史事实，而甘愿冒着忘记“史料中的词汇本身无疑也是一种非常珍贵的证据，但像所有证据一样，它也是不完善的，因此需要进行批判性考察”（第138页）风险吗？或者必须用现代的概念去思考它们，而冒着由于时代错误忽视过去现象的特殊性，并以傲慢的方式永恒化我们的范畴的风险吗？正如所看到的那样，相似性和不相似性的辩证法主导着历史分析，正如它主导着历史批判一样。

当这些深刻的观点开始讨论历史中的令人生畏的因果联系问题时，它们仍会后悔研究工作的暴力性介入。由于结束语仍是未完成的，所以才更加珍贵：“历史学中的原因就像别的原因一样，不是推想出来的，它需要人们去寻找。”（第160页）

年鉴学派真正的宣言应该是费尔南·布罗代尔（Fernand Braudel）的代表作：《菲利普二世时代的地中海和地中海世界》。①

鉴于其教诲的清晰性，我将会集中于布罗代尔的文章以及年鉴学派其他历史学家的文章，它们与我们最初的假设相对立，即事件是由行动者导致的，因此事件分享着行动本身的偶然性。值得怀疑的是事件的“使发生”（faire ariver）（及其必然“遭受”的后果）观点所蕴含的行动模型。根据此模糊模型，行动可以一直被归属于个体行动者、作者或者事件的受害者。即使把相互作用概念纳入到行

① Fernand Braudel, *La Méditerranée et le Monde Méditerranéen à l'époque de Philippe II*, Paris, Armand Colin, 1949（布罗代尔：《菲利普二世时代的地中海和地中海世界》，唐家龙、曾培耿等译，商务印书馆1996年版。文中译文参考此中译，稍有改动，特此指出。——译者注）直到1979年的第四版，此书有两次重大的修订。作者曾把它们集中于一卷：*Écrits sur l'histoire*, Paris, Flammarion, 1969，此卷包含一个从序言提取到《菲利普二世时代的地中海和地中海世界》中的内容……布罗代尔在法兰西学院的“开幕讲座”（1950），他的著名的关于“长时段”（la longue durée）年鉴学派文章（1958），以及其他讨论历史与其他人类科学关系的文章。

动概念中，也不能跳出行动的行使者必须始终是一个可辨认的行动者的假设。

事件是由个体导致或遭受的这一潜在假设被布罗代尔破坏，同时其他两个紧密联系的假设也被破坏（布罗代尔和其后继者直接攻击它们）：个体是历史变迁的最终承担者，最有意义的历史变迁是那些点状的（ponctuel）变迁，历史变迁对个体生活的影响实际上是由它们的短暂性（brièveté）和突然性导致的。

这两个明确的结论包含第三个自身从没被讨论的结论，即一个事件的历史、事件性的历史只能是一种叙事–历史。政治史、事件性的历史、叙事–历史因此几乎是同义的表达。最令人惊讶的是，对于我们来说令我们感兴趣的是关于历史的叙事地位，但是叙事观念从未质询自身，正如政治史和事件历史是首要的那样。这些历史学家满足于通过一句话否认叙事历史与利奥波德·冯·兰克（Leopold von Ranke）的关系（可以在上文看到，对于马克·布洛赫来说，叙事构成了有意留下证据的部分，因此也包括史料）。在与马克·布洛赫一同创办年鉴学派的吕西安·费弗尔那里也是如此，他强烈批评历史事实的观点①，即完全在源头给予的历史事实被看作历史的原子，并且他为历史现实性是由历史学家构造的观点进行辩护，从根本上把历史现实性聚合在一起，由此被历史创造，并且虚构叙事也是由叙事者创造的。因此，对历史叙事的批判单独由强调个体和事件的政治史的批判方式完成。只有这两个基本的假设被直接反对。

这些新的历史学家反对社会科学中的方法论个体主义，他们认为历史对象不是个体的，而是在经济、社会、政治、文化、精神等所有人类生活方面中的“整体的社会事实”——这一概念借用自马塞尔·莫斯（Marcel Mauss）。他们用从经济学、人口学和社会学借

① «Leçon inaugurale» au Collège de France（1933）, in *Combats pour l'histoire*, Paris, Armand Colin, 1953, p.7. 在《新历史》的百科全书中，并没有“叙事”或“叙事的”文章。

用来的**社会时间**的主要范畴——形势、结构、趋势、周期、增长、危机等——反对被理解为时间跳跃的事件概念。

重要的问题是把握两类争论之间的关联：一种反对把个体的首要性看作历史考察的最终原子，一种反对把事件的首要性——在此概念的点状意义上——看作社会变迁的最终原子。

这两种反对意见并不是由某些关于行动和时间的思辨导致的，它们是把政治史的历史考察的核心原则置换到社会历史中的直接结果。实际上，政治史、战争史、外交史、教会史中的个人——国家首脑、战争指挥官、首相、外交官、主教——被假定为制造了历史。它也是事件爆发的领域。“战争史”和“事件史”[根据保罗·拉孔伯（Paul Lacombe）的表达，以及被弗朗索瓦·西米昂（Francois Simiand）和亨利·贝尔（Henri Berr）重新采用的表达①]是成对出现的。个体和点状事件的优先性是政治史优先性的两个必然结论。

需要注意的是，在黑格尔主义的传统中，对事件历史的批判绝不是由对历史哲学概念自身的哲学批判导致的。它毋宁是由一种反对前三分之一世纪法国历史研究中盛行的实证主义传统的方法论争论导致的。对于这一传统来说，重大的事件已在档案中被记录，并且档案本身已经围绕影响权力分配的变动和偶然事件被制定和建立。这也是为什么战争史和事件史的双重表现构成了为整体人类现象的历史进行辩护的对立面，它一直强烈强调其经济和社会条件。鉴于此，法国历史学派最显著以及毫无疑问最多的工作都是致力于社会历史，在这种历史中，群体、社会类型和社会阶级、城市和乡村、有产者、手工业者、农民和工人成为历史的共同英雄。对于布罗代尔来说，历史也成为一种地理-历史，其英雄是属于地中海和地中海世界的，直到它通过于盖特·肖努（Huguette Chaunu）和

① P. Lacombe, *De l'histoire considériée comme une sicence*, Paris, Hachette, 1894；F. Simiand, «Méthode historique et sicence sociale», *Revue de synthèse historique*, 1903, pp.1—22, 129, 157；H.Berr, *L'Histoire traditonnelle et la Synthèse historique*, Paris, Alcan, 1921.

皮埃尔·肖努（Pierre Chaunu）被塞维利亚和新大陆之间的大西洋继承。①

在这一批判背景下，产生了与被理解为短时段的事件概念相对立的“长时段”概念。在《菲利普二世时代的地中海和地中海世界》的序言中，随后在法兰西学院的“开幕讲座”（1950）中，以及在关于《长时段》的《年鉴》文章中，布罗代尔从没停止重复这一问题。最肤浅的历史是个体层面的历史。事件历史是在短暂、急促、紧张不安中波动的历史；它在人性方面最丰富，但也最危险。在这一历史和其个体时间下，展开了“节奏平缓的历史”（《论历史》②：第11页）和它的“长时段”（第4页及之后）：这是一种社会史，即群体和深层趋势的历史。这种长时段是经济学家教给历史学家的；但是长时段也是政治制度的时间和精神状态的时间。最终，隐藏最深的支配着“人与其环境之关系的历史。这是几乎毫无变化的历史”（第11页）；对于这一历史，我们必须谈论一种“地理时间”（第14页）。

法国历史编纂学对历史认识论最显著的贡献之一便是时段的分级——即使它缺乏一个对因果和规律概念更细致的讨论。

个体和事件概念应该同时被超越的观念是这一学派的强烈主张。对于布罗代尔来说，为历史进行辩护成为一个为“匿名、深层和沉默历史”（第21页）的辩护，并且由此为一种为“千种速度和千种缓慢的社会时间”（“开幕讲座”，《论历史》，第24页）进行辩护。一种辩护和一种信条：“我也相信特别缓慢进展的文明历史的现实性。”（第24页）但是布罗代尔在《长时段》中确认这是历史学家的职业，而不是哲学家的反思，这在处于“瞬间和缓慢流逝的时间之间”（第43页）的社会现实性的核心之中表明了“这种生动的对立”。对社

① P. Chaunu, *Séville et l'Atlantique*（*1504—1650*）, 12 vol. Paris, SEVPEN, 1955—1960.

② 费尔南·布罗代尔（Fernand Braudel）：《论历史》（*Écrits sur l'histoire*），刘北成、周立红译，北京大学出版社2008年版。文中相关引文参考了此中译，不再一一指出。——译者注

会事件多样性的认识必须成为所有人类科学共有的方法论的一部分。把公理推进到悖论的边缘，布罗代尔甚至可以说：“社会科学几乎对事件感到恐惧。这并不是毫无理由的：短时段是最反复无常的、最迷惑人的时段。”（第46页）

对认识论感兴趣的读者可能会对刻画时间多样性的表达缺乏严格性而感到惊讶。同样，布罗代尔不仅谈论短时段或长时间，即时间间隔之间的数量差异，而且谈论**快速**时间和**缓慢**时间。因此，从绝对的意义上说，速度不是在说时间的间隔，而是贯穿于其中的运动。

并且，在最后的分析中，这些问题必须涉及这些运动。某些由快速和缓慢的图像所产生的隐喻确认了这一点。我们从那些反对运动的隐喻——短时段的同义词——开始：“一种表面的躁动，由潮汐的强力运动所掀起的海浪——一种在短暂、急促、紧张不安的波动构成的历史”（“序言”，《论历史》，第12页）；“我们应该提防那种依然躁动着激情的历史，正如同时代的人们踏着同我们一样的短暂生命的周期而感受、描述、经历的历史。”（同上）“诚然，这是一个激情安然的世界，但也是一个盲目的世界。任何一个有活力的世界都会如此，我们今天的世界也是这样。我们不会注意历史的潜流——那些活水。而我们的脆弱的木船正在那些活水上打转，就像兰波（Rimbaud）笔下的醉舟一样。”（同上）所有这些隐喻的集合都在诉说短时段的假象：兰克的“魔法”“烟雾”“反复无常”“毫不明亮的微光”“我们错觉的短时段”“虚假的幻觉”隐喻。其他的则在诉说毫无根据的假定：“反对把全部历史还原成典型英雄的作用”，“反对特赖奇克（Treitschke）片面的傲慢的论断：人制造历史”（“开幕讲座”，《论历史》，第21页）。兰克在寻找传统的历史、叙事-历史：“毫不明亮的微光；毫无人性的事实。”现在，是诉说“长时段的突出价值”（“长时段”，第44页）的隐喻：“这一匿名、深层并且时常沉默的历史”使得人类比他们制造的历史要更大（“开幕讲座”，《论历史》，第 21 页）；“我们陈旧的标准不再适用于一种厚重历史的时间”（同上，第 24 页）；“这一沉默的而不可抗拒的文明史”（同上，第 29 页）。

因此这些隐喻隐藏了什么，又揭示了什么呢？首先，一种对**真实性**以及对**谦逊**的关切：如果“我们”指的是黑格尔所说的世界历史中的伟大人物，那么便是承认我们不制造历史。因此，让深层时间的压力可见并可被听到的意愿，其短时段的嘈杂戏剧性得以消失并归于沉默。如果我们现在深究这一谦逊的意愿，我们会发现什么呢？两个相互平衡的相反的洞见。

一方面，借助于长时间的缓慢、厚重、沉默，历史获得一种只属于长时段的和只适用于持续性的平衡的——简言之，即变化中的一种稳定性——可理解性：“文明作为无限长时段的现实，不断使自己适应于命运的变化。它们的寿命超过任何其他集体现实”（“历史学与现时代”，《历史学与现时代》，第 303 页）。在讨论文明时，布罗代尔把文明界定为“一种对时间使用不当和时间进展非常缓慢的现实性”。回答是肯定的：“文明是长时段的现实性。”（同上，第 303 页）尽管所有内容都是反对汤因比的，但是他完美地看到：“他致力于研究‘社会’、社会现实，至少是那些长存的社会现实。他致力于研究那些在以后若干世纪内持续产生强烈影响的事件和那些凌驾于芸芸众生之上的人——耶稣、佛陀或穆罕默德。这些人同时也是属于长时段的人。”（第 284 页）绵延的坚实性对立于事件的缥缈性。特别是当时间铭刻在地理学中，并在地貌的持存中被收集时：“一种文明首先是一个空间、一个‘文化纪元’……一个居所。”（第 292 页）“长时段是无穷尽、无止境的结构和结构组合的历史。”（第 114 页）我们或许可以说，布罗代尔借助于绵延的概念在变化中比在不变中获得的东西更少：绵延（durer）作为动词要比作为名词（durée）更好地描述这一点。对立于事件的混乱，一种审慎明智在对真正变化的极端缓慢性的尊重之下被确认。

但是一旦社会数学提出把其非历时性结构、非时间性模型应用于长时段，那么一种相反的洞见便会出现。相对于这种论断和尝试，历史学家仍是变化的守护者。他们可以用一种“形势解释”（récitatif de la conjoncture）反对传统叙事，但是“在超出第二个解释之上，我们可以发现一种甚至更加厚重的历史，这次是数百年计的历史长度：长历史、甚至是极长时段的历史”（第 44—45 页）。但是，绵延仍是绵延，甚至长时段也仍是绵延。这便是历史学家在历史学可能步入社会学的临界点所坚守的底线。在“历史学和社会科学：长时段”部分，我们可以看到关于社会数学的讨论（《论历史》，第 97 页及之后），布罗代尔反对道：“就历史学的语言所涉及的范围而言，不可能有完美的共时性。”（第 62 页）社会数学家可以构造几乎非时间性的模型：“而几乎非时间性，实际上就是在很长的长时段的黑暗的、还未曾修建好的路上游历。”（第 66 页）① 实际上，绵延有各种不同的模型：“它们的有效期是与它们所处理的现实的时间一样长的……因为比生命的深层结构更重要的是这些结构的断裂点，是相互矛盾的压力所造成的它们或快或慢的损坏。”（第 71 页）历史学家最终所考虑的是模型的范围；关于航海的隐喻在这里再次出现：“最重要的是看它在什么时刻下沉。”（第 72 页）定性的数学模型在时间中不太适用于航行：“这首先是因为它们为了规避一些意外事件、形势和断裂而沿着无数的时间道路的一条、很长的具有特别长的时段的一条行进。”（第 72 页）这便是列维-斯特劳斯所建立的模型：它每一次都适用于一种“发展极其缓慢、几乎非时间的现象”（第 73 页）②；乱伦的可能性是这些极长时段的现实性之一。缓慢发展的神话同样对应着一种极长寿命的结构。神话，即其可理解性的原素把无限小的时段和极长时段结合起来。但是，对于历史学家来说，极长时段是“过长的长时段”（第 75 页），它使

① 中译，第 45 页。译文略有改动。——译者注
② 中译，第 50 页。译文略有改动。——译者注

得我们不能忘记“生活的多样性，所有的生活中的运动，所有的时段，所有的断裂和变化”(第75页)。

因此，这便是介入长时段争论的两个阵营的理论家：一方强调事件，另一方强调过长的长时段。我们尝试在第三章讨论在什么条件下对长时段的辩护和对它的双重拒绝仍然与情节构造的叙事结构是相容的。如果情况如此，对事件历史的攻击将不会是历史学家关于事件思想的结束语，因为事件对于情节发展的贡献比它是短的和紧张的——就像一种爆炸一样——要更加重要。①

在布罗代尔之后，年鉴学派整体沉迷于突破长时段理论。我准备在此驻足讨论当代法国历史编纂学最重要的发展之一，在历史学中大量引入从经济学借用的定量程序，并把历史学扩展至人口、社会、文化甚至精神的历史。借助于这种发展，一种关于历史事件本质的重要假定被质疑，即事件从不重复自身的独特性被质疑。

实际上，定量的历史从根本上来说是一种“连续的历史”——根据皮埃尔·肖努的经典表达②：它建立在一个同质系列**主题**的构造之上，因此是可重复的事实，最终可由计算机进行处理。所有历史时间的主要范畴越来越可以在一个“系列”的基础上被重新定义。同样，**预测**从经济历史过渡到社会历史，并由此过渡到一般历史学，由此它可以被理解为一种在某个**给定时刻**整合最大多数的偏离系列的方法。③ 同样，历史学家所理解的结构概念具有双重含义：一种是静态含义，即一种被给予整体的关系结构；另一种是动态含义，

① 在第三章（第365—371页），我将会把布罗代尔在《菲利普二世时代的地中海和地中海世界》中的理论立场与在《论历史》中的理论立场进行比较，我先限定于对此问题的讨论。

② Pierre Chaunu, *Histoire quantitative, Histoire Sérielle, op. cit.*

③ 由经济学家提出的预测概念“表达了超越由**统计学家**所建立的各种曲线的不连续，以把握在某个给定时刻所有变量和因数的相互依赖关系，并且追踪——因此预测——它们在时间中的演变”(art. «Structure/Conjecture» in *la Nouvelle Histoire, op. cit.*, p.525)。

即一种持续的稳定性。如果这一概念可以指称构成一个系列的众多变量的重合部分，那么它只能保留某些精确性。因此，预测倾向于指向一个短时间，而结构则倾向于指向非常长的时间，但这是在一个“系列”历史的视角下完成的。从整体上来看，这两个概念也倾向于指向历史研究的一个极点（polarité），这依赖于超越偶然性和事件的胜利是否实现把预测融入结构之中，或者长时段是否——法国历史编纂学派普遍支持的——拒绝消解在“冰冷社会”的静止时间中（《新历史》，第527页）。

一般情况下，历史学家——并且特别是经济历史方面的专家——不同于他们的经济学家或者社会学家同行，因为他们倾向于为结构概念保留时间含义。在两条战线的斗争中，“长时段”概念曾帮助他们去对抗对模型的全部去时间顺序化和沉迷于偶然、分离事件。但是，正如第一个尝试来自相近的社会科学，第二个尝试来自历史传统本身，最为激烈的战线便是对抗事件概念；作为一种让事件摆脱其糟糕特殊性的长期分析，经济历史的发展在很大程度上曾经是对1929年大萧条提出的挑战的回应。就对抗非时间性结构的战线而言，它从来没有完全缺席：面对西蒙·库兹涅茨（Simon Kuznets）和让·马尔切夫斯基（Jean Marczewski）提出的纯粹经济数量的发展，系列的历史被迫要使自身区别于单纯的数量历史，它被指责通过采用国家统计作为其模型从而囿于一种国家框架。为了所谓的精确科学，经济学家的数量历史所牺牲的正是长时间周期，它以如此巨大的代价才从事件的戏剧性时间中被重新获得。这就是为什么如果系列历史仍要忠实于长时段，并且借助此中介仍处于传统历史的骨干之上，在广阔地理空间中进行定位并与布罗代尔的地理-政治进行结盟就是必要的。这也是为什么即使预测和结构是对立的，二者仍在历时性中表明了内在逻辑相对于偶然性和独立事件的优先性。

厄内斯特·拉布鲁斯（Ernest Labrousse）追随弗朗索瓦·西米

昂[①]（Francois Simiand）开辟的道路，因为提出价格的历史，他被证明是第一个把预测和结构概念引入其学科的历史学家。[②]同时，通过把经济历史学引向以社会–职业调查为基础的社会历史，他也指出了从这一开放领域扩展至量化分析的方法。对于厄内斯特·拉布鲁斯来说，结构便是社会：它关注与生产、他人处于相互联系中的人，关注被称作阶级的社会关系循环中的人。从1950年开始，他致力于解决社会量化问题，因此指出了统计工具向更加抵抗量化领域的外化。在马克思本人的理论逻辑中，而不用关心正统的马克思主义，"社会量化"表明从第一个经济层次到第二个社会层次的过渡。作为一种分析模型，经济历史也可以呈现为一种树状结构的发展模式：一方面是人口学，甚至正如稍后我们将会看到的那样，另一方面可以是社会文化现象、社会心理——厄内斯特·拉布鲁斯认为这是第三个层次。

经济历史的方法论表明了一种与马克·布洛赫、吕西安·费弗尔的反实证主义斗争的连续性而不是断裂。实际上，年鉴学派的创始人曾想反对的首先是对不可重复的独特事件的沉迷，然后是把历史等同于一种可被修正的国家编年史，最后是——可能是他们最反对的——选择标准的缺失，因此导致在编写历史时，产生什么是可信任的历史"事实"的**问题域**。历史学家不停重复的事实并不是在史料中被给出，而是史料以问题的方式被挑选。史料本身没有被给出：官方的档案反映的是一种默认选择的制度，它促使历史被理解为事件汇编和国家编年史。由于这一选择并没有被公布，历史事实似乎由史料控制，并且历史学家似乎可以从这些被给出的材料中获

① 他为《旧制度末期与法国大革命初期的法国经济危机》（*La Crise de l'economie française à la fin de l'Ancien Regime et au debut de la Revolution française*, Paris, PUF, 1944）所做的"一般导言"是经济史学的方法论课程。

② 根据皮埃尔·肖努的证明，"拉布鲁斯指出了猜想只能在结构内部被讨论的意义界限"，《量化历史、系列历史》（*Histoire quantitative, Histoire Sérielle, op. cit.*, p.125）。

得他们的问题。

在这一被量化（系列）历史学征服的整个历史领域，需要特别提及人口统计历史学，这主要是因为它的时间意义。对于这一科学来说，重要的问题首先是人口数量和对地球上人类代际更替规模数目的计算。人口统计历史学，即从时间角度来看的人口统计学，绘制了被看作整体的人类的生物演化曲线。① 同时，以五百年为标准的长时段并且质疑传统历史学的历史分期呈现了全世界范围内的人口变动周期。最终，被历史学家重新掌握的人口统计学澄清了人口水平与文化、文明水平之间的关系。②

在此意义上，人口统计历史学确认了一种经济层次的系列历史与一种社会层次的系列历史之间的过渡，然后是文化和精神层次的系列历史的过渡，这让人想起厄内斯特·拉布鲁斯的三个层次。

通过社会层次，我们必须理解一种大规模的社会现象，从布罗代尔在其另一个伟大作品《物质文明》（*Civilisation matérielle*）③ 中所说的内容过渡到其他人所说的**精神的历史**（histoire des mentalités）。物质文明通过其包容性特征（行为举止、居住环境、食物等等）构成了一个真正的子集。这就是为什么根据《菲利普二世时代的地中海和地中海世界》中的模型，以时间性次序进行的整理证明自身是

---

① “一开始便存在经济学，但是最核心的是人的存在。在代际的更替中，人与人相遇，然后死亡，这便是人口统计学。”皮埃尔·肖努：“人口统计学的方法及其出路”，《量化历史、系列历史》（«La voie démorgraphique et ses dépassement», *Histoire quantitative, Histoire Sérielle, op. cit.*, p.169）。

② 古贝尔（P.Goubert）的著作《1600 年到 1730 年的博韦和博韦人》（P.Goubert, *Beauvais et Ie Beauvaisis du 1600 à 1730*, Paris：SEVPEN, 1960），1968 年以《17 世纪的百大省外城市》（P.Goubert, *Cent Mille Provinciaux au XVll' siècle*, Paris：Flammarion, 1968）为题再版，从这个角度指出把整个人口统计历史学和经济历史学纳入地方志的框架。在此意义上，或许特别是人口统计历史学曾允许把文明系统概念纳入结构概念，并划定了从 13 世纪转折期到 20 世纪初——即欧洲乡村地区结束——这一横跨 5 个多世纪的系统。但是，只有当人口统计学不局限于计算人口数量，并以澄清控制着这一系统难以平衡的文化与非文化的特征为目的时，这一文明系统的轮廓才会出现。

③ *Civilisation matérielle, Économie et capitalisme*（*XVe-XVIIIe siècle*）, t. I, *Les structures du quotidien*, t. II, *Les Jeux de l'échange*, t.III, *Le temps du monde*, Paris, Armond Colin, 1967—1979.

完全合适的，正如长时段和被量化系列的契合性那样。①

短暂介入历史量化的问题领域只有一个目的：展示法国历史编纂学反对事件历史学与通过暗指直接反对书写历史的叙事方式之间的连续性。因为，值得注意的是这种新历史为了摆脱事件历史学就必须与另一种学科相结合，在这一学科中，时间并不是一个主要的关注点。我们看到长时段的历史学产生自与地理学的联姻，并且量化历史学也作为一种长时段的历史学产生自与经济学的联姻。历史学与其他科学的联姻更突出了在什么意义上历史学在这一理性联姻中仍是历史的问题。在每一种情况下，与事件的关系都提供了一个合适的试金石。

这便是历史人类学的情况，它尝试把人类学家面对的地理距离转变为远去他乡的历史距离，并由此尝试重新超越习得的文化、习俗、行为举止、想象，简言之即超越大众文化。这种类型的研究的代表作品是雅克·勒高夫（Jacques Le Goff）的《试谈另一个中世纪——西方的时间、劳动和文化》（*Pour un autre Moyen Age. Temps, travail et culture en Occident*）。勒高夫建议建立“一种西方前工业社会的历史人类学”②（第 15 页）。

哲学家不能失去对于此书中关于时间讨论的兴趣：不是被讲述事件的时间，而是被中世纪的人所**展示**的时间。有趣的是对于历史学家来说，恰恰是时间表象构成了事件：“在中世纪的核心处，教会时间与商业时间的冲突表现为中世纪几百年的精神历史的主要事件之一，在经济结构和经济实践活动退化的压力下，现代世界的意识形态得以形成。”（第 48 页）为了获得这种成为人类学历史学家研究对

① 参见，上文第三章。

② Jacques Le Goff, *Pour un autre Moyen Age. Temps, travail et culture en Occident: Dix-huit Essais*, Paris, Gallimard, 1977.（雅克·勒高夫：《试谈另一个中世纪——西方的时间、劳动和文化》，周莽译，商务印书馆 2018 年版。——译者注）此书属于长时段的历史学：勒高夫喜欢提及“漫长的中世纪”“与我们的历史有关的长时段”（第 10 页）。我将会在第四部分的讨论中回到勒高夫的某些论断，这些论断涉及“整个”“漫长”“厚重”的中世纪与我们当代的关系。

象的人类时间，并且特别是为了确定商业时间的发展，必须考察忏悔簿，因为可以在当中找到罪恶的定义和分类的变化。为了鉴别时间框架的心理和精神变动，必须确定钟表的产生和传播，因为它用精确时间代替了由教堂钟声度量的乡村劳动的工作日和祈祷的时刻。特别是当精英文化和大众文化的对立被看作是历史学家的核心论题时，历史学家就成为人类学家。因此问题便是在什么意义上这种历史学仍是历史的。当长时段仍是一个时段时，它仍是历史的。有鉴于此，勒高夫对历时性词汇作用的怀疑——这些词汇来自符号学和结构人类学——让人想起布罗代尔对列维-斯特劳斯的模型的怀疑。①

实际上，令历史学家感兴趣的不只是“价值系统”和它们对变化的拒斥，还包括它们的转变。在第三章的结尾，我将会回到针对我们讨论的我现在大胆称之为垫脚石的建议：我们实际上可以询问是否为了仍是历史的，历史学不应该通过电影加速快进的效果，以准-事件的方式详尽描述它缩减到其记忆中的缓慢转变。难道勒高夫没有把涉及衡量时间自身的主要冲突处理为“中世纪精神历史的主要事件之一”吗？只有当我们可以赋予我在这里所说的准-事件一个恰当的认识论框架，我们才可以把正当性赋予此表达。

另外一种把历史与时间不是主要范畴的学科联系起来的方式在**精神历史**中被表达。此处所涉及的学科主要是源自马克思主义的作为意识形态的社会学，弗洛伊德式的精神分析（有时但极少是荣格式的），结构语义学和话语的修辞形式。与人类学历史学的联姻是显而易见的。对意识形态、集体无意识、自主言说的理解赋予历史一种独特性、距离和差异的意义，这与刚才所讨论的人类学家所关注的意义类似。正是普通人可以在这种历史学中具有发言权，他们发

① 勒高夫拒绝“一种时间之外的人种学”，他把历时性看作是“根据一种完全不同于演化模式的转变的抽象系统，历史学家使用后者以尝试理解其所研究的具体的社会变化”（第346页）。在他看来，这一问题需要超越“预测-结构，特别是事件-结构的虚假困境”（第347页）。

言的权利经常被主导性的话语剥夺。这种历史理性的模式表明把量化分析升至第三层次是最有趣的尝试，这涉及性、爱情、死亡、被说出的或被写下的话语、意识形态和宗教等方面的态度。如果历史仍要是系列的，它必须找到合适的史料以建立可操作事实的同质系列。在这里，就像在经济历史学中一样，历史学家是其史料的发明者：之前是市场价格，现在是什一税。这就是现在被写下的材料、陈情书、教区记事簿、教会特许权以及最重要的遗训——人们所说的“这些陈旧的沉睡的史料”①。

因此历史时间的问题将会以新的形式出现：在肖努看来，量化工具只是以显现一种结构为目标的中介，充其量是一种转化，即某种结构的终结，其分解的周期会被仔细检查。量化分析保留了某些质量分析，但是它是“被精心挑选和同质化的”（“系列历史的领域：第三层次的历史”，同上，第 227 页）。因此，通过其稳定、变化和分解的时间性质，结构进入了历史学领域。

乔治·杜比的著作是对精神历史的出色阐明，他以相似的方式提出了问题。一方面，他接受了阿尔都塞对意识形态的定义：“一种在特定社会存在核心处存在并发挥历史作用的表象（图像、神话、观念或者依情况而定的概念）系统（具有自身的逻辑和严格性）。”②（第 149 页）因此，作为社会学家，他认为意识形态具有综合、扭曲、竞争性、稳定性和行动来源等特征。这些特征并不指涉历时性和叙事。但是当价值系统“拥有自己的历史，其形态和阶段与大众化的历史和生产模式的历史并不一致”时，他的社会学便为历史学留下了位置（同上）。实际上，正是历史学家对结构的演变感兴趣，无论

① 参见米歇尔·沃维尔：《巴罗克虔诚和非基督教化：18 世纪普罗旺斯人对死亡的态度》（Michel Vovelle, *Piété baroque et Déchristianisation en Provence au XVIIIe siècle, les attitudes devant la mort d'après les clauses des testaments*, Paris, Plon, 1973）；皮埃尔·肖努：《十六世纪、十七世纪、十八世纪在巴黎的死亡》（Pierre Chaunu, *La mort à Paris, XVIe siècle, XVIIe siècle, XVIIIe siècle*, Paris, Fayard, 1978）。

② «Histoire sociale et idéologie des sociétés» , in *Faire l'histoire*, sous la direction de Jacques Le Goff et Pierre Nora, Paris, Gallimard, 1974, t. I, *Nouveaux Problèmes*, p.149.

是在物质条件和社会关系中的压力变化之下，还是支持冲突和对抗。

通过再现致力于人与死亡关系的研究，我打算结束法国历史编纂学对历史时间探讨贡献的讨论。这或许是数量对质量的再次胜利中最有意义和最吸引人的例子。事实上，比死亡或者正在死去更加内在于、独属于和更融入于生命的东西是什么？被写入遗嘱中的比面对死亡的态度更加公开的内容是什么？比生者对自己葬礼场景的期待更加社会化的事物是什么？比死亡的表象更具有文化性的事物是什么？我们由此可以理解菲利普·艾里耶斯（Philippe Aries）在其伟大作品《面对死亡的人》[①]之中提出的一个死亡的类型学，以及书中所包含的四种死亡模型（《旧约全书》的族长、英雄史诗中的英勇骑士、托尔斯泰笔下的农民所接受的死亡；16 世纪和 17 世纪巴洛克式的死亡；18 世纪和 19 世纪的隐秘的死亡；后工业社会中的被禁止和隐匿的死亡）既可以提供一种对系列进行研究的概念性阐明，正如沃韦尔和肖努的研究那样，还可以从中获得一种历史可以缺少的所有对过去检验的唯一证实，即可重复的可被计算的频率。在这一方面，死亡的历史或许不仅是系列历史可以达到的顶点，而且是所有历史都可以达到的，我将在第四部分讨论其原因。[②]

---

① Philippe Aries, *L'Homme devant la mort*, Paris, Éd. du Seuil, 1977.

② 从 1958 年费尔南·布罗代尔《新历史》中的著名文章开始（《历史学和长时段》，第 316—343 页），米歇尔·沃韦尔便提出一个对于二十年“长时段”历史学结果和僵局的概括性批判。如果接受“一种特定历史化历史学的死亡在今天是一个已完成的事实”，他询问是否布罗代尔所批判的事件也同样从历史学领域中消失。他质疑布罗代尔使用的时间嵌入模型可以被转用于其他历史学领域，特别是社会历史领域。一方面，周期的异质性和时段之间的分裂容易破坏整体历史的概念。另一方面，重大精神结构的准-静止性与事件的回归之间的两极化——这是由隔阂、创伤、分裂、革命观念的最新价值导致的——甚至质疑了时段的渐变序列。最新近的历史学似乎也在尝试研究长时段与短时段之间的一种新辩证法，即一种“时间的融贯”（第 341 页）。我将在第二部分的第三章回到这一问题，此问题在历史学家的专业研究计划中可能没有答案，但是在对历史意向性更加细致的反思中，这一问题可以被解答。在这一反思之外，历史学家理智的诚实毫无疑问在于拒绝静止的历史和事件的分裂，并在这一巨大的间隔中，根据被考察的对象和所选择的方法的要求，赋予历史时间一种扩展的自由。我们也可以看到埃马纽埃尔·勒华拉杜里（Emmanuel Le Roy Ladurie）在其著名的《蒙泰卢：1294 年到 1324 年的奥克语村庄》（*Montaillou, village occitan de 1294 à 1324*, Paris, Gallimard, 1975）中对短时段的澄清，在《朗格多克的农民》（*Paysans du Languedoc*, Mouton, 1966, éd. abrégée, Flammarion, 1959）中依次对长时段的澄清——即在《一千年以来气候的历史》（*l'Histoire du climat depuis l'An Mil*）中，以及在《历史学家的版图》（*le Territoire de l'historien*, Paris Gallimard, 1973）第四部分：“无人的历史：作为研究新领域的气候”中 对极长时段的澄清。

二、理解的衰落：英语分析哲学中的“覆盖率”模型

通过搁置法国历史编纂学的方法论以讨论来自逻辑实证主义的历史认识论，我们改变了思想–世界（虽然不是一直是欧陆的，但是某些时刻是）。并不是历史实践提供证明，而是比描述更加规范的关注确认了维也纳学派传统中的**科学统一性**。但是对科学统一性的辩护与文德尔班（Windelband）在“描述的”（idiographique）方法和“规范的”（nomothétique）方法之间做出的区分并不兼容。① 历史与叙事之间的关系没有直接在四五十年代辩论的第一阶段被讨论。但是从叙事得出历史的可能性在基础上遭到了破坏，这是由反对“理解”不可还原为“解释”立场的根本性证明导致的，在 20 世纪初的德国历史批判哲学中，这种不可还原性扩展了描述方法和规范方法的区分。② 如果我认为可以在“叙事的衰落”标题下放置两个来自不同视域的攻击，这两个视域的差异正如年鉴学派的法国历史编纂学与英语分析哲学的方法论的差异一样——它在这一点上与承袭自维也纳学派的方法论具有连续性，这是因为二者都把事件概念作为试金石，并想当然地认为叙事的结局与事件的结局一样被确认，后者被理解为历史变化的原子。历史的叙事地位问题并没有走向前台是如此真实，至少是在盎格鲁–撒克逊世界中，它从没有成为认识论讨论的首要问题，它只是在这里才被考察，直到最近，由于关于覆盖率模型的争论，它才作为这一模型的反例被首先考察。这一判断

① Wilhelm Windelband, «Geschichte und Naturwissenschaft» , Discours de Strasbourg, 1894，重新收录于 *Präludien: Aufsätze und Reden zur Philosophie und ihrer Geschichte*, vol.II Tübingen：J. B. C. Mohr, 1921, pp.136—160.

② 参见雷蒙·阿隆：《历史批判哲学：狄尔泰、李凯尔特、齐美尔、韦伯》（Raymond Aron, *La Philosophie Critique de l'histoire: Dilthey, rickert, Simmel, Weber*, 1938, 4è éd., Paris, Vrin, 1969），详见关于文德尔班与李凯尔特关系的注释，第 306—307 页。

只是被法国历史学家保罗·韦纳（Paul Veyne）确认，他曾为历史中情节概念的回归进行辩护：正如我们将要看到的那样，他认为这一回归与对所有科学性地位主张的强烈批判相联系，这一主张与历史的“尘世的”(sublunaire）地位不相容（因此在模仿亚里士多德的同时，他又重新恢复了马克斯·韦伯的声誉)。

正如之后的讨论将会确认这一点：对覆盖率模型拥护者所支持的理解概念的攻击与长时段历史学家通过“叙事的衰落”对事件的攻击具有相同的结果，尽管不是相同的挑战。

我们把亨普尔（Carl G.Hempel）的著名文章《普遍规律在历史学中的作用》[①]作为讨论的出发点。

此文的核心观点是“历史学中的普遍规律具有与自然科学中的普遍规律非常相似的作用”[②]。亨普尔并不是忽略了历史学对过去的特殊事件的兴趣：相反，他的观点恰恰是关于事件的地位的。但是这一观点并不被看作是重要的，更不用说是决定性的，在历史中，事件从最初被包含在官方编年史、目击证明或者基于个人记忆的叙事中获得了它们自身的历史地位。话语第一层次的特殊性被完全忽略，**以支持一种事件的特殊性和普遍假设的论断之间的直接关系，从而支持某些形式的规则性**。只是借助于“叙事主义”观点的拥护者随后关于覆盖率模型的讨论，我们便可以从分析的开始强调历史事件的观念曾被剥夺了其叙事地位并且被置于特殊与普遍对立的框架中。历史事件被归入一个把物理事件和所有引人关注的突发事件——诸如水坝决堤、地质灾难、物理状态的改变等——包含在内的事件的普遍概念之中。一旦被看作一个事件的同质化想法被提出，证明便以如下方式展开。

① Carl G.Hempel, *The Journal of Philosophy* 39（1942）：35—48；重新收录于 Patrick Gardiner, ed., *Theories of History*, New York：The Free Press, 1959, pp.344—356. 文中引用后者。此文的中译标题是《普遍规律在历史中的作用》(亨普尔：《普遍规律在历史中的作用》，黄爱华译，《世界哲学》1987 年第四期)。

② “*General laws have quite analogous function in history and the natural science*”（Ibid., p.345，作者引文)。

一种特定类型的事件的发生可以从两个前提中得出。第一个前提描述最初的条件：之前的事件、主导性条件等等。第二个前提陈述一种特定类型的规则性，即一种普遍形式的假设，如果假设可以被证明，便可以被称作法则。①

如果这两个前提可以被正确地建立，我们可以说被考察事件的发生以逻辑的方式被推导出，因此可以被解释。这种解释能以三种方式被削弱：经验陈述建立的最初条件可以是错误的；被引证的普遍性可以不是真正的法则；前提与结果之间的逻辑关系可以被一种诡辩或者一种错误的推理削弱。

关于覆盖率模型中的解释框架，有三点必须注意［从稍后我们提及的威廉·德雷（W. Dray）的批评开始，人们称之为**覆盖率模型**（covering model）；对此表达缺少一个令人满意的翻译，不然可以用蕴涵模型（modèle de subsumption）来翻译，然而我称之为**覆盖率模型**（modèle nomologique）］。

首先，**法则**、**原因**和**解释**三个概念相互重叠。当一个事件可以被一个法则"覆盖"，并且其前事（antécédent）可以合法地被称作其原因，那么它就可以被解释。关键的概念是规则性概念，也即是说：当每一次一个事件类型 C 在一个特定时空中发生时，一个特定类型的事件 E 便会在与事件 C 相联系的特定时空中发生。休谟的因果观念因此可以被毫无保留地接受：亨普尔不加区别地谈论"原因"或者"决定性条件"（第 345 页）。这就是为何他不重视针对因果术语的反对意见，并且不重视罗素②（Bertrand Russell）尝试仅使用条件和函数概念的尝试。然而这一分歧不是简单的语义学问题：我们稍后将会考察是否一种因果解释——特别是历史中的——可能是独立

① "*By a general law, we should have understand a statement of universal conditional form which is capable of being confirmed by suitable empirical findings*"（Ibid., p.345，作者引文）。

② Bertrand Russell, "On the Notion of Cause," *Proceedings of the Aristotelian Society*, 13（1912—13）：1—26.

于或者是先在于被证实的规则性意义上的法则概念。[①]

此外，必须强调在覆盖率模型中，解释和**预测**是成对出现的：我们可以期待事件类型 C 的发生跟随着事件类型 E 的发生。预测只不过是如果……那么（*si...alors*）这一解释形式的相反表述。由此导致的结果便是一个假设的预测价值成为解释有效性的标准，并且预测价值的缺失是解释不完整性特征的一个标志。这一评论也必须适用于历史学。

最后，我们可能已经注意到它只是一个**特定类型事件**的问题，并不是特殊的事件，而是明显可重复的事件（比如说，气温在如此这般的条件下下降）。亨普尔没有在那里看到任何困难：表述一个特殊对象的所有属性是一个不可能的任务，没有人可以做到这一点，在物理学中也并不比在其他科学中多。如果在这里要求理解事件的所有特征，那么便不会有任何对于特殊事件的解释。我们只能要求一种准确和细致的解释，而不能穷尽它。任何事件的独特特征因此便是一个超出科学视域的神话。在历史理论中，这一讨论将会不断回到历史学理论中的传统断头台。

如果这便是应用于事件的普遍结构——无论这些事件是自然地还是历史的，现在的问题是历史是否适用于这一模型。

很明显，这一模型是高度规范性的模型：它认为一种理想的解释必须是存在的。亨普尔认为他这么做并非对历史学不公正。相反，而是赋予历史学一种高级的标准，由此把历史学的目的看作是一种科学而不是艺术。历史学想要的实际上是表明事件的发生不是偶然的，但是一旦认识到某些前事和同时的条件，以及形成事件推理的主要前提被陈述和证实，它们肯定可以被我们预测。预测正是以此为代价区别于预卜（prophétie）。

---

① 拒绝赋予因果关系一种重要地位是为了反对莫里斯·曼德尔鲍姆，在《历史知识问题》（*The Problem of Historical Knowledge*, New York：Liveright, 1938）一书的第七章和第八章，他曾尝试区分历史学家所使用的**因果解释**和等同于科学法则解释的**因果分析**（亨普尔，同上文，第 347 页，注释 1）。我们将会回到曼德尔鲍姆在第三章中的最新观点。

但事实是历史还不是一个发展完善的科学，这根本上是因为构成历史学目的的需要解释的普遍主张还不具备规则性。或者，第一种情况是因为这些普遍主张没有被明确地解释，正如对日常生活的不完整解释一样，我们把来自个体和社会心理学的隐含的普遍性看作是理所当然的。或者，第二种情况是因为所引证的规则性缺少经验证实。除了经济学和人口统计学，历史学自满于普遍的近似的假设：对于这些证实仍不严格的法则，必须以或然性的方式清晰地给出**陈述**（enoncé），但是我们却缺少数据统计的工具。并不是批判它们的或然性意义，而是批判它们缺少数据统计工具。在这一方面，边界并不在因果解释和概率解释之间，而是在精确性的程度上，无论它是经验的还是数据统计的。或者，最终第三种情况是因为所引证的普遍性主张可能只是简单的准-法则，当它们不是明显的偏见以及对人类或宇宙现实的巫术或神秘"解释"的残留时，它们便会借用通俗的明智或者非科学的心理学。因此，必须在真正的解释和准-解释之间划定严格的界限。

在最理想的情况下，亨普尔允许对其坚定主张进行的唯一微调是历史只提供一种"解释概略"(explanation sketchs)(同上，第351页)，这依赖于缺少明确解释和证实法则但却在方向上指出准确的规则性可以在哪里被发现的规则性，以及为了满足科学解释的模型需要采取什么行动的规则性。在此意义上，解释概略属于真正的解释而不是准-解释。

除了这一让步，亨普尔强烈反对赋予由同情、理解或者解释等概念为担保的程序任何实际的认识论价值，它们依赖于自称是以意义（meaning）、相关性（relevance）、确定性（determination）、依赖性（dependence）为独特特征的历史对象。宣称以同情作为理解方法并不是一种方法，它至多是一种既非充分也非必要的启发性手段：因为它可能可以在毫无同情理解的条件下解释历史中的事件。

因此，在模型的建构中，没有什么指向历史的叙事本质或者事件的叙事地位，更没有什么指向与宇宙时间相关的某种历史时间的特征。正如我们上文曾说的那样，当历史事件与简单发生的物理事件之间不允许任何本质区别，并且当在历时性、传奇叙事、记忆中被讲述的事件的历史地位不被认为是合适的，这一区分便以默认的方式被排除。稍后将会看到，甚至像查尔斯·弗兰克尔（Charles Frankel）这样如此重视历史中的**解释**问题的原创性作者，也没有把他对叙事形式的贡献纳入到事件概念之中：历史学家在他们的著作中所考察的事件就像物理事件一样属于“对特定时空中发生的独特事件作出断言的个别陈述”①；历史学家只是简单地“给那些已发生并只发生一次的个别事件作出一种解释”②。因为它是一种解释，所以它取消了这一特征。事件的逻辑定义仍是关于所发生的个别事件的，与叙事没有任何本质关系。这种等同最初是如此顽固，甚至覆盖率模型的反对者自己也同意解释会取消事件的唯一性和不可重复性。

亨普尔之后，沿着他的踪迹，覆盖率模型的拥护者实际上主动承担着这一责任：把“强”意义模型的要求与对于事实的历史认识的具体特征的不协调最小化。这么做的代价是“弱化”模型以确保它的弹性。③

当我指出亨普尔学派的工作需要进行辩护时，并不是要贬低他们的工作：首先，因为通过弱化覆盖率模型，他们指出了那些真正依赖于**解释**和所有需要考虑的对立理论的历史认识特征。④弱化此模型是一个增强其应用性的积极工作；此外，在寻求去解决困扰历

① Charles Frankel, “Explanation and Interpretation in History,” *Philosophy of Science* 24 (1957)：137—155；重收录于 Patrick Gardiner：*Theories of History*, New York：The Free Press, 1959, p.409：“*Singular statements asserting the occurrence of unique events at specific places ant times*”. 文中引用后者。

② Ibid., p.410. “*give an account of individual events that have occurred once and only once*”，作者引用。

③ 事实上，亨普尔本人已经用他的“解释概略”概念开辟了这一方向。为了把全部意义赋予给威廉·德雷的著作所导致的分裂后果，必须理解这一策略，我们将会回到此问题：《历史中的法律和解释》，牛津出版社 1957 年版。

④ 对于我们来说，不屈从于叙事主义的直接立场并且求助于一种解释依赖于理解的非直接方法，采取一种关于解释的“弱”模型是一个充分理由。

史认识的实际的和所谓的困难时，此重构工作将会与历史学家的实际工作产生冲突——我们已通过法国历史编纂学熟悉此问题。

第一个主要的让步是认可由历史学家所提供的解释在历史学中所发挥的作用不像在自然科学中那样，这一让步将会被模型的反对者从不同方面利用。**历史学不建立法则**，即那些构成亨普尔推导模型主要前提的法则。它应用法则。[①]这就是为何它们可以保持模糊性。但是这也是为何它们可以建立在不同程度的普遍性和规则性之上。例如，在《历史解释的性质》[②]中，帕特里克·加迪纳（Patrick Gardiner）承认历史学中被承认的规则性的地位，他称之为**类法则解释**（law-like explanations）；它在根本上与吉尔伯特·赖尔（Gilbert Ryle）的“意向”类型的规则性相关，赖尔在《心的概念》中认为这些规则性在行为的解释中具有重要作用：“因为”的联结作用之一实际上是把主体行动置于其“习惯”行为的框架中。以“**意向**”为根据的解释开辟了对规则性概念所允许的非精确性层次的多样性进行反思的道路。

这种异质性被历史著作的读者完全接受。这样的读者不会用头脑中的一个唯一的、不变的、整齐划一的模型阅读文本，而是用一个含义及其宽泛的期待来阅读。这种弹性证明包含解释**结构**的问题必须通过一个包含其**功能**的问题来完成。通过功能概念，我们可以理解一种特定类型的回答与一种特定类型的问题之间的对应关系。由此，“为什么”的问题便敞开对“因为”形式的可接受回答的范围。在这一方面，“强”模型只是解释了由“为什么”问题所敞开的期待的宽泛含义和“因为”形式的可接受回答种类的一个有限部分。由此，如果我们拒绝任何历史“理解”的直觉主义和同情概念以及以一般的方式实现理解对解释的简单替代的可耻倒退，那么问题便是理解什么样的扩展以及什么样的弱化的覆盖率模型是可能的。

---

① 覆盖率模型的反对者将会从中看到历史学中的解释被移植到叙事的前理解中的标志，它就像插入文字一样被增强。

② Patrick Gardiner, *The Nature of Historical Explanation*, Oxford：Clarendon Press, 1952, 1961.

对于覆盖率模型的拥护者来说，在“为什么”和“因为”的最多样的使用中，对抗解释弱化的唯一方式就是始终把模型的“弱”形式归诸“强”形式，并且赋予“弱”形式近似于“强”形式的任务。在此意义上，关于模型功能的包容态度允许保留一个涉及解释模型的高度严格性。因此“强”意义的模型对于每一个相同的“弱”形式的近似来说仍是一个**“逻辑制造者”**。

第二个争论证明了上文所提及的研究工作，即历史学家为了把历史学提升为全面科学的地位所进行的努力。这涉及历史学中的**选择**（sélection）程序。此争论具有某种示范作用，因为它触及**“理解”**（*Verstehen*）传统中最经常涉及的困难之一，即否认历史具有类似于自然科学那样的“客观性”。在法国，雷蒙·阿隆的书仍是对此立场的卓越见证。新实证主义认识论曾强烈反对把历史学中的客观性诉求与覆盖率模型联系起来。这就是为什么在此学派的思想中对**模型**的辩护等同于为历史学中的客观性进行辩护。

恩斯特·内格尔（Ernst Nagel）对此问题的回应值得注意，因为他的回应表明在实践上什么是一个分析论证以及它如何通过结构和区分的方式回应大量的反对意见。

我们通过选择性意指历史学家对于某一领域和问题的选择吗？没有研究者可以逃避这一问题。但唯一令人感兴趣的问题是一旦一个研究领域被选择，是否研究者可以与他所研究对象的价值或者激情保持距离。然而历史学家没有获得这种豁免权：它甚至把历史学定义为“调查”（*inquiry*）。

第二个论证：我们想谈论这一选择所导致的被考察内容的界限吗？但是它不需要成为一个扭曲的必然原因，除非我们假定为了认识某物必须认识所有事物时。来源于黑格尔的所有关系“内在”特征的基本哲学立场被科学实践拒绝，后者核实话语的“分析”特征。

第三个论证：我们想谈论假设的选择吗？但是所有的研究在此

意义上都是选择性的。调查应该在什么地方结束？但是无限倒退的论证是一种诡辩：确定的问题有确定的解答。推动调查更进一步的可能性只是证明调查的渐进性特征。

最后一个论证：我们最终想说历史不能逃脱集体或个人的偏见。但是承认任何调查的理想以因果方式与其他文化、社会、政治特征相联系是不言而喻的。有意义的是偏见可以被发现和被考察。我们可以把偏见与正见区分开的事实证明客观性的理想并不是毫无希望的。否则怀疑的立场将会落入其自我断言之中，并且它的有效性将会受限于它所信奉的循环。但是，如果它偏离自己的标准，这就表明可以对人类事务进行有效陈述。①

实现一个"被保证"(*warranted*)解释的新障碍来自把历史调查局限于它所认为的事件过程的**"根本"原因**。把相关的重要性归属于因果多样性需要诉诸一种似乎不能以客观方式进行的对因果的"衡量"(*weighing*)。我们可以回应重要性概念并非不能用于分析。即使关于重要性判断的真理也受限于争论，它实际上仍表明我们在谈论重要性时意指着某些东西。因此我们可以制作一个与重要性程度的分配相联系的意义图表（恩斯特·内格尔：同上，第382—385页）。只有不断完善统计资料才可以使实践与对重要性程度"衡量"的逻辑相一致。② 除非能够达到这一点，否则仍需要一种局部的怀疑主义，因为把此问题转变为全部的怀疑主义是毫无理由的："实际上，在人所经历的关于分配给众多假设的相关或然性问题中，存在实质的协调性。"③

---

① 值得注意的是**选择性**问题决不能与历史的特定特征相联系，即以不同于物理学家归属于物理世界的方式，历史学家归属于自身的对象世界。我们将在第四部分回到此问题。

② 在这里仍值得注意的是理解为什么历史学中存在的重要性问题被规避。对揭示一种相关保证逻辑重要性程度的衡量并不构成问题。在为模型进行辩护时，内格尔把这一点加入了模型。一种解释和理解的辩证法必须考虑这一点。但是，无论这种衡量把历史理解为"调查"是多么毫无争议，问题仍是把这一调查置于历史理解的全部过程。

③ "*There is substantial agreement among them experienced in relevant matters on the relative probabilities to be assigned to many hyptheses*"，恩斯特·内格尔：同上，第385页，引文为作者引用。

在这里可以看到，从历史学实践中提取的论证与法国历史编纂学中的数量的系列历史支持者的论证相关。

我们将会把对覆盖率模型的辩护引导至模型弱化所导致的对其放弃之处。查尔斯·弗兰克尔①的文章是这方面的代表。模型在一种意义上被弱化，即在与历史批判哲学的“理解”（*Vestehen*）相近意义上的解释被确认为一种历史认识的必然；解释是历史学家衡量某物，即为某物赋予意义和价值。它区别于在事件之间建立因果联结的解释。但是陈述这两方面的工作仍然属于覆盖率模型，因为一方面可以承认的是所有好的历史学家都会操心于区分两种程度的实践，并且在其分离解释核心的目标中证明认识论；另一方面诠释（interprétation）本身隶属于对解释（explication）的限制性要求。②

实际上，模型的弱化以解释阶段的重构开始，即使弗兰克尔理想化地坚持历史与其他科学的发展没什么不同。伴随着模型的不一致性刻画了历史事实的状态，而不是其认识论理想。正如亨普尔所说的那样，它的普遍化属于解释概略吗？但是这是一种不创造与其他科学任何鸿沟的偶然特征。它反而规定了一种“从含糊的概括中提炼细节的需要”③。解释与预测之间的联系被割裂了吗？历史学家没有成功为事件赋予充分条件，只是赋予其必要条件吗？重要的

① Charles Frankel, «Explanation and interpretation in history», *in* Patrick Gardiner, *Theories in History, op. cit.*, pp.408—427.

② 严格意义上，英语的 interpretation 与 explanation 的含义是不同的，“explanation 是指与‘科学历史学’和认识论对应的解释，即没有‘虚构’成分的解释，而 interpretation 则是指包含‘虚构’成分的解释，如包含情节编排和意识形态蕴涵的解释，它与审美和伦理有关。换个角度来看，interpretation 是对叙事所指向的整体的一种 explanation，interpretation 包含非经验性成分，无法完全证实或证伪，而 explanation 是经验性的，可以证实或证伪”。弗兰克尔“明确区分了 interpretation 与 explanation，前者意味着考察历史事件的意义或价值，而后者意味着考察某一历史事件与其他历史事件的关联或历史事件发生的原因，弗兰克尔的概念区分援引了德语中 Interpretation 与 Erklären（可译作 explanation）的区分。”参见吕和应：《海登·怀特在〈元史学〉中混用 interpretation 与 explanation 的动机探究》，《学术研究》2019 年第 4 期。——译者注

③ “*They point to the need for filing in the details of sketchy generalizations*...”（Ibid., p.411，作者引用）。

内容不是解释是不完整的，而是它“似乎完全满足了我们解释的要求”①。我们可以把一个过程步骤的简单概括作为一种解释来接受；正如我们在胚胎学以及在所有其他研究发展或演化的科学中所做的那样。发生学的解释表明“所有令人满意的解释没有为我们准确地提供同样的信息类型，并且所有解释的要求没有构成对剔除模糊性的单一类型回答的限制”②（同上，第412页）。因此，我们通常所设定的关于人类事务的科学解释以及一般意义的解释与审慎的判断之间的界限很容易消除。

历史认识的最后一个显著特征与覆盖率模型是不兼容的：在历史学中，普遍性是频繁波动的关系而不是静止不变的关系，反例也并没有取消普遍的法则（权力导致腐败并不是一直是真实的，并且也不可能证明绝对的权利导致绝对的腐败）。当历史学家遇到其解释的例外情况，他们做了什么呢？他增加了限定性从句并且缩小了它们普遍性的应用范围。历史学家以这种方式摆脱了反例。

通过把论证扩展至原初模型容忍的极限，弗兰克尔承认解释在解释的基础上被陈述。但是，为了不与模型分离，他坚持认为，为了是可接受的，更加包容性的解释必须建立在严格的部分解释基础之上。如果价值不是建立在基础坚实的因果联结之上，那么如何分配这些**价值**呢？难道反面不也是真实的吗？毫无疑问，在历史学中，一个原因不仅定义所有条件，而且还定义我们赖以采取行动的条

① “*Indeed, what is interesting is not that historical explanation fails to meet an ideal of full explanation, but rather that, on many occasions, it seems fully to satisfy our demand for an explanation*”，(Ibid., p.412，作者引用)。

② 我们稍后将会看到这一重要的妥协还有其他用法。查尔斯·弗兰克尔也通过其他用法弱化这一模型，直到放弃它。例如，他退回到以赛亚·柏林（Isaiah Berlin）的观点(«Historical Inevitablity», *Four Essays*, Oxford University Press, 1969, *On Liberty* 重新收录于Patrick Gardiner, *The Philosophy of History*, op. cit., Oxford University Press, pp.161—186)，即如果历史以日常语言写就，并且如果读者不希望专业化的科学语言，这是因为解释的成功不以理论的严格性为标准，而是以“他对具体事务的解释”为标准。因果解释，甚至是常识性的解释，在这里也勾勒了审慎的规则（权力导致腐败，绝对的权力导致绝对的腐败）。我们在这里与一种叙事理论的距离并不太远：“我们希望历史学家讲述故事并且使故事更加生动”，第414页。

件[①]；在此意义上，行动的价值渗入所有的因果评价中；因此，必须指出分配一个原因便是承认一个事实**并且**规定一种价值。但是，由此我们也必须再次把我们曾应用于重要性判断的分析精神应用于解释概念。通过解释，我们完成了三种与解释的理想并不完全相容的工作。最小程度相容的责任在于通过**结局**、目的和理想对历史学意义作出声明：我们由此对一种"内在的"、不相容关系的模糊哲学进行考察，正如我们上文所说的那样，借助于"分析"精神，我们摆脱了历史进程的超越的、秘密计划的限制。指出**最重要的原因**更少具有争议：无论是经济学原因还是其他原因。当解释仅限于为调查提供一种影响深远的观念的指引，并仅限于指出重要性的程度，那么解释在这里便与解释相一致。因此，它不再是排除了所有其他解释的唯一有效的解释。但是最有趣的解释是通过自身的"**最终结果**"（terminal consequences，同上，第 421 页）为自己分配衡量事件序列和一系列制度的任务，而它们自身通过其价值和缺少价值来衡量。[②]一个过程的全部意义正是这些最终结果，其中某些结果与我们赖以采取行动的当前情境中的多样性相一致。[③]因此，对于马克思来说，工业无产阶级的出现被当作根本原因，因为它本身也包含需要进行"辩护"的原因。如果最终结果选择自身必须是一个负责任的选择，那么这不会阻碍一种对于事实的极端重视。因此必须承认两种对立的解释澄清了不同的事实，同样的事件根据不同的最终结果的视角

① 我们将在第三章回到历史学中的因果概念所呈现的意义多样性问题。

② 弗兰克尔的论证再次触及叙事主义概念：历史学家的选择所导致的最终结果被称作"他的故事框架"（"*the frame of his stroy*", p.421）。在加迪纳之后，通过讨论"真正"原因这一问题，弗兰克尔指出当意见分歧与视角没有关系而是与连接具有关系时，那么它们便是关于"什么应该或不应该包含在历史学家的故事中，以使'故事'成为所提出问题的完满回答"（"*about what ... should or should not be included in the historian's story to make that story an adequate answer to the question that has been raised*", Ibid., p.427）。当一个历史学家提出对时期（période）或者制度的解释时，"他正在讲述一个具有或不具有价值的因果相连事件的结果"（"*he is telling a story of a sequence of causally related events that have consequences of value or dis-value*", Ibid., p.421）。

③ 我们将会在第四部分回到对过去的解释与当前行动之间的关系问题，进步理论已成为历史哲学的首要问题。在当前的讨论阶段，唯一的问题是理解是否最终结果的选择不必首先满足事实层次的好的因果联结。

来设置。考虑到这些解释赖以建立自身的因果序列，两种解释都可以是客观的或真实的。我们并没有重写同样的历史，我们只是书写另外一种历史。但是我们可以一直讨论：历史不应该被谴责为仍是一种无法达成一致观点的战场；如果承认不止有一种观点，那么就会存在不把它们都看作同等合法的批判多元论。①

若不脱离基本的假设，即历史学中的解释与其他科学中的解释没有根本的区别，在接受对立观点后便很难把讨论更进一步。针对所有讨论的批判性观点最终也在于这一点。为了拯救这种基本假设，覆盖率模型的支持者致力于在历史科学的事态之上建立似乎与解释模型不一致的历史学方法论特征。他们所宣称的论证动机是让历史学摆脱怀疑主义并且证明它对客观性的诉求。这就是为何齐头并进的对客观性和覆盖率模型的辩护很难区分开。

① 查尔斯·弗兰克尔的一个出色文本证明了一种方法论多元主义与一种不纵容怀疑主义观点之间的微妙平衡。在以赞同的方式谈论依据最终结果的解释之后，查尔斯·弗兰克尔指出：如果我们提出的历史学框架像它适用于其他事实一样与有限的机会、环境所提供的可能性相联系，如果历史学家也不是教派信徒和迂腐的，而是包容和大度的，那么“一种被清晰和审慎观念所澄清的可以成为人的生命的历史学一般都优于冰冷的、无参与性的、缺少理念指引的、毫无嘲讽和眼泪的（可以把这一理想应用于人类事务）历史学”（“*history which is lit by some clear and circumspect idea of what human life can be is generally preferred to the history that is impassive, that never commits itself, and that lacks a guiding ideal or the irony or tears that go with applying such an ideal to the record of human affairs*”, p.424）。查尔斯·弗兰克尔所有的自由主义和人文主义思想都包含在此段话中。

第二章　为叙事辩护

历史编纂学的**叙事理论**的意义问题曾经并不是历史科学认识论的直接论题，既不是法国历史编纂学的，也不是分析哲学学派讨论的首要问题。特别是贯穿于这一争论中的观点是理所当然地认为叙事是太过于基础的话语形式，从而远远不能满足覆盖率模型针对所有科学提出的要求。在所讨论的视域出现的“叙事主义”立场产生于两种思潮的合流。一方面，覆盖率模型导致了解释概念本身的分裂，这一分裂开辟了一条从相反方向介入此问题的道路。另一方面，叙事成为一种再评价的对象，这种再评价从根本上包含其可理解性的资源。叙事理解的重要性因此被提升，而历史解释丧失了某些重要性。此章致力于对两种运动的合流进行讨论。

一、覆盖率模型的分裂

（一）无合法性的解释：威廉·德雷

在前一章的结尾，我们已经看到覆盖率模型的支持者曾尝试通过一种双重策略去澄清模型与历史科学的实际事态之间的分裂：即一方面通过弱化模型，另一方面通过支持历史学家的工作，从而把历史学提升为科学。在覆盖率模型和实际的历史学方法论之间的断裂中，在模型自身的建构中辨别出基本错误症状的态度则是完全不同的。

威廉·德雷的《历史学中的定律和解释》[①] 在这一方面是对覆盖率模型危机的最好证明。此书通过一种多维度的结构去回应这一错综复杂的问题。三个彼此不连续的相关的面向被敞开。关于第一个面向，一个纯粹的否定性批判被提出，即宣称**把解释概念与法则概念区分开**。关于第二个面向，德雷支持**一种不能被还原为法则范畴的因果分析**。为第一个部分奠定基础的肯定性观点，即我们可以解释一个历史而不用借助于普遍的法则，由此获得一种最初的应用，而不用确认历史学中的每一个解释都必须是因果形式的。最后，德雷研究了一种“理性解释”（*rational explanation*）类型，这一类型只涉及由经验法则形式的解释批判所解放的一部分领域。为因果分析和理性解释进行辩护并不是从这一否定立场——历史学中的解释不需要法则从而成为一种解释——逻辑地推导出来的，即使它们的确预设了法则。因此它们必须根据自身的价值被讨论。[②] 为覆盖率模型批判奠基的是这一信念，即“我们不太可能发现历史解释借以被整体地把握为历史的任何逻辑特征。因为我们在历史学著作中发现的解释形成了一个多样的逻辑组合（a logically miscellaneous lot）”（第 85 页）。正是对这一历史学解释逻辑分布的认识为重新评价叙事理解开辟了道路。

a. 为了从**解释概念并不蕴涵法则概念**这一否定的立场开始，德雷在**覆盖率模型**（我们可以作此理解：根据此模型，一种法则“覆盖”了成为法则范例的特殊情况；我们可以用法语的“modèle de

① W. H. Dray, *Laws and Explanations in History*, London: Oxford University Press, 1957.
② 我们将在第三章回到因果解释概念。

subsumption”来翻译它）支持者的“强”模型和“弱”模型之间的摇摆中发现了支持其进行批判的支撑。在形式层次上，德雷已经指出法则与其所“覆盖”的情况之间所援引的联结公式是可疑的。或许除了在由蕴涵模型学派的逻辑学家所书写的词典中，“因为”概念不涉及任何确定的逻辑结构。对于由事件的“推论”特征所确定的蕴涵关系来说，它远不是单义的。最后，解释概念不再强迫我们进一步确认一种法则和事例之间的覆盖关系。

模型公式自身中的变化被添加在蕴涵联结公式的摇摆之上。我们已经看到，一些人倾向于弱化模型而不是质疑模型。一个严格性不断降低的序列由此也可以实现，从最严格的推论要求直到准-法则概念，通过被确认但还未被建立、潜在的而非清晰的、概略的而非完整的法则得以完成。

这些摇摆只是模型自身逻辑缺陷的征兆。我们实际上可以指出蕴涵模型既不是一个必要条件，也不是一个被解释事件的充分条件。条件不是充分的是因为所援引的解释不能转化为预言。仍然缺失了某些东西。是什么呢？我们以一个机械事故为例：发动机停止运转。为了把原因归结为漏油，只认识各种物理学法则是不够的；我们还必须能够考虑到漏油与发动机损坏之间的事故的连续性。当我们说“连续”时，我们并没有涉及任何时空无限多样性的哲学难题。我们仅限于确认低层次的事件，并把它们置于一个系列当中，这一系列不允许任何其他比这些所引用的事件更低的事件。这种“对构成漏油与发动机停机之间所发生故事的一系列事实的指称解释了停机的原因[①]”。在历史学中同样如此；时间的可分性在最**精细**的分析结束

① 为了完全使人信服，论证必须是如下形式：通过事故（accident）发挥作用并且不包含任何一个时间序列的物理和机械规律要求按步骤重构一个事故，从而可以**依次地**应用它们。正是这一**依次地**应用使得对规律的认识构成了一个解释的必要条件。如果德雷没有把这一形式赋予其论证，那是因为被他采用为模型的机械师完美地理解事故的每一个阶段，而不用自身是一个物理学家。但是因为存在物理学家，所以存在机械师。德雷想把历史学家的认识置于机械师的知道-操作（savoir-faire）吗？我们因此冒着落入用历史学中的概括性的实用主义解释概念代替理论概念的危险之中。德雷的著作呈现了众多这种概念的踪迹。（同上，第70—76页）。

的地方停止。

如果是不充分的条件，那么通过法则进行解释也不是必要的条件。到底在什么条件下，它才是必要的呢？我们以历史学家可能给出或曾提供的解释为例：路易十四去世时不得人心，因为他推行一种有损法国国家利益的统治计划。让我们设想一场历史学家与亨普尔学派的逻辑学家的对话：如何说服历史学家，规律实际上是通过先前的解释获得？逻辑学家将会说：解释的有效性依赖于某些默认的法则，例如当推行的政治计划有损国家利益时，政府便不会被欢迎。历史学家将会反驳他并不是考虑所有的政治计划，而是在特殊情况下被考虑的真正的政治计划。于是逻辑学家将会尝试通过一系列附加物使规律更加精确，来弥补规律和历史学家的解释之间的鸿沟，诸如使国家卷入对外战争、迫害宗教少数派、在法庭上维护国家寄生虫的政府变得不被欢迎。但是仍需要增加某些细节：某些政治措施失败；因为它们涉及国王的个人责任等内容，而不用考虑国王忽略的措施。为了保持完整性，逻辑学家因此必须允许解释获得一个具体化的无限过程，因为在任何阶段都不能证明历史学家所考虑的情况是唯一被规律覆盖的。① 只有一个规律束缚历史学家：正是在与路易十四所处的同样局势下，所有采取相同政策的政府都变成不受欢迎的。但是这一公式不再是规律的公式；它必须切实提及所有具有问题的特殊情况（例如不再谈论一般的战争，而是对简森教派的攻击等等）。只有通过引入**确切的**表达，它才可以呈现宽容的氛围；这一行动的结果是一种空洞的有限情况的产物；空洞是因为“在相同局势下相同的措施”（第 36 页）不能在任何可设想的研究中获得任何意义。

---

① 无论我们完成“E 因为”这一陈述的表达如何复杂，它都是“因为”陈述“逻辑”的一部分，这些附加于解释性从句的陈述绝没有由于我们接受原初陈述而被排除。“*No matter how complicated the expression with which we complete a statement of the form ‘E because...’, it is a part of the ‘logic’ of such ‘because’ statements that additions to the explanatory clause are never ruled out by our acceptance of the original statement*”（p.35），英文为作者引用。

相反，历史学家将会接受这样一个普遍的陈述：所有在“某些特定方面”与法国人类似的人似乎都厌恶一个在“某些特定特征方面”与路易十四类似的领导者。这一规律并不是空洞的，因为逻辑学家与历史学家之间的辩证法将会提供“填充”括号中的表达方式。但是这不再是一种通过覆盖率模型获得的规律类型。因为，这一规律绝不像模糊规律那样含混和一般化，而是如此精细从而等同于适用于唯一情况的“规律”。

实际上，适用于唯一情况的规律根本不是一个规律，而是以经验规律为外在形式的历史学家推理的公式。历史学家说：“因为 C_1……C_n，所以 E”(“E”指的是需要被解释的事件，并且“C_1……C_n”是历史学家在其解释中列举的各种因素)。逻辑学家重写道：“如果 C_1……C_n，那么 E”，其中“如果”等同于“无论何时”。但是，这一等同是错误的，因为假设的形式可以表达的不是一个经验规律而是其他事物。在相似的情况下，它可以表达推理的原则，从而我们**可以**合理地预测这一类规律的结果。但是这一**原则**只是推理的**许可**。“规律”的逻辑谬误因此来源于经验规律与推理原则的混淆。

可以得出两个临时的结论，我建议稍后把其整合进我本人关于历史学中解释与理解（comprendre）的关系分析中。

第一个结论是关于事件概念，它也是法国历史编纂学讨论的论题。实际上对覆盖率模型的拒绝似乎蕴含着回到作为单一事件的概念。如果我们把世界是由根本不相似的特殊事实构成这一形而上学立场附加于唯一性概念之上，那么这一论断便是错误的：解释因此变得不可能。但是，如果我们想说不同于法则科学的专业人员，历史学家想要描述和解释所发生事件的所有具体细节是什么，那么这一论断便是正确的。但是，历史学家所指的**唯一**所理解的东西意味着不存在任何与他们的研究对象类似的东西。历史学家的唯一性概念因此与他所选择的进行研究的精确水平有关。此外，这一论断并没有阻止使用诸如革命、一个国家征服另一个国家等一般概念。事实上，这些一般概念没有让历史学家致力于研究普遍规律的公式，而是去研究被考察的事件及其环境在哪些方面不同于自然地把它们纳入同一个分类的那些方面。历史学家对解释法国大革命不感兴趣，并不是因为它是一个革命，而是因为它的过程（course）不同于其他社会阶级的革命过程。就像在法国大革命中的某些文章所指出的那样，历史学家不从分类概念转向普遍规律，而是从分类概念转向**解释的差异**。①

第二个结论是关于解释差异本身。由于它把刚才所说的意义上的唯一因素重新组合起来，我们可以确认它来自判断而不是演绎。当判断衡量相反的论证并且做出决定时，我们通过判断所理解的是判断给出的实践类型。与此类似，对于历史学家来说，进行解释便是为其结论进行**辩护**，从而反对那些用其他一系列因素瓦解其立场的对手。这种对特殊情况的**判断**并不在于把其置于一个规律之下，而是重组分散的因素并衡量它们各自在产生最终结果时的重要性。历史学家在这里采用的是实践选择的逻辑而不是科学演绎的逻辑。在这种判断活动中，另一种不同于法则解释（explication par des lois）的解释被冠以“根据”（*warrant*）的名称：这是一种**因果**解释。

b. **因果分析**。德雷在其书中第四章对因果分析的辩护相对独立于他对解释的蕴涵模型的批判。因果分析只是一种对解释的覆盖率模型的替代。如果德雷讨论它，这首先是因为有争议的模型曾一直通过因果性语言来呈现。在波普尔那里便是如此。② 在此意义上，

① 我们将会看到，这一论证可以很容易被纳入这一立场，即导致故事情节发展的事件与情节一起共享特殊和典型的属性。

② 参见 *The open society and its Enemies*, II, Londres, Routledge and Kegan Paul, 1952, p.262，这里德雷所引用的文本，参见第 2 页；法译版，第 176 页。对于许多作者来说，探讨历史学中的因果性就是简单地重复关于历史学规律意义的讨论（第 40 页），或者我们通过因果性所理解的东西完全与通过规律所理解的东西相同——最好避免谈论因果，因为因果概念过于模糊——或者我们把因果看作是规律的特殊种类，即“因果规律”——因此我们只有一个覆盖率模型的因果版本：说“*x* 导致 *y*”便是说“只要当 *x*，则 *y*”（totes les fois que *x*, alors *y*）。

覆盖率模型的因果版本提供了一种从因果分析的否定性批判到因果分析的肯定性探究的恰当转化。除了由德雷的书中具有争议的部分提供的这种联结，因果分析研究在历史学的因果语言的使用中找到了自身的证明。德雷认为这一语言是不可避免的并且是合法的，尽管在它的使用中有各种模糊和困难。历史学家实际上并且有理由使用这种形式的表达："*x* 是 *y* 的原因"①（稍后我们将把它与"*y* 的原因是 *x*"②这一因果规律进行区分）。实际上，它们有各种使用方式，如产生、导致……、引起等等（或者相反的方式，诸如阻止、未能等等）。它们通过确认原因的解释效力来合法地使用这些概念。这便是当前争论的论题。基本的立场是"原因"概念的**多义性**不再是合规使用"解释"概念多义性的障碍，我们正是由此开始讨论。因此问题便是规定此多义性而不是得出拒绝这一概念的结论。③

如果把通过原因理解因果规律的情况搁置一旁，那么只有当**特殊的**因果联结的解释效力不依赖于规律时，关于历史学中的因果分析的讨论才令人感兴趣。

威廉·德雷在这里要对抗两种敌人：一种是把因果观念的命运与规律观念的命运联系起来的敌人，另一种是想把所有解释排除出历史编纂学领域的敌人。对一方的肯定回答：历史学家尝试提出因果解释；否定回答：对一个特殊事件过程的因果分析不能被还原为对某种因果规律的应用。对另一方的肯定回答：历史学家以合法的

---

① "*x* est cause de *y*".

② "la cause de *y* est *x*".

③ 柯林伍德曾在《形而上学论》(*An Essay on Metaphysics*, Oxford, Clarendon Press, 1948）中使用这一概念，他在书中区分了词语的意义 I、意义 II 和意义 III。他认为意义 I 是唯一适用于历史学的，并且也是最原始的意义，一个人**使**另一人以某种方式采取行动，并为他提供一个行动动机。根据意义 II，一个事物的原因是让我们可以操作的"把手"(the handle)：因此它是我们的能力之中可以产生和阻止的东西（例如，疟疾的原因是由于蚊子的叮咬）。通过从由人类行动导致的结果扩展至所有的一般人类行为，我们从意义 I 中推导出意义 II。柯林伍德排除了历史学中的意义 II，并把它预留给通过实验发现因果规律中的自然科学实践。然而，通过因果归因的实用主义标准，德雷在其中保留了某些东西，虽然他把它置于具体的判断活动框架中。基于逻辑必然性，意义 III 在两个事件或者事态（état de choses）之间建立了一个词语到词语的关系：它等同于充分条件概念。

方式使用这样的表达式：x 导致 y；否定回答：这些解释不是对“如果 x，那么 y”这一表达形式规律的应用。

什么才是一个因果分析呢？它本质上是一种选择性分析，以确认**什么样的证据可以作为原因**，即可以用“因为……”回答“为什么”的证据。因此这种选择具有竞争性，候选的证据必须经过一定次数的检验。我想说因果分析是一种因果的标准学。它包含两个基本的检验。第一个是一种**归纳**检验：被讨论的因素必须是一个真正必要的因素；换句话说，缺少这一因素就不能成功解释一个事件。第二个是一种**实用主义**检验：在不同条件——这些条件从整体上构成了作为历史现象的充分条件——之中选择一个被讨论的因素必须是有理由的。

实用主义检验部分地对应可操作性考虑，柯林伍德通过它来定义原因概念的一个意义，即人类行动可以对其进行“掌控”；就另一方面来看，它考虑什么是**必须**要做的，因此可以被批评（例如，当我们探询一场战争的原因时）。此外，实用的标准包含加速事件发生的内容：火星或者催化剂。这样一种研究实质上必然是不完整的。它构成了一种完全开放的调查。

归纳检验是最难以被正确定义的；在缺少任何可以认为“只要当 x，则 y”的规则条件下，它在于**证明**“非 x，则非 y”这一命题。一个历史学家被假定使用类似的公式意味着在这种特殊情况下——所有其他事物也是如此（更确切地说，情况是其所是）——**如果这一** x 没有已经发生，那么曾发生的 y 将不会已发生或者以不同方式发生。这一证明来源于对上文所描述的判断的使用，我们曾说这一判断没有获得任何具有“只有当”(only if）形式的规律。历史学家通过思考清除了所援引的理由，从而可以评价——**判断**——根据他所知的其他有疑问的情况，在事件的发生过程中将会产生什么样的不协调的差异（第 104 页）。这种归纳检验不等同于一种充分解释；通过清除那些即使缺乏也不会阻碍事件发生的备选因素，它至多构成一个必要解释。为了获得一种完整的解释——或者尽可能完善的解释，仍需要通过上文所描述的过程以肯定的方式来证明归因，即通过“填充”细节的方式。①

对原因分析来说，重要的事情是对一个特殊事件原因的归因不是通过使用因果律得出。实际上，经常是相反的情况是真实的。许多因果律只是建立在一个对因果性的个别诊断序列之上的第二等级的普遍性，它们通过一种判断的使用被建立并且相互之间是独立的。所谓的因果律：“暴政是革命的原因”毫无疑问便是这种序列。“战争的原因是嫉妒”同样如此。这样一种规律假定我们可以掌控对特殊战争的具体解释，因为我们在这些特殊的情况中观察到一种共同的趋势。我们正是在上述的规律中找到了这一趋势。虽然这些普遍化对之后的研究有用处，但是并不是它们证明了它们所依赖的个别解释。

因此，之所以不需要放弃历史学中的原因概念，这是因为我们尊重其特殊的逻辑，正如上文所概括的那样。

我以几个极其谨慎的评论进行总结。

首先，关于解释：在我看来，必须把对覆盖率模型的拥护者保持警惕的立场运用于因果分析理论——并且也运用于我还未讨论的理性解释（explication par des raisons），即在历史学著作中遇到的解释构成了一个多样的逻辑组合（第 85 页）。这一断言反对所有那些只支持唯一一种模型的论断。这种多义性可以为反对威廉·德雷的相反论断提供一种证明，从而把历史中的解释与覆盖率模型区分开。如果我们仅限于认为所有的解释都不能满足覆盖率模型，并且存在某些因果分析不是法则解释，那么我们这么认为便是合理的。但是，如果我们从之前的讨论得出这一结论：因果分析是历史学中排除所

① 马克斯·韦伯和雷蒙·阿隆推动了我们之后第三章的分析。

有其他理性解释的主导解释，那么我们便是错误的。这就是为何在我的立场上，我倾向于强调这一事实：规律是附加于叙事材料之上而不是坚持其不合适的特征。当威廉·德雷考虑因果归因证明的过程并把它们与司法案件审理的过程联系起来时，他呈现了解释和理解之间一个更加精细的辩证法。寻求“证据”“衡量”和“评价”原因、检验可能的原因，所有这些判断活动都来源于一种仍需要被进一步阐明的历史论证和司法论证之间的相似性。[①] 有鉴于此，重构一系列连续事件之间的相似性、清除特殊因果性的其他可能原因的程序、判断练习需要进一步澄清。因此，研究范围必须开放：从法则解释到特殊因果解释、判断的程序……以及理性解释等等。

另一方面，即使开篇宣称我们将会一直利用历史学家的事实论证，德雷所考察的某些事例似乎是从法国历史学家所反对的那一类历史借用来的。在逻辑学家与历史学家的辩证法中，以及在特殊事件的因果分析描述之中，似乎可以理所当然地认为解释一直与特殊事件相关。毫无疑问，我准备承认特殊的因果分析对于任何长时段和短时段的变化都是有效的，但前提是历史学家理解其所考察的变化的特殊性。在这一方面，所有关于某一个唯一事件概念与研究层级之间相对性的言论都必须要有所保留。但是，把事件概念扩展至其他变化而不是由路易十四之死这一例子所澄清的变化仍需要进一步考察。[②]

① 参见 H. L. A. Hart, “The Ascription of Responsibility and Rights,” *Proceedings of the Aristotelian Society* 49（1948）：171—194，以及 Stephen Toulmin, *The Uses of Argument*, Cambridge: Cambridge University Press, 1958。通过提供“根据”（warrant），两个作者邀请我们把解释与对“宣判”（claim）的证明结合起来去反对另一个“宣判”。

② 由于我自己尝试陈述关于叙事理解的历史解释，所以我保留这一针对特殊因果归因的辩护。特殊因果归因可以构成不同层次的中介联结，因为，一方面它已经是一种解释，另一方面它建立在叙事基础之上。但是，就问题的这一方面而言，它只是威廉·德雷书中一个简短的隐喻：“提出并辩护一个历史学中的因果解释几乎永远不能回答什么是合法的解释，并且几乎一直都包含事件实际发展过程的一个描述解释、一个叙述，进而证明所指向的条件确实是原因这一判断”（同上，第 113—114 页）。同时，也要指出把诊断影射为历史学中的特殊因果归因的医学等价物。

c. **理性解释**（*l'explication par des raisons*）。[1] 在理性解释模型的例子中，大部分批评看到了威廉·德雷对于这一问题的积极贡献。这并不是完全错误的，因为这一模型构成了对覆盖率模型的一种协调替换。但是它也不是正确的，因为因果分析已经构成了一个对法则解释的替换。此外，理性解释不能涵盖由德雷的批评所敞开的全部领域。它甚至也不准确地求助于解释事例：之前的讨论——包括对因果分析的讨论在内——可以应用于“大范围的历史事件和条件”(第 118 页)。理性解释则应用于“一个更小范围的情况”，即“历史学家通常给出的足够重要从而可以在历史叙事过程中被提及的那些个体**行动**”(第 118 页)。

这也是为何虽然关于覆盖率模型的争论仍是德雷全书否定性的主线，但是必须尊重他所反对的这三方之间的相互独立性：**反对**覆盖率模型；支持因果分析；支持理性解释。这些分析中的相对不连续性恰好证明了我所说的覆盖率模型的破裂。

德雷所赋予的这一解释模型的名称总结了其计划：一方面，模型应用于与我们类似的主体**行动**；它也指出历史学理论与行动理论之间的重合，因此它与我在第一部分所说的以可理解的方式使用行动的概念网络能力相重合；但是，正是由此便具有把历史解释限定为“事件的历史学”的风险，新的历史学家对此保持距离。在下一章（第三章）的讨论中必须留意这一问题。另一方面，模型仍意味着作为一种**解释**模型：由此，德雷与那些认为解释某些事物便是用一个经验的规律去“覆盖”它的人不同，也与那些把理解一个行动看作是再-经历、再-实现和再-思考行动者的意图、理念和情感的那些人不同。德雷再一次与两方敌人抵抗：实证主义者一方，“理念论者”一方，因为后者使自身局限于一种同情理论之中，而前者因为其非科学性放弃了它。实际上，在众多“观念论者”之间，德雷与

① *The Rationale of Actions*, pp.118—155.

柯林伍德相近：再-经历、再-实现和再-思考这些词汇都是柯林伍德的。需要被证明的是这些操作具有把自身与心理学或者解释学区分开并建立在解释基础之上的逻辑。因此问题的关键便是“一种解释的逻辑分析，正如它在历史学中被给予的那样”①（第121页）。

通过理性来解释一个个体的行动便是“根据行动者得以发现自身的处境，重构行动者所采纳的朝向其目的考量（*calculation*）方式”。换句话说：为了解释行动我们必须知道什么样的考察可以说服他必须像他曾行动的那样来行动（第122页）。

我们在这里的论证很明显直接沿着亚里士多德审慎（délibération）理论的基本思路。但是我们要正确理解**考量**概念；它不必然是一种命题形式的严格演绎推理：只要涉及意向行为，所有层次有意识的审慎都是被允许的，从这些层次允许建立一种考量开始，如果行动者有时间，如果他没有看到一瞬间做了什么，如果我们要求他解释在此事之后做了什么，那么他就会彻查考量。解释行动便是澄清考量。考量构成了行动的**理性**。它是“理性”解释概念的出处。

德雷增加了一个超越“逻辑”的重要内容。解释便是证明被完成的事情是根据理性和环境必须要做的事。因此，解释便是通过附加于自身“**评价**”（*évaluation*）的细微差别来进行证明；它指的是行动以何种方式被“**评价**”（*approprié*）。我们还要正确理解这些词语的含义：证明不是认可根据我们的道德标准所进行的选择，也就是说：“行动者所做的我也会做”。它指的是根据行动者的目标，甚至是他的错误信念以及他所知道的环境来“**衡量**”（*peser*）行动：“我们可以在理性解释中看到一种为了获得逻辑平衡的尝试，在其中一个行动可以与考量相‘**匹配**’（matched）”（第125页）。正是当我们没有看到已发生事件与我们认为我们知道介入其中的行动者之间的关系

① 在此意义上，这一尝试在于“合乎情理”（make sense），但却是通过那些独立于柯林伍德曾说的关于历史理解的论证。

时，我们才寻找一种解释；当相同的逻辑平衡缺乏时：我们便尝试重构它。

逻辑平衡（*équilibre logique*）概念是德雷可以选择的通过同情、投射或者认同而区别于理解的最好的概念，并且同时可以让他的解释摆脱亨普尔的批评。因为为了达到平衡点，必须以归纳的方式整理那些允许我们评价行动者所看到的问题的材料证据。只有文献工作才允许这种重构。由此，这一程序便不是瞬间的，也不是教条的。它要求工作并且可以被修正。它与因果分析共享这些特征。

威廉·德雷并没有探询他的分析与**情节构造**分析的关系。因此，两种研究方式的亲缘性更加值得注意。这一点特别令人印象深刻。德雷观察到理性解释包含一种不同于非经验法则的普遍性和多样性："如果 A 有充足的理由去做 *x*，那么 *y* 便是 A 在任何相似情况下做 *x* 的充足的理由"（第 132 页）。我们在这里认识到亚里士多德所援引的**或然性**（*probabilité*）概念："一个人必然地或合理地说或者做的事情。"威廉·德雷过于执着于反对覆盖率模型并且把行动的原则与经验普遍性区分开，从而不能对历史学理论与叙事理论的重合部分感兴趣，就像他曾处理行动理论那样。但是我们不能忘记亚里士多德对"一个导致另一个"与"一个在另一个之后"（l'un après l'autre）的区分，因为威廉·德雷为"因为"（parce que）概念的多义性进行辩护，反对覆盖率模型中的所有单一性的还原。①

在我看来，仍然存在的主要困难并不是德雷所要争论的：因为理性解释的模型把历史学理论与行动理论结合起来，问题是解释不能被归属于**个体**行动者的行动理性。我们将会看到这便是所有"叙

① 单独来看，对于一个给定解释的陈述形式："因为 *y*，所以他做了 *x*"是否具有理性含义，极少可以超越所有这些怀疑……特殊的"因为"没有把其语言层次置于面前；这必须被其他方法决定"（第 133 页）。若我们理解它在解释中以**意向**（*disposition*）方式的使用，吉尔伯特·赖尔在《心的概念》（*The concept of Mind*）中把它与经验规律的解释进行区分，并且帕特里克·加迪纳在《历史解释的本质》（*The Nature of Historical Explanation*）中重新采用了这一概念，便会发现"因为"概念的模糊性不断增加。同上，第 89—90 页、第 96—97 页。

事”理论批判的关键之处。

德雷没有忽略这一困难，并且用一个小节（第137—142页）来解决这一困难。他提出了三种并不是严格相互对应的答案。首先我们可以说存在一个假定，即对一个给予的行动进行理性解释，“前提是我们对它的研究足够仔细”（第137页）。这一假定便是打赌可以一直“拯救理性表象”，并且通过努力工作可以发现远离真实情况的信念——或许是奇怪的信念，这些信念允许建立被假定的考量，并且获得理性和行动之间的平衡点。这一理性假定没有任何界限；它包含求助于无意识动机的解释；甚至一种“非理性”的解释仍是理性解释的一种情况。

但是只有在我们可以确认行动的个体行动者时，第一个回答才是有效的。当理性解释应用于集体时是什么情况呢？德雷以一种隐晦的方式提出历史学家发现把德国和俄国人格化为实体并且对这些超级-行动者实施一种准理性解释是合法的。例如，1941年德国攻击俄国可以通过德国害怕被俄国反击而被解释——好像这种类型的考量对被命名为德国的超级-行动者的理性是有效的（第140页）。这种隐晦的方式本身以两种方式证明自己：通过非常细致的研究，我们可以指出被讨论的考量最终是被授权为“以德国的名义”采取行动的个体的考量；在另外的情况中，我们通过类比把个体的“典型”解释扩展为集体的（例如，18世纪英格兰的清教徒反对征税系统）。

第三个回答：通过最大范围的历史现象，我们遇到了怀特海所说的历史的“荒谬的一面”（senseless side），也就是说用理性解释行动产生了意想不到的、出人意料的结果，即相反的结果。例如，克里斯托弗·哥伦布（Christophe Colomb）的环球航行可以被看作欧洲文明传播的原因，在某种意义上，这一“原因”与哥伦布的目的没有任何关系。大部分社会现象都是如此。在这一点上，一个反对意见与法国历史编纂学关于长时段和社会历史的考察结合起来。威廉·德雷同意这些很大程度上发生变化的结果不能被一个把所有事务都精心安排的个体计划解释。换句话说，在这里不能用黑格尔的狡黠的理性作为等价物或代替，因为这将允许我们谈论有目的行动的意外结果。这种许可没有阻止一种对个体和集体行动所导致的最终结果更加细致的研究，因此这些考量支配着他们的活动。不存在超级-考量，但是存在一种以逐个“零碎的”(*piecemeal*）程序进行处理的考量。

正如我们所看到的那样，只有当我们认为社会过程等同于以意向性方式被分析的个体过程的总和，以及我们认为分离它们是“无意义的”时候，论证才是有效的。但是这一等同本身便是一个问题。它实际上是关于是否知道把历史解释与理性行动解释区分开的首先不是它所研究的现象的范围，即具有社会特征的实体不能被还原成个体社会成员的总和；其次，结果的出现不能被还原成个体目的的总和，因此不能被还原成他们的考量；最后，这些变化不能被还原成个体在某个时刻所经历的时间变体。①总之，如何把社会程序与个体行动以及他们的考量联系起来，而不用信奉一种还必须自己产生自我信用证明的“个体主义方法论”呢?

威廉·德雷把自己限定于一种接近于我在第一部分的**模仿 I** 标题之下所发展的行动理论。仍需要看到是否一种对历史理解的“叙事主义”处理——它使用从**模仿 II** 所产生的叙事可理解性资源——可以填补个体行动者或准个体行动者的理性解释与依赖于非个体社会力量的最大范围的历史过程解释之间的鸿沟。

（二）冯·赖特的历史解释②

借助于冯·赖特的工作，对覆盖率模型的批判取得了关键进展。

① 关于这一点，参见赫尔曼·吕贝（Hermann Lübbe）：«Was aus Handlungen Geschichten macht», in *Vernüftiges Denken, Studien zur prakischen philosophie und Wissenchaftstheorie, op. cit.*, pp.237—268.

② Georg Henrik Von Wright, *Explanation and Understanding, op., cit.*

正如在威廉·德雷那里一样，它不在于用因果解释反对规律解释，也不在于构建一种作为部分替代模型的理性解释。它的目的反而是把因果解释和目的论推理融入一个“混合”的模型之中，**准因果解释**被看作是解释人文科学和历史学中最典型的解释模式。

作为道义论逻辑（logique déontique）①方面的专家，冯·赖特在其研究的开始部分便认识到在“人文和社会”学科中主导**理论构建**的传统的二重性。第一种可以回溯到伽利略（Galilée），甚至是柏拉图，即赋予因果解释和机械论解释一种优先性。第二种要回溯到亚里士多德，即为目的论或者宿命论解释的特殊性进行辩护。第一种要求科学方法的同一性，第二种为方法论的多元主义进行辩护。在与日耳曼传统类似的理解（*Verstehen*）与说明（*Erklären*）②的对立中，冯·赖特重新发现的正是这种古代的对立性。但是，即使覆盖率模型曾被强迫否认**理解**具有任何解释价值，不能成为解释人文科学中的真实理智活动，但通过对一系列经典命题逻辑原初语言的连续扩展，冯·赖特提出一个足够强大的模型，从而可以让历史理解的领域近似于它不断认识的一种相对于人类行动意义的原领悟初能力。对于我们自己的研究来说，研究兴趣正是在于这种近似，而不用借助于模态逻辑或者动态系统理论，把其附属于一种来源于命题逻辑扩展模型的理解领域。③

---

① Georg Henrik Von Wright, *Norm and Action*, Routeledge and Kegan Paul, Londres, 1963. *An essay in Deontic and the General Theory of Action*, North Holland, Amsterdam, 1968.

② 冯·赖特尤其重视对这种分裂进行三方面批判，这是在威廉·德雷的《历史学中的定律与解释》(*Laws and Explanation in History*, 1957)、伊丽莎白·安斯康姆（Elizabeth Anscomb）的《意向》(*Intention*, Oxford, B. Blackwell, 1957)、彼得·温奇（Peter Winch）的《社会科学的观念》(*The Idea of a Social Science,* Londres, Routledge and Kegan Paul, 1958）等人的书中所发现的。此外，他对分析哲学的变化发展与解释学或辩证法–解释学思潮中的欧陆哲学演变之间的重合特别感兴趣。在这些相互影响的视角下，冯·赖特希望维特根斯坦的哲学对于解释学哲学有一个等同于他对分析哲学的影响，从而使得两个传统可以相互靠近。他把解释学对语言问题的讨论解释为积极有利的：通过把“理解”与“同情”分离，新的解释学哲学，特别是伽达默尔的解释学把理解看作“一种语义学概念而不是心理学概念”(第 30 页)。

③ J. -L. Petit, *La Narrativité et le Concept de l'explication en histoire*, in *La Narrativité*, Paris, éditions du CNRS, 1980, p.187 *sq*.

无论是谁在说近似，他同时也通过原初语言的连续扩展说一个更加丰富的构成，但是这种构成与对此种语言的理论要求保持一致——并且由于施加于它之上的某些意义的原初理解的吸引导致理论模型的极端化，它最终仍然外在于模型的纯粹内在的丰富过程。因此问题便是这种近似是否可以成为对历史理解基本概念的逻辑重构。

不同于覆盖率模型局限于在没有内在逻辑关联的给予之上叠加一个覆盖的规律，冯·赖特的模型把其应用范围扩展至物理动态系统中的先前状态和之后状态之间的**条件性关系**。这种扩展构成了他对整个理解问题进行逻辑重构的基本框架。

在这里重新产生主导从命题逻辑到动态物理系统逻辑过渡的论证并不存在问题。我自己仅限于对主导冯·赖特工作的形式–逻辑装置进行简单呈现。① 冯·赖特给出如下假定：一系列逻辑上独立的生成事态（阳光明媚，某人打开门）；特定情况中这些事态的发生（空间或时间）；假定逻辑上独立的事态以一种有限的方式相互结合，从而构成**一种整体状态或可能世界**；通过语句的结合构造一种描述此可能世界原子或原素状态语言的可能性；最终，在这些事态整体中，考察一种“事态–空间”(espace-d’états)，并在其中考察有限的事态–空间。这一系列假定可总结如下：“假定通过对某些事态–空间中的所有内容进行解释，特定情形中的世界整体状态可以被完全描述，无论这一内容是否可以在这种情况下实现。”满足这一条件的世界可以被称作一个《逻辑哲学论》(*Tractatus*）的世界。这正是维特根斯坦在《逻辑哲学论》中所设想的那一种世界。它是一种关于世界如何构成的更加普遍的概念。我们可以把这一普遍概念称为“逻辑原子主义的概念”(第 44 页)。

① 冯·赖特把事件概念包含进事态概念之中：“人们可以说，一个事件与一个连续事态是成对的。”(第 12 页）这一定义在他之前的《规范与行动》一书中被证明。《规范与行动》，第二章，第 6 节。

至于说我们实际身处的世界是否满足此模型，这仍是“一个深刻和困难的形而上学问题，并且我不知道如何回答它”（第 44 页）。这一模型只意味着事态只是我们所研究世界的**“存在论建构的砖石”**，并且我们不考察这些“砖石”的内在结构。

在此阶段的逻辑分析中，很难看到我们在实践理解和历史理解方向采取的步骤。第一个有意义的扩展关注原则系统发展的附加物。通过把一种基础的“时态逻辑”（tense-logic）附加于其两种真值的命题逻辑，冯・赖特以一种更加简单的方式处理这一问题。我们把可以还原为一种线性连接词的新的符号 T 增加到这一逻辑词汇中。“‘pTq’这一表达指的是：‘现在状态 p 发生，**随后**——稍后的情况——状态 q 发生……’当它们是状态描述时，一种特殊的兴趣便会附加其上。整体的表达便会说因为世界现在处于一种特定的整体状态中，那么在下一个时刻，它将会是一种特定的整体状态，无论随后的情况是相同的还是不同的。”（第 45 页）如果我们进一步认为构架 T 的 p 和 q 本身也可以包含符号 T，那么我们便可以构造以连续性为标志的允许我们陈述世界历史片段的事态链条，其中的**历史**概念同时表示世界整体状态的连续和描述这一连续性的表达。我们还必须丰富连接词 T 的考量内容，首先通过一个时间量词（“一直”“从不”“有时”），然后是通过一个模态 M 的操作者。这些连续性的附加物主导着条件逻辑的形式化以及冯・赖特稍后所说的**因果分析**。

但是冯・赖特没有进一步发展这种考量，他局限于一种发挥作用的简单拓扑图形或树状图形的准形式化的阐述和解释方法（第 48 页）。这些图形不包含通过小循环被呈现的世界的整体状态（由基本的事态 n 构成），一种从左到右的从一个整体状态到另一个整体状态的进展，由此通过把循环连接起来的线索一种“历史”被呈现，替代的可能进展通过树状分枝最终也被呈现。

无论这一模型如何形式化，它已经包含了所有后续发展的印记：

历史学最为基础的条件被这种“运动自由”构造——这种理论上的无限制的不确定性，在每一个历史进程的阶段，世界拥有或可能已拥有这些印记。因此，当我们谈论系统的时候，决不能不考虑我们只是不得不讨论“一个世界的历史片段”：“在此意义上，一个系统被一种状态-空间、一个原初状态、一个特定数目的发展阶段以及一个阶段不断替代发展的整体定义。”（第 49 页）因此系统概念绝不排斥自由的和负责任主体的介入——这涉及制定一个计划或者做一个物理学实验，它从根本上保留着这种可能性并要求它作为其补充物。这是如何实现的呢？

如果动态物理系统的逻辑必须能够加入我们对行动和历史的原初理解，那么第二个附注在这里是必要的。它涉及因果**解释**相对于因果**分析**的地位，考虑到第一个涉及理解。

因果分析是一种以拓扑树状形式贯穿于这些系统的活动。考虑到某些最终状态，它根据充分和必要条件来探询状态发生的“原因”和形成。让我们大概回顾下必要条件和充分条件的区别。说 p 是 q 的充分条件，便是说：当 p，则 q（p 足以确认 q 的存在）。说 p 是 q 的必要条件，便是说：当 q，则 p（q 假定 p 的出现）。两种不同条件的区别被系统所考察方式的不对称性——无论它是以前进的方式还是倒退的方式被考察——澄清，这是由树状分枝所敞开的替代物导致的。因果**解释**不同于因果**分析**，因为在后者那里一个系统被给予，并且我们探究内在于系统的条件关系，然而在因果解释中，一个发生现象（事件、过程、事态）的个别发生被给予，并且我们探究在哪种系统中这一发生现象——**被解释者**（*explanandum*）——可以根据一种特定的条件性关系与另一个现象联系起来。

通过从因果**分析**过渡到因果**解释**，以及把必要条件和充分条件的区分应用于后者，我们可以看到人文科学发展的脚步。充分条件关系主导这一操作（由 p 产生 q）；必要条件关系主导着障碍（通过抽离 p，可以阻止所有 p 作为必要条件事态的发生）。借助于充分条件，我们可以回答这一问题：**为什么**这样的状态必然会发生？相反，借助于必要条件而不是充分条件，我们可以回答此问题：这样的状态的发生是**如何**可能的？在第一组解释中，预测是可能的；第二组解释不允许预测，但是允许追溯，在此意义上，从某事发生这一事实出发，我们可以通过回到过去推断之前的必要条件必须已经实现，并且我可以在现在探寻其踪迹，宇宙学、地理学、生物学中的情况便是如此，我们稍后也会指出在某些历史解释中也是如此。

我们已经准备迈出关键一步，即在我们最初理解为一种**行动**的基础上，对因果解释的陈述（在这一阶段，我们将会指出行动理论和历史学理论是交叉的）。**介入**（intervention）现象——我们刚才所期待的，以生产和使发生、分离和阻止的方式言说——获得了这样一种表述，在此意义上介入与**能够–做**（pouvoir-faire）结合起来，由此一个行动者获得了对一种系统的**条件性**内在关联的直接理解。《解释与理解》的原创性便在于它通过系统的这一结构去寻找介入的条件。

关键概念是系统的**闭合**（clôture）概念，它来源于因果分析。实际上，在一个给定范例的意义上，一个系统才可以**在某些情况下**被看作是闭合的：在一个给定情形——或者一系列给定情形中，系统的原初状态产生，并且系统根据它在 n 个给定步骤中的可能发展过程展开自身。从这些可能的闭合类型中，我们可以从外在因果影响中抽离出来一个系统：在系统的任何发展阶段，没有任何状态具有一种超出系统之外的先行因果条件。**行动**实现了另外一种值得注意的闭合，由于通过做某事，一个行动者学习从其所处的环境中“分离”一个闭合系统，并且发现内在于此系统的发展可能性。从某些行动者所“分离的”原初状态开始，行动者通过使系统运动学习这一点。正是在行动者的某种能力与系统资源相重合的地方，使系统运动构成了介入点。

这种重合是如何发生的呢？冯·赖特的论证如下。作为一个给定情形的系统的原初状态，给定的 *a* 确认："存在一个我们可以信任的状态 α，在过去经验的基础上，α **将不会转化为**状态 *a*，除非我们把它变为 *a*。我们所承认的便是我们**可以做**的某些事情。"（第 60 页）这一段话包含了全部的介入理论。我们在这里获得了某些不可还原的事物。我确定我可以……因为若没有对我们通过介入在世界当中产生某些变化的信心和确认，就没有任何行动产生，特别是没有任何科学实验进行。这种确信不依赖于一种条件性关系。相反，α 表明了一个介入的链条："α **将不会转化为**状态 *a*，除非我们改变它。"（第 61 页）相反，我们可以在不用介入的前提下让世界变化。因为，"我们学习从一个世界历史中分离出一个片段，从而使一个系统闭合，并且可以认识控制着系统内部发展的可能性（必要性）……一方面，通过产生其原初状态的行为使得系统反复运作，进而观察（'以消极的方式'）其发展的连续阶段；另一方面，通过比较这些连续阶段与从不同原初状态起源的系统中的发展"（第 63—64 页）。

冯·赖特有理由确信"借助于使系统运作的概念，行动概念与因果性概念相结合"（第 64 页）。他在这里重新建立了一种与因果概念某种最古老意义的联系，其中的语言保留了一种痕迹。科学可以很好地反对把原因概念看作是某些负责任的行动者概念的类比和滥用；但是在**做某事**和有意介入自然发展过程的概念中，这种使用有其根源。①

至于**做某事**的逻辑结构，冯·赖特采用了阿瑟·丹托（Arthur Danto）的区分。② 借助于这一区分，他区分了**做某事**（不需要同时做其他事情）与**使某事发生**（通过做其他事情）。我们必须决定是否

① 此外，即使剔除了所有拟人的解释，因果性还是保留了一种与人类行动的模糊联系，我们更愿意称之为原因，无论是它足以产生从而产生效果，或者它必须被删除从而使效果消失。在此意义上，根据因果性认识不同事件的关系，便是认识可能行动之下的关系。因此，冯·赖特重新加入了柯林伍德把原因看作是"把手"的描述。借助于马克斯·韦伯、雷蒙·阿隆和莫里茨·曼德尔鲍姆，我们将会在第三章重新回到此问题。

② Arthur Danto, «What Can We do?», *The journal of Philosophy* 60, 1963; «Basic Actions», *American Philosophical Quanterly* 2, 1965.

认为："被做的事是一个行动的结果（résultat）；使发生的事是行动的推论（conséquence）。"（第 67 页）这一区分是重要的，因为介入一个系统最终依赖于第一类行动，丹托称之为"基础行动"。基础行动与其结果之间的关系是本质的、逻辑的和非因果的关系。（如果我们接受休谟的因果模型理论，认为原因和结果之间的关系在逻辑上是外在的。）因此，行动不是其结果的原因：结果是行动的一部分。在此意义上，在一种"结果"概念的非因果意义上，还原为基础行动的使系统运作的行动把系统的原初状态等同于行动的结果。

介入概念的**形而上学**推论是重要的并且以间接的方式涉及历史学，因为它与行动相关。我们会认为能够做便是自由："在因果性与行动者的'竞争'中，后者将会一直是胜利的。认为行动者可以在因果网络中被完全把握是一种悖论。"（第 81 页）如果我们怀疑这一点，这首先是因为我们把我们的模型看作功能障碍和无能为力现象，而不是成功的介入，它们依赖于我们能够做某事的内在确定性之上。这种确定性并不来自包含我们无能为力的已获得的知识。如果我们怀疑我们能够做某事的自由，这是因为我们从世界的整体性中外推出我们已观察到的有规律的序列。我们忘记了因果关系与世界历史的片段相关，这种历史具有闭合系统的特征。但是通过产生系统的原初状态使系统运作的能力是系统闭合的一个条件。行动因此蕴含在对因果关系的发现之中。

让我们先停留在此阶段的论证。我们有理由认为动态系统理论提供了一种对已经被理解为**行动**的事物——即在此概念的严格意义上的，对被理解为包含着一个行动者具有可以做某事的信念——的逻辑重构吗？似乎不是这样的：正如当前引用的文本所表明那样，行动所通向的因果性是确定的。因果解释在能够-做的信念之后追赶，但却永远无法追上。在此意义上，近似不是一种没有任何剩余的逻辑重构，而是对间隔的不断还原，它允许逻辑理论去探索它与理解共同的边界。

读者将会看到，在我对介入现象的分析中，我没有区分行动理论和历史学理论。历史学理论过去只是被看作行动理论的一种模式。

在历史学领域的近似性中，原初逻辑模型的扩展被另外一种我们所理解的与我们做某事的能力同样原初的显现指引，即我们对行动**意向**特征的理解。这种意向特征以一种隐含的意义包含在前面对“做某事”的分析中。借助于丹托，我们实际上已经区分了做某事无需中介行动介入的基础行动与做某事**从而**使某事发生的其他行动——即那些我们促使发生的事情以及我们通过他人促使发生的事情。我们将会看到这种意义的原初理解所产生的对模型的扩展是什么，并且我们要反问自己是否这一扩展所产生的新的近似性优于我们对行动意向特征理解的完整逻辑的重构。

把**目的论**解释附加于**因果**解释是由“鉴于……”“以便……”的逻辑导致的。我们把只是伪装成一种因果解释的准目的论解释搁置起来，比如我们说一个猛兽被猎物吸引或者一个火箭被靶子所吸引。目的论术语不能掩盖这些解释的有效性完全建立在它们规律性关联（connexion nomique）的真实性之上。适应现象以及一般的生物学和自然历史学中的功能解释来源于这种类型的解释（相反，我们稍后将会看到，在这一事例中，历史学表明某些准因果解释在因果词汇——在这一概念的定律性意义下——之中隐藏了目的论解释的真正部分）。目的论解释包含了类似行动（action-like）类型的行为。行动的不同阶段在其外在方面并没有被因果关系联结在一起；通过把它们归入到一个相同的**意向**之下，并被行动者打算做（或者放弃做，或者忽略做）某事所定义，它们的统一性被构造。

如果我们通过这一显著特征来定义原因和结果在逻辑上相互独立，那么冯·赖特在此处的立场是意向不能被看作一种行为的休谟式原因。冯·赖特采取了所谓的**“逻辑联结论证”**（*Argument de la connexion logique*）的立场，根据这种立场，行动原因和行动自身之

间是一种本真的关系，而不是外在的关系："它是一种动机机械论，因此不是因果的而是目的论的。"（第 69 页）

此处提出的问题是要知道在哪一点上目的论解释的逻辑解释了什么曾被理解为一种目的。正如在之前的介入分析中，我们发现了理解与解释之间一种新的联系。它不再是关于把"我能"整合进一种因果联结之中，而是把目的整合进一种目的论解释。为了达到这一点，它足以把目的论解释看作一种相反的实践推论。可进行如下描述：

A 想让 *p* 发生。

A 认为他不能让 *p* 发生，除非他做 *a*。

因此 *A* 投身于做 *a*。

在目的论解释中，实践推论的结论既是前提又是这一结论的主要内容：*A* 投身于做 *a*，"因为" *A* 想让 *p* 发生。因此实践推论是必须被考察的内容。但是"为了以**目的论**方式成为可解释的，结论中提及的行为必须首先以意向性的方式被理解"（第 121 页）。"意向的"和"目的论"是相互重合而不同一的概念。冯·赖特把"意向的"称为**描述**，在其中需要被解释的行动得以被陈述，并且**解释**自身使实践推论得以完成，冯·赖特称其为目的论的。这两个概念相互重合，因为需要进行意向描述从而构成一个实践推论的前提。它们相互区别，因为目的论解释应用于远离目的的对象，它们正好是在实践推论的结束部分被获得。因此，一方面，意向描述只构成了一种目的论解释的基本形式，只有实践推论使得从意向描述到准确目的论解释的过渡得以实现。另一方面，如果一种包含行动意向特征的意义的相即理解没有产生它，那么根本不需要一种实践三段论逻辑。正如在行动的生动体验与因果解释之间的运动中，行动一直获胜，难道不应该说在行动的意向解释与目的论解释之间的运动中，前者永远获胜吗？冯·赖特几乎会承认这一点："为了以目的论的方式成为可解释的，在［实践三段论的］结论中被提及的行为必须首先以意向的方式被理解。”（第 121 页）他也指出：“一种行动的目的论解释正常情况下由一种应用于被给予行为的意向主义理解行为产生。”①（第 132 页）

再重申一下我的观点：通过利用目的论解释来完善因果解释，我们已经获得了我附加于叙事理解的历史理解吗？②实际上，我们仍没有解释是什么把历史学理论与行动理论区分开。实践三段论只允许延长——如果我可以这么说的话——行动的意向性目的的范围。这就是为何目的论解释自己并不允许把历史学与行动区分开。事实上，我们直到现在才说历史学在某种意义上是极其形式化的：我们曾说一种系统是“世界历史的片段”（第 49 页）。但是这种断言对于所有满足“《逻辑哲学论》-世界”标准的可能世界而言都是有效的。在具体的“故事”意义上，历史学概念在目的论解释中只出现一次。它以这样的方式被引入：借助于维特根斯坦，我们可以观察到一种意向行为具有类似于语言的使用——“通过这个姿势我意指某事”（第 114 页）。因为语言的使用和理解假定了一种作为生活共同体的

---

① 我把大段的分析搁置起来，冯·赖特使用它去改进来源于亚里士多德的实践推论，并且它在当代被安斯康姆、查尔斯·泰勒（Charles Taylor）、马尔卡姆（Malcolm）重新讨论。冯·赖特所说的“逻辑联结论证”的论证——相对于非逻辑的因果联结，即外在的联结——在他看来并没有被他的前人以令人信服的呈现。冯·赖特通过**验证**（vérification）提出了问题。此问题是双重的：我们探询如何确认一个行动者具有某种意图？此外，如何发现行动者的行为是由被假定为原因的意图所导致的？因此论证如下：似乎是如果我们不能回答第二个问题，便不能回答第一个，因为意图和行动在逻辑上将不是相互独立的：“在我看来，在实践三段论中，对前提的验证与对结论的验证之间的相互依赖构成了逻辑联结论证的真理性。”（第 116 页）我不会总结对这一循环关系的证明，它对于我们的讨论不是必须的。

② 我在这里没有忽略关于目的论解释与因果解释之间相容性的讨论。我只是谈论它，因为这一论证确认了不能把第一个还原为第二个。这一论证从根本上在于指出两种解释不具有相同的**被解释项**；它涉及分布于不同描述下的现象：处于因果解释一方的是身体运动，处于另一方的是意向行为。由于不具有同样的被解释项，所以这两种解释是相容的。相反，被排除的是我在同一时间所采用的两种解释：例如，我不能在抬胳膊的同时在屏幕上观察我头脑中的变化。当我进行观察时，我任由（laisser）事情发生；当我行动时，我使（faire）其发生。因此，在同一种情况下，任由同一个事物发生和使同一个事物发生这两个概念之间便会产生矛盾。因此，在上文所讨论的“结果”概念意义上，没有人可以观察其自身基础行动结果的原因。不能把目的论解释还原为因果解释，但是二者是相容的，因为它们都融入我附加给行动的意义：“我们可以说基础行动概念一方面是我们忽略（没有意识到）的原因的作用，另一方面是我们确信某些变化只有在我们去行动时才产生。”（第 130 页）

语言共同体的背景："我们在《哲学研究》(第337节）中读到，一个意向嵌入其处境、习俗和制度之中。"由此我们不能以目的论的方式理解和解释对我们完全陌生的一种行为。正是对行动背景的指向需要这一评论："行为的意向性是它在与行动者有关的故事之中的**位置**。"(第115页）因此，为了理解历史学中的解释，建立意向性与目的论解释之间的等同是不足够的。仍需要建立意图与其背景之间的逻辑等价关系，这一等价关系在历史学中是由所有的环境和所有行动意想不到的结果构成的。

为了更进一步讨论解释在历史学中的特殊地位，冯·赖特引入了准因果解释概念。

一般情况下，准因果解释具有如下形式："这之所以发生是因为……"例如：人们起来反抗，是因为政府腐败。解释被看作是因果的，因为**解释项**（explanans）指涉一个在**被解释项**（explanandum）之前的因素。但是由于两个原因，它只是一种准因果解释。否定性原因：两个陈述的有效性没有获得——正如在因果解释与准目的论解释之中一样——定律性关联的**真理性**。肯定性原因：第二个陈述具有一种隐含的目的论结构——起义的目的是为了使人民摆脱所遭受的苦难。

由此，准因果解释与目的论解释之间的关系是什么呢？

首先，我们认为它不是历史学中的唯一一种解释模式。在解释的观点下，历史似乎构成了一种混合的类型。因为如果存在一种因果类型的解释，那么"它便是独特的，并且隶属于其他类型的解释"(第135页）[①]。

因果解释存在两种主要形式：作为充分条件的解释（为什么

---

① 在一个重要的注释中（第200—201页），冯·赖特忠实于维特根斯坦的观点，他反对所有把历史学的因果术语排除在外的语言学改革，因为在过于依赖亨普尔的模型的因果范畴之间可能存在混淆。一个问题是探询因果术语是否适用于历史学，另一个问题是这样的因果范畴是否可以应用于此学科。

这种类型的事态必然发生?)；作为必要条件的解释（它是如何可能的?)。把这两种形式的因果解释附属于其他类型的解释可以通过这样的方式来呈现。比如一座城市的毁灭。是什么原因导致它的毁灭：洪水还是入侵？我们有一个休谟式的原因——一个物理事件，以及一个休谟式的结果（另一个物理事件，征服被看作物理行动者）。但是这样的因果解释片段不属于历史的领域。它只是以间接的方式从历史中产生，因为在物质原因背后浮现出一个不同城市之间政治斗争的背景，并且在物质结果之外，灾难的政治、经济和文化后果也在发展。历史解释想要结合的正是这种非休谟式的原因和非休谟式的结果。因此，在第一种类型中，“因果解释本身的作用经常是把**解释项**的休谟式原因与**被解释项**的休谟式结果联系起来”(第137页)。①

现在讨论作为必要条件的解释：这些城市的居民如何能够建立一个如此巨大的城墙？**被解释项**是一个休谟式的结果：这些墙仍然矗立。**解释项**也是一个休谟式的原因：建造过程中使用的方法。但是只有当解释通过行动来迂回（城市规划、建筑等等），它才是一种历史解释。因此，**被解释项**是这一行动的结果，因为我们曾指出行动的结果并不是休谟式的结果。因果解释再次成为历史解释的一个片段，它也包含一个非定律式（因果）的片段。②

---

① 第一种类型的因果解释的图示如下（第 137 页）：

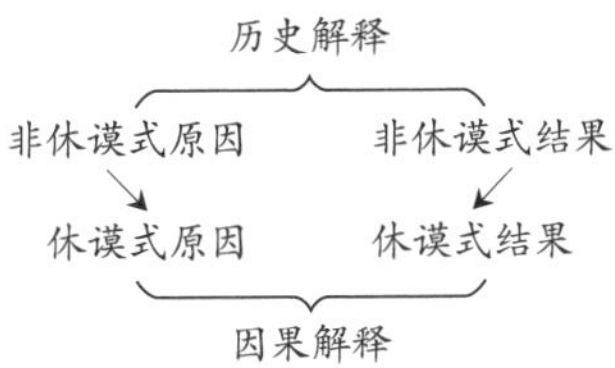

② 第二种类型的因果解释的图示如下（第 138 页）：

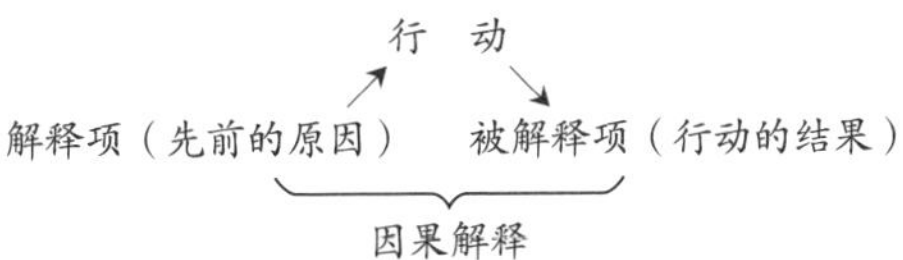

至于准因果解释，它要比之前的形势复杂得多。对**为什么**问题的回答在其中明显存在分歧。上文引入的例子（人民起义是因为政府的腐败）掩盖了历史学家研究工作的真实的复杂性。比如认为第一次世界大战的爆发是“因为”奥匈帝国大公于 1914 年 7 月在萨拉热窝被刺杀。这种解释被看作是什么类型的呢？基于论证的需要，我们承认原因和结果在逻辑上是相互独立的，也就是说这两个事件被看作不同的事件。① 在此意义上，解释恰恰是因果形式的。但是真正的**中介**被所有对所涉及部分产生影响的动机的范围确认。动机的范围必须被一种相同数量的实践指称模式化，它们产生新的事实（鉴于我们曾指出的在实践三段论中的意图和行动之间的关系）；这些事实为行动者构造了新的处境；通过把已完成的事实整合进他们新的实践指称前提，他们可以衡量自身的处境，这些事实反过来又产生新的事实，这些新的事实影响着被所涉及的不同部分所使用的新的实践指称前提。②

准因果解释比威廉·德雷意义上的理性解释更复杂。后者只是涉及一种“混合”模型的目的论片段本身：因果–目的论。这些片段确实是从“构成实践指称前提的个别陈述的整体”中推论出来的（第 142 页）。但是，如果这些指称的片段真的不能被还原为定律性关联，那么准因果解释反过来也不能还原为一种考量的重构，正如在理性解释中那样。

---

① 准因果解释的图示如下（第 143 页）：

② 冯·赖特指出，如果被描述的事件是第一次世界大战的“爆发”，那么两个事件的相互独立性便是有疑问的；难道不是一个“**综合**”（colligation）概念，其完整的描述包括萨拉热窝事件吗？如果我们忽视一个事件在一种特定的描述下一直是依赖性的或独立的，那么我们的讨论将会没有终点。在此意义上，准因果解释事件附属于一种对事件的特殊分析的描述。曼德尔鲍姆（Mandelbaum）在这里肯定会想起这种因果性的原子主义使用来源于对不中断过程的整体把握，这影响到概念类型的连续实体（entités）（参见下文，第三章）。

总之，准因果解释正确地恢复了历史学解释的一些具体特征。首先，支持**介入**现象的因果解释与行动理论的结合允许把指涉人类**行动**的历史纳入混合模型，其中作为行动的意义被行动者能够做他所做事情的信心证实。另外，解释图式的目的论片段实际上证明历史学家通过使用从特定逻辑中产生的实践指称去探询历史中的行动者的意图是合理的，这是由亚里士多德的实践三段论理论开启的。最后，这一模型表达了把能够–做的能力和这些实践指称片段与因果类型本身的非实践片段和非目的论整合起来的必要性。

尽管我们努力尝试把多样的解释模型附加于强有力的逻辑模型，相反我们可以探询是否解释的类型绝不再被消解。

我们实际上曾提出至少三种历史解释的图式，但是没有指出前两个如何被整合进第三个。此外，一个重要的弱化因素以因果的方式出现：正是在一种分析进路中，我们被引导去区分“外在”（气候、技术等等）因素与“内在”因素（动机、行动的理由），但没能说出哪一个是“原因”，哪一个是“结果”。一种整合因素在这里似乎是缺乏的，其重要性以及不可避免性被意识形态指出。从这一方面看，动机的内容包含了秩序、阻碍、规范的压力、权力象征、惩罚等截然不同的因素，它们附加于弱化的解释之上。几乎很难看到这些异质的原因被整合进实践三段论的方式。我们在这里触及对整体解释的论断，例如历史唯物主义的论断。由于不可能在单一的经验基础上通过先天理性证明它或者拒斥它，必须承认“其真理性的首要标准存在于其丰富我们对历史或者社会进程的理解之中”（第 145 页）。由于不能把比冯 · 赖特所考察的更多的变量整合进历史解释，以及不能赋予所有这些解释模型一种**风格**（style）的统一性——我们只会在海登 · 怀特（Hayden White）那里看到这种努力，这表明科学解释与意识形态解释之间的边界十分脆弱。

为了坚持准因果解释模型，在其最根本的表现中，我们可以询问是什么在整体图式内部确认了定律性片段与目的论片段的统一性：这种模型内部的不连续性——连带刚才所提及的解释的其他弱化因素——促使我们询问是否缺少一种理解顺序的主线，以从整体上坚持一种准因果解释的定律性片段和目的论片段。在我看来，作为**异质的综合**，这一主线便是情节。实际上，情节在一种可理解的整体性中“包含”形势、目的、相互影响、意外的结果。因此，难道不能说情节便是比一个行动者介入定律性系统更早的确保我们做某事的能力的准因果解释，以及意向性便是目的论解释吗？难道我们不应该以相同的方式说因果解释必须以叙事理解为先导，就像在冯·赖特的意义上说“正常情况下，行动的目的论解释以一种应用于行为**数据**的意向主义理解为先导”（第132页）？难道不是因为在理解一个情节时，因为我们寻找一种适用于这种明显异质性链条的解释模型，准因果解释的图表正好可以缓解它，我们从整体上把握定律性片段和目的论片段吗？

我在冯·赖特的分析中发现某些对我的解释的证明：每一个实践三段论的结果都被看作创造了一种新的事实，这一事实改变了属于各种历史行动者行动的“动机背景”。这一改变难道不是被我们过去一直称作行动的时机，以及叙事被整合进情节统一性的东西吗？因此，解释图示的功能难道不是普遍化**形势**（circonstance）概念，从而使其不仅指示最初的处境，而且指示所有附加的处境，这些处境通过其新颖性在相互影响的领域内构成了一种动机背景？在解释逻辑对它提出一个足够充分的重构之前，影响实践指称前提的事实、从前提得出结论产生的一个新的事实必须被理解为异质综合。但是，这一重构绝不是代替叙事理解，它仍是原初操作行动的类似物，它与我们确定能够做某事以及一种对行为的意向性描述处于同一层次。

二、“叙事主义”论证

在此章的开始部分，我们曾指出历史与叙事的结合从两个思想运动的结合中诞生；一种对叙事和其可理解性资源的重新评价对应着覆盖率模型的弱化和解体。事实是对于覆盖率模型的支持者来说，叙事是一种过于基础和过于贫乏的叙事模式，从而不能被说成是解释的。如果使用第一部分提出的概念，我会认为对于这些作者来说，叙事只具有一种片段特征而没有构型特征。①这就是为何他们在历史与叙事之间看到了一种认识论断裂。

于是，问题便成为知道是否叙事的构型特征证明了叙事理解可以呈现说明价值的希望，因为历史说明同时停止被覆盖率模型的标准衡量。我们将会看到，我对于此问题的贡献产生于对历史的“叙事主义”概念也只是回应这一期待的确认。这一概念告诉我们预先的说明理解哪一种模式被引入，但是没有给予我们一种说明叙事的等价物或者替代物。这就是为何我们要研究一种历史说明与叙事理解之间的更加间接的联结。然而当前的研究将不会是无意义的，因为它将会允许从历史认识中分离出一种必要但不是充分的构成部分。失败和成功各占一半。

（一）阿瑟·丹托的“叙事阶段”

值得注意的是，对历史的叙事主义解释的第一个辩护也曾在分析哲学本身的框架中被提出。在阿瑟·丹托的《分析的历史哲学》中可以看到这一点。②

阿瑟·丹托论证的主线与其说是历史编纂学认识论，倒不如说

① 参见：第一部分第三章关于**模仿 II** 的时间性含义。
② Arthur Danto, *Analytical philosophy of History,* Cambrige, 1965.

它被历史学家实践，或者说主导着我们对某一特定类型语句使用的概念被称作叙事语句。这一考察来源于分析哲学，如果我们通过这一概念意指我们对思考和谈论世界方式的描述，与之相应，对思考和谈论世界方式的描述便会强迫我们去理解它。如此理解的话，分析哲学本质上便是一种描述理论。

应用于历史学，这一哲学的分析概念回过来又追问我们思考和谈论世界的方式在多大程度上涉及那些使用过去时态动词与不可被还原为叙事陈述的语句。因为在丹托看来，经验主义谨慎地回避了这一类型的问题，它只讨论与知觉陈述相对应的现在时态动词。语言学分析以这种方式蕴含了一种对历史存在的**形而上学描述**。① 通过这种准康德式的转向，分析的历史哲学反过来又通过原则和假设拒斥丹托所说的历史的“实存哲学”(philosophie substantive)，简言之，即黑格尔式的历史哲学。分析的历史哲学合理指出这种哲学有一种把握所有历史的企图；但是它以这样的方式解释这种企图：谈论所有的历史便是构造一种过去和将来的完整图景；但是对将来有所论述便是在未来的方向上从过去外推出历史的轮廓和链条；作为预测的构成部分，这种外推反过来又在于通过适用于过去的概念来谈论未来。但是，由于叙事话语的本质，所以不存在未来的历史（我们稍后就会看到也不存在当前的历史），这种历史借助于行动者自身所不知道的后续事件重新描述过去的事件。只有“在一种故事（*story*）背景下”，这样一种意义才可以被赋予给事件（第 11 页）。因此，实存的历史哲学的问题在于用只适用于过去的叙事话语来描述将来。

只要论证以否定的方式来表达，它便是无可非议的：如果历史

① 这种对分析哲学任务的定义与斯特劳森的辩护具有相似性，在《个体：论描述的形而上学》的开始部分，斯特劳森支持一种描述的形而上学，反对修正的形而上学。相反，处于一种概念和语言网络分析中的描述形而上学的意义强烈反对法国结构主义把概念和语言网络理解为一种自身封闭并排斥所有其他超-语言（extra-linguistique）的指称。应用于历史学，这一概念倾向于把事件处理为一种简单“对话的结果”。这种语言观念论完全异质于分析哲学，进而关于我们思考和谈论世界方式的分析与形而上学描述可以相互转换。在这一点上，分析哲学更接近于解释学哲学，虽然后者更想从一种适用于自身的语言进路的历史存在的解释中产生。

哲学是关于全部历史的思想，那么它就不能是适用于关于过去的叙事话语的表达。但是，这一论证不能消除这一假设，即关于全部历史的话语不具有一种叙事本质，并且它以其他方式构成了其意义。黑格尔式的历史哲学确实不是叙事的。我们也不能说哲学或希望神学中对将来的期待是叙事的。相反，叙事在其中由希望开始被重新解释，某些奠基的事件——“出埃及记”“耶稣复活”——被解释为给出了希望的道路。

只要我们坚持这一否定形式的论证，那么它便有双重价值，一方面是以某种类似于康德的方式为叙事语句的有效性划定空间，另一方面，给它们设定一个界限。正如丹托非常公正地指出的那样，不仅叙事话语**本质上是不完整的**，因为所有的叙事语句都要经受之后的历史学家的修正，而且所有我们所说的关于历史的可理解的事物并不一定具有叙事特征。第二种意义直接反对分析的历史哲学中仍保留的教条主义，尽管当它设定历史认识的内在限制时，它保持谨慎的批判性转向。“实存的历史哲学所尝试的是对将来做出与历史学家尝试对过去所做的同样类型的断言”这一观点并不确定（第 26 页）。

分析的历史哲学的前提被提出，对叙事话语的研究把自身呈现为一种对话语的**分类**（classe）研究。它建立了历史认识的**不同**特征，并且在此意义上满足了历史的**最小**（minimal）特征。然而我没有说它获得了历史理解的核心意义，因为“历史背景”没有被叙事话语的结构定义。历史本身的话语特征将会消失，我们稍后将会看到这一点。

这一研究依赖于应用于一种现实性的特殊部分的描述理论，即由人类行动所产生的变化。但是来源于人类行动的同样的变化可能被置于多种描述之下。叙事话语是人类行动的可能描述之一。我们稍后便会指出在通常被称作行动理论的框架中，是什么把它与我们对行动的解释相区别。

丹托的创造性观点是通过迂回方式提出一种叙事话语理论：对这一偏见进行批判，即过去是被决定的、固定的、永远停留在其存在中，因为只有将来是开放的、非被决定的（在亚里士多德和斯多葛学派“偶然的将来”的意义上）。这一前提依赖于假设，即事件被记录在一个它们不断积累但又不被改变的储藏档案中，并且在其中它们出现的顺序不会改变，也没有给它的内容增加任何东西，除了增加它们之后发生的事件。因此，一个完整的描述应该记录所有按顺序发生的事件。但是谁可以做这样一个事情？只有一个理想的编年史学家才能以绝对忠实和绝对肯定的方式证明完全被决定的过去。这个理想编年史学家将会被授予一种以纯粹增加或积累事件的方式赋予所发生的事件一种转瞬转变的能力。相对于这种完整和确定表述的理想，历史学家的任务只是消除错误的语句，重新建立真实语句被打乱的顺序，并增加证据中所缺乏的东西。

拒绝这一假设并不困难。在这种绝对的编年史中缺乏一种描述分类：正是在这种分类下，一个事件才可以不被见证，即关于事件的全部真理性只能在**之后**或者经常在它发生很长时间之后才可以被认识。因为历史学家可以讲述的只是这种故事类型。简言之，我们忽略了把一种未来的知识配备给理想的编年史学家。

我们现在可以定义叙事语句：“它们至少指涉两种在时间中分离的事件，即使它们只是描述它们所指涉的第一种事件”(第 143 页)。更准确的是：“它们指涉 E_1 和 E_2 两个在时间中不同和相分离的事件，但是它们描述被指涉的第一种事件”(第 152 页)。必须增加这一点：两种事件必须是与陈述的时间相关的过去的事件。因此**三种时间位置**（trois positions temporelles）蕴涵在叙事语句中：被描述事件的时间**位置**、第一种事件被描述所依赖的事件的时间位置、叙事者的时间位置——前两个关于被陈述者，第三个关于陈述本身。

关于分析的典型事例依赖于这一话语：《拉摩的侄儿》的作者在 1717 年出生。没有人可以在这一天说出这句话，即通过狄德罗的名著的出版这一事件来重新描述一个孩子的出生。换句话说，写作《拉摩的侄儿》是一个依赖于第一个事件被重新描述——狄德罗的出生——的事件。我们稍后将会提出这一问题：是否这一语句自身便是一种历史叙事的典型。

这一叙事语句分析具有多种认识论意义。第一种具有关于因果性的一种悖论形式。如果一个事件鉴于将来事件是有意义的，那么作为另一个事件原因的事件的特征可以在这一事件本身之后发生。于是，这似乎是一个之后的事件转变成为一个作为原因的事件，因此一个在先事件的充分条件在事件之后产生。但是这是一种唯我论：因为，在之后被决定的事实并不是一个事件，而是一个“作为……原因”的谓词。因此，必须说：在一种恰当的描述中，作为一个原因来说，E_2 对于 E_1 是一个必要条件。我们只是以另一种形式简单重复：“作为……的原因”并不是一个适用于理想编年史学家的谓词，并且它只是刻画了叙事语句。原因范畴回溯式使用的例子数量很多。一个历史学家将会欣然说：“阿里斯塔克斯（Aristarque）在公元前 270 年便预先说出哥白尼（Copernic）在公元 1543 年发表的理论。”相似的表达——预先（anticiper）、开始（commencer）、先于（précéder）、引起（provoquer）、激起（susciter）——只在叙事语句中才出现。意义概念的一个主要部分来源于叙事语句的这种特殊性。对于那些参观著名人物出生地的人来说，这一圣地只有在将来事件的条件下才是有意义和重要的。在此意义上，对于理想的编年史学家来说，虽然他是完美的见证者，但是意义范畴是缺少意义的。

第二个认识论意义更加有趣，因为它允许我们把行动本身的**叙事描述**与对行动的一般描述区分来。丹托认为德雷不能借助他的理性解释模型来进行预测，因为这一模型只在历史行动考量的产生时刻才考虑它们。毫无疑问，这两个描述模型在使用动词时具有共同点，我们可以把它们称为投射动词（project verbs）。这些动词不仅是简单描述一种特殊的行动；诸如“发动战争”“饲养牲畜”“写作一本书”这些包含了众多行动细节的行动表达，这些表达可以是整体上不连续的，或者在一种叙事者承担责任的时间结构中蕴涵众多个体。我们可以在历史中遇到数不清的对这些投射动词的使用，这些动词把众多微观一行动组织为一种独特的总体行动。但是，在关于行动的日常话语中，投射动词的含义没有被行动的**结果**影响：无论它发生了还是没发生，无论它是成功的还是失败的。相反，如果历史通过这样的陈述被刻画，即那些根据某些后续事件——特别是根据其意外的后果——来解释特殊事件的真理性的陈述，那么包含后续事件陈述的真理性对于叙事描述的意义则是重要的。

因此，相对于日常语言中关于行动的话语，叙事语句理论本身具有一种区别性价值。区别性因素在于由行动叙事描述本身所产生的“对过去的回溯调整”。这一调整影响深远：因为对过去的时间性考察依赖于意外的后果，历史倾向于弱化行动本身的意向性特征：“经常并且几乎是典型的方式，人的行动在被赋予叙事语句形式的描述中并不是意向性的。”（第 218 页）最后一个特征强调了行动理论与历史理论之间的分裂：“因为历史学的主要问题不是理解行动，正如见证者所做的那样，而是像历史学家所做的那样，把行动与后续事件联系起来，从而使其成为时间整体的一部分。”①（第 183 页）这种行动理论与叙事理论之间的分裂帮助我们更好地理解在什么意义上叙事描述只是众多描述中的一种。

最后一个结果是：在叙事概念的严格意义上，**不存在现在的历史**。它只是一种对未来的历史学家如何书写我们的期待。作为定律性科学的特征，解释与预言之间的对称正是在历史陈述的层次上被瓦解。如果这样一种当前叙事可以被书写并且被我们认识，那么相反我们可以通过做出与其预言相反的事情从而篡改它。我们不知道——绝对不知道——未来的历史学家如何书写我们。我们不仅不

① 在第四部分，我将会再回到关于证据作为不可被还原为我们与过去关系的范畴问题。

知道哪些事件会发生，而且我们也不知道哪些事件被看作是重要的。必须预见到未来历史学家的兴趣，从而预测他们把我们的行动置于何种描述之下。皮尔斯（Peirce）的论断“将来是开放的”意味着：“没有人曾书写现在的历史。”后一个评论把我们带回到讨论的起点：叙事陈述的内在界限。

在什么条件下叙事语句分析澄清了叙事理解与历史解释之间的关系问题?

丹托绝没有宣称历史学理论可以被他的叙事语句分析详尽无遗地论述。他也没有说一个历史文本可以被还原成一种叙事语句的连续。这些通过叙事语句的时间结构强加于对一个事件真实描述的限制只是构成了一种“对历史活动最小的塑造”(第25页)。

选择叙事语句作为最小的限制可能留下了这一印象是真实的，通过其他点状事件或者注明日期的事件来描述点状事件或者至少是注明日期的事件构成了历史话语的逻辑原子。至少直到丹托著作的第十章，它只是“在事件的过去中对**它们**的真实描述”的问题（对立于历史哲学家宣称在事件的将来中描述**它们**)(第25页)。似乎可以承认每一个历史事件都采取了这种形式：“在如此这般的时间间隔中在X身上发生了什么?”没有任何东西表明本身便复杂的历史话语要求区别于叙事话语结构的连接者。这就是为什么**解释**和**描述**——在叙事语句的意义上——很长时间没有被区分开。丹托丝毫不想研究克罗斯（Croce）对编年史（chronique）与历史（histoire）的区分[①]，也不想研究沃尔什（Walsh）对仅限于记录什么发生的纯粹、直接叙事与试图建立事实之间联系的有意义叙事的区分。因为

① 我们将会再回到此处所没有讨论的这一区分：它不涉及一种认识论层次的差异，而是一种与过去不同的关系；对于克罗斯来说，编年史便是从生动的当下中分离出的历史，并且在此意义上应用于一种僵死的过去。准确说来，历史学内在地与现在和行动相联系：在此意义上，所有的历史都是一种当代历史。这一论断的框架既不是一种方法的冲突，也不是一种方法与真理的冲突，而是历史回顾与对附着于行动的将来的期待之间更加宽泛的关系问题，这一问题将在第四部分讨论。

一种简单叙事已经比一种在事件出现的顺序中记录它们做得更多。一种毫无联系的事件列表不是一种叙事。这就是为何描述与解释没有被区分开。根据丹托的严格表述："历史是一个片段整体"（*History is all of a piece*）。我们可以区分的是叙事与证明它的材料证据：一个叙事不被还原成一种本身注释的概要，我们由此理解其概念或者其文献注释。但是叙事与其概念或文献支撑之间的区别并没有退回到区分两种构造的层次。解释为什么某事发生以及描述所发生的事情是巧合。一种未能成功进行解释的叙事还不构成叙事；一种进行解释的叙事是一种纯粹和简单的叙事。

无任何东西表明，相对于一种简单的事件列举，叙事所具有的更多的内容不同于叙事语句中的双重指称结构，这是由于一个事件的意义和真理与另一个事件的意义和真理是相互联系的。这就是为何情节或叙事结构概念似乎不能在叙事语句的逻辑中缺失；这就好像根据后续事件描述先前事件已经是一种微缩的情节。

然而我们可以询问是否这两种概念是相互重合的。同样，当丹托考察历史叙事的不可避免的选择活动时，他似乎援引了一种更加复杂的结构因素："所有的叙事都是一种强加于事件的结构，把其中的某些事件与其他事件组合起来，并且排除某些缺少相关性的事件"（第 132 页）；"叙事只提及有意义的事件"（同上）。但是赋予事件以意义或者重要性（"**意义**"概念具有这两种涵义）的叙事的组织化只是一种叙事语句的扩展吗[①]？

在我看来，如果本文与语句之间的关系问题不是以此方式被提出，这是由于过分关注丹托反对可以进行完整描述的幻想所带来的争论，并且事实上此幻想通过叙事语句分析被排除。

但是此问题与法则解释在历史学中是否仍具有位置这一问题一

① 似乎在"**后果意义**"（*consequential significance*）的情况中便是如此："如果一种先前事件相对于历史中的后续事件没有意义，那么它便不属于这一历史。"（第 134 页）但是还有其他意义或重要性模式，因为文本结构和话语结构以更加困难的方式相互重合：实用的、理论的、启发性的意义或重要性。

道重新出现，因为“一个叙事在本质上已经是一种解释的**形式**”（第 201 页）。实际上，丹托没有正面反对亨普尔：他仅限于考察覆盖率模型的拥趸——他们如此关注**解释项**的严格结构——没有看到这一**解释项**在已经是一种叙事的**被解释项**中发挥作用，因此后者已经被一种作为解释的描述所“覆盖”。只有当一个事件在语言中作为一种特定描述下的现象时，并因此被纳入到一种叙事语句中时，我们才可以用一种普遍法则覆盖一个事件。因此，在关于覆盖率模型这一问题上，丹托可以比威廉·德雷更加包容和模棱两可。①

（二）理解一个故事

加利（W. B. Gallie）的《哲学与历史理解》一书关注一种故事的可理解性，它引导我们更进一步理解叙事的结构性本质。在我看来，这一概念填补了丹托的叙事语句分析留下的一个空白。如果叙事语句对其所描述的事件与根据描述被构造的后续事件的双重指称构成了一种与其他行动描述相关的好的区别性因素，例如根据行动者自身的意图和理由，但是提及两个日期、两个时间定位不足以刻画一种作为事件之间**联结**的叙事。一个空白仍存在于叙事**话语**与叙事**文本**之间。故事的“可理解性”尝试填补的正是这种空白。

但是，加利正是通过这一基本假设提出自己的分析：即“无论一个历史著作的理解和解释包含什么内容，这一内容必须根据它得以产生的叙事形式和它所导致的发展来评价”（前言，第 11 页）。这一立场既谨慎又严格。它没有否认解释构成了比简单叙事更多的东西；一方面，它仅限定于确认解释不是无中生有，而是以某种方式“产生于”**已**具有叙事形式的某些话语；另一方面，确认它以某种方式仍“服务于”叙事形式。因此这一形式同时是解释的模板和最初结构。在此意义上，叙事主义的立场并没有提出任何关于解释结构

① 参见：Danto, chapter 10, “*Historical Explanation: The Problem of General Laws*,” pp.201—232。

的东西。因此，在这些精确的限定中，它的任务是双重的：一方面，指出理解通过什么可理解性资源为解释奠基；另一方面，指出内在于理解的什么样的缺乏要求补充解释。**可理解性**概念具有满足这种双重要求的目标。

因此，什么是我们所讲述的故事？“理解”一个历史是指什么？

一个故事描述了某些特定人群所经历的某些经验和所做出的某些行动序列，无论是真实的还是想象的。这些人在变化的处境中和应对这些变化时出现。反过来，这些变化揭示了处境所隐藏的某些方面以及牵涉其中的人，并且孕育着一种需要思想、行动或者这两者的新的困境（*predicament*）。对这一新的处境的回应导致故事走向其结局（第 22 页）。

我们会看到这种对故事概念的概括与我们在上文称为构造情节的概念十分相近。如果加利没有发现把他的故事概念与情节概念联系起来是有用的，那么毫无疑问，这是因为相对于在什么样的主观条件下一个故事是可接受的，他对叙事的内在**结构性**限制更感兴趣。正是这些可接受性条件构成了去理解一个故事的能力。

实际上，理解一个故事便是理解一个连续的行动、思想和情感，因为它们展现了一种特殊的导向性：只要我们带着全部过程的完成性和结果的期望去回应这一驱动力，我们便会由此理解我们是被故事情节的发展“向前推动”。我们会马上察觉到理解与解释如何在这一过程中以错综复杂的方式混合在一起：**“理想的情况是，一个故事应该是自我-解释的”**（第 23 页）。只有当这一过程被中断或者阻碍时，我们才需要一种补充解释。

说我们朝向于一个特定方向便是在“结论”中辨认出一个目的论功能，这也是我们在“最终结果[①]”的分析中所强调的。但是，为了回应覆盖率模型，必须补充一种叙事“结论”并不是可以被推导

① 第一部分，第三章，**模仿 II**。

和预言的东西。一种不包含惊喜、偶然、相逢、重试的故事不会引起我们的注意。这就是为何必须理解一个故事的结论与理解一个得出强制结论的论证是完全不同的。一个叙事的结论不是可预测的，而必须是**可接受的**。反过来考察从结论到中介片段，我们必须能够说这一结局需要这些事件和这一行动链条。但是，当我们在理解一个故事时，这一回溯考察本身通过我们期待的目的论朝向运动得以可能。以抽象的方式设立事故的偶然性与结论的可接受性之间的不相容性正是故事的可理解性所掩盖的东西。只有当具有把理解概念附加于掌控概念的想法时，偶然性才是不可接受的：理解一个故事便是“在**所有之后**以理智的方式发现（事件）具有可接受性”（第 31 页）。此处所涉及的理解与附加于一个过程的合法性理解不同，而是一种回应把偶然性和可接受性附加于故事内在协调性的理解。

读者没有忽略这一意图与不协调的协调之间的显著的亲缘性，后者是我在**情节**理论框架中从亚里士多德对**突转**（*péripétia*）的讨论中提取出来的。它与源自亚里士多德批评的主要差异肯定会在主体性因素这一侧被发现，这一主体性因素是通过由结局所导致的期待和吸引概念引入的：简言之，是通过代替结构分析的主体目的论概念引入的。在此意义上，“**可理解性**”概念从一种接受心理学中得出，而不是从构型的逻辑中得出。①

如果我们现在从“**故事**”概念过渡到“**历史**”概念，那么二者的连续性必须首先被强调。加利的策略正是把认识论的不连续

① 在被我称为主体目的论中，同情被赋予的意义确认了这一判断：加利指出控制我们的期待的东西并不是某种归纳本质的真理，而是我们的同情或者憎恶。一旦进入到一个好的历史，“我们便会被它推动，并且被更引人入胜的构成我们人类本质的部分而不是我们理智假定和期待所推动”（第 45 页）。忧心于把逻辑分析与覆盖率模型区分开实际上冒着把它翻转到以情感回应为基础的心理学一方的危险；不幸的是这种滑向心理学的倾向使亨普尔的后继者对加利的批评更加容易。在我看来，对一部著作接受性的心理学条件的相同兴趣（无论是叙事的还是其他的）不应该被谴责；它在一种解释学中具有其意义，因为在解释学中一部著作的意义是在阅读中实现的；但是，根据我在第一部分所提出的分析，**模仿 II** 与**模仿 III** 之间的关系、可接受性的规则必须同时在著作**之内**和**之外**被建立。同样，兴趣概念——我将会在第四部分再回到这一概念——不能从叙事理论中删除。接受（accepter）或者接收（recevoir）便是对其感兴趣。

性——他不会否认这一点——纳入到叙事**兴趣**的连续性框架中。显而易见，正是这一策略直接针对前一章提出的论题。于是问题便会成为是否随后的分析在叙事历史之外具有一种应用，加利把它作为一个范例：这样的历史对象是可以被记录的或者可以在记录和报告的基础上进行推断的过去的行动；我们所书写的历史是那些其设想和结果可以被看作是类似于我们行动的行动历史；在此意义上，所有的历史都是一种独特的世界交流的碎片或者片段；这就是为何我们期待历史著作——即使它们是独立的著作——在其边缘处指出一种任何人都无法书写的历史。

如果“**故事**”与“**历史**”之间的叙事连续性在过去几乎不曾被注意，这是因为由虚构与历史、神话与历史之间的认识论断裂提出的问题全都关注证据问题，而忽略了是什么构成了对一部历史学著作的**兴趣**这一更加基础的问题。因为正是这一兴趣确认了历史编纂学意义上的历史与日常叙事之间的连续性。

作为一种叙事，所有的历史都是**关于**“在社会或者国家中，或者任何其他以持续方式组织起来的群体中，活生生的人或者一起劳动的人的某些重要的成功或者失败”（第 65 页）。这就是为什么尽管历史与传统叙事之间的关系是一种批判关系，研究一个帝国的统一或解体，以及研究一个阶级、一场运动、一个宗教派别或者一种文学体裁的成功或失败的历史便是叙事。在这一点上，个体与群体之间的区别并不是决定性的：**长篇故事**与古老的史诗早已聚焦于群体而不是单独的人物：“像长篇故事一样，所有的历史在根本上都是一种人的思想和行动在其中发挥显著作用的事件叙事。”（第 69 页）即使当历史研究潮流（courant）、倾向、“**趋势**”（*trend*）时，正是理解叙事的行为赋予它们一种有机的整体性。“**趋势**”只在我们所理解的事件连续中才显现自身。它是“这些特殊事件的一种形式性质”（第 70 页）。这就是为什么：（1）对这些历史学家故事的阅读来源于我们理解故事的能力；我们从一个故事的结局理解到另一个故事的结局；并且我们根据贯穿于偶然事件连续中的被保证和被领悟的论题理解它们；(2) 与此相应，这些故事的主题值得被讲述，并且它们的叙事值得被理解，因为这一主题强加于作为人类的我们的兴趣，无论这一主题与我们当前的感受距离有多远。通过这两个特征，“历史编纂学是故事［被讲述的历史（histoire racontée）］属的一种类型”(第 66 页)。

正如我们看到的那样，当加利不得不从另一方面处理这一问题时，他迟疑了：为什么历史学家尝试以一种不同于并且与之决裂的传统历史学内容的方式去解释？如何陈述由历史与虚构或者传统叙事之间的批判理性所引入的不连续性？

这便是**可理解性**概念所提供的另一维度。我们曾指出所有的历史原则上都是自我解释的：换句话说，所有的叙事都回答**为什么**的问题，同时它也回答**是什么**的问题？说某事发生，便是说它为什么会发生。同样，理解一个故事是一个困难、辛苦的过程，这一过程可能被打断或者阻碍。我们也认为一个故事最终还是会被接受；也可以说，无论如何都会被接受。我们知道从我们对亚里士多德的阐释开始，这对于所有的叙事来说都是真的：“一个导致另一个”并不是一直容易从“一个在另一个之后”中提取出来。因此，我们最基本的叙事理解已经遭遇了被我们的兴趣和我们对理性的热衷所控制的期待，为了满足其意义，理性就必须要修正我们的偏见。关键的不连续由此也被整合到叙事的连续性中。我们因此认识到应用于所有历史可理解性的现象学以何种方式具有扩展的能力，从而得以把一个批判时刻纳入到理解一个故事的基础行为的核心之中。

由兴趣所主导的期待与由理性批判所主导的理性之间的相互作用为批评第一章中所提出的两个具体的认识论问题提供了一种合适的框架：即当代历史学所讨论的实体范围的变化，以及诉诸科学历史学层次的法则。

第一个问题似乎强迫叙事主义在两种思想流派的争论中选择一方。我们可以把第一个称作“唯名论”流派。在这一流派看来，指称集合实体并赋予它们行动谓词（我们谈论政府政治、改革进程、体制的变化等等）的一般命题不具有独立的意义；虽然这些命题在严格的意义上并不指称单个个体可辨认的行动；然而，在最终的意义上，一种体制的变化只是多样的最基本个体事实的集合。第二个学派可以被称作“唯实论”。在这一流派看来，制度和所有类似的集体现象都是真实的实体，它们具有自己的历史，不能被还原成目标、努力、归属于独自行动或与他人一起行动的个体的举动，无论他们是以个人名义还是以集体的名义进行行动；相反，为了理解分配给个体的行动，必须求助于个体在其中进行行动的制度事实；最后，我们并不是真的对个体作为个体所做的事情感兴趣。

出乎意料的是加利非常警惕唯名论的立场。事实上，唯名论没有解释为什么历史学家对把归属于一种制度事实的抽象个体事实集合起来感兴趣，也没有解释为什么历史学家不关心罗列所有的行动和个体反应以理解一种制度的演化。唯名论没有认识到抽象化应用与历史兴趣明显的选择特征之间的紧密关联；在很大程度上，他们没有认识到可归属于个体的行动不是他们作为个体完成的，而是作为制度性角色完成的；最后，唯名论没有看到为了理解“社会不满”“经济体制”这些整体现象，必须求助于“**虚拟变量**”（*dummy variables*）：某些 *x* 标注了所有的相互作用仍未被研究的空白位置，这些相互作用可以填补这一 *x* 的位置。[①] 在所有这些方面，韦伯的“理想类型”的方法被证明是解释这种抽象最恰当的方法。

但是，如果历史学家的实践掩盖了这一极端立场，即只存在个

① 通过对唯名论进行批判，加利与年鉴学派历史学家的假设十分接近：“因此，历史理解并不建立在单个国王或者男人之上，而是建立在一个特定社会的变化之上，通过我们对制度如何运作的普遍知识，以及依靠这些制度我们知道什么可以做或不可以做，这些变化可以被看作是有意义的。”（同上，第 83 页）

体事物以及个体的人，它并没有证明唯实论的立场，即所有人类行动都蕴含着**一种**潜在的指称某些社会制度事实的普遍特征，并且它足以解释我们在什么时候澄清了此指称。尽管唯名论的立场存在认识论的缺陷，但是它规定了历史思想的目标，即澄清让我们感兴趣的社会变化（因为它依赖于个体男性和女性的观念、选择、地位、努力、成功和失败）（第 84 页）。但是，唯实论更好地解释了历史实现这一目标的方式：即借助于所有与社会生活有关的可能性认识，从传统的自明真理到社会科学的公理和抽象模型。

加利根本没有把他的叙事理论与唯名论立场保持一致，他倾向于寻找一种唯实论立场所蕴含的认识论与唯名论立场所蕴含的个体主义基础存在论的结合体。但是，如果这种折中主义没有足够准确地展现历史学家在其工作的关键时刻的实践是什么，那么这种折中主义则是不牢固的：因此他的所有努力都在于以精确和可能的方式确定这样一种个体或个体的集合如何采纳、坚持、放弃或者失败地去坚持某种制度性角色。相反，在这些关键时刻，历史学家满足于一般的总结、制度化的形式，因为在这些间隔中，匿名性普遍存在，直到某些值得重新考量的断裂正好改变制度或社会现象的进程。经济历史和社会历史在很大程度上便是如此，在其中力量、潮流、结构是集中隐匿的。但是，即使这样一种被书写的既无日期又无专有名称的历史在极端状态下也没有缺少澄清个体人类的开端、精神禀赋、勇气、绝望和洞察力，“虽然他们的名字经常被遗忘”。

至于第二个问题，即历史解释中的**法则**的功能，重要的是对历史学家从这些法则中期待的东西进行错误解释保持警惕。他们并没有奢望他们可以消除偶然性，而是为他们对历史进程的贡献提供一种更好的理解。这就是为何他们的问题既不是演绎也不是预言，而是更好地理解汇集在这一或那一事件的发生中的纠缠在一起的复杂性。在这一点上，历史学家不同于物理学家，他们不尝试以减少偶然性为代价来扩大普遍性的范围。他们更想理解发生了什么。这一点甚至适用于引起他们兴趣的偶然性领域，无论它是否是一个民族/国家、社会斗争、科学发现或者艺术革命之间的冲突。[1] 对这些事件感兴趣——我把它们与亚里士多德的**突转**概念进行对比——并不意味着历史学家屈从于耸人听闻的事件：他们的问题确实是把这些事件纳入到一种可接受的叙事之中，因此把偶然性纳入到一种整体图式之中。对于所有可以被讲述事实的**可理解性**来说，这一特征都是根本的。

可理解性概念的首要性所导致的一个结果便是：当我们对其内部联系的看法被扰乱或者当我们接受作者观点的能力被导向分裂时，解释——历史学家从科学借用，并把它与历史学联系起来——除了允许我们更好地理解故事之外没有其他作用。

因此，在这里看到一个严格意义的覆盖率模型的弱化形式是完全错误的：解释只是简单地对我们理解一个故事的能力有帮助。在此意义上，它们在历史中的功能是“辅助性的”。

如果我们不知道所有的叙事都是自我解释的，那么这样的立场便是不可接受的，去讲述什么事情发生已经是解释为什么它会发生。在此意义上，最小的故事整合了普遍化，无论它们是分类序列、因果序列还是理论序列。所以没有什么能阻止一直更加复杂的普遍化和解释被移植到和以某种方式插入到历史叙事之中。因此，如果所有的**叙事**都可以自我解释，那么在另外一种意义上，没有**历史**叙事可以自我解释。所有的历史叙事都寻找一种可以整合进自身的解释，因为它没能完成自我解释。所以必须把它重新置于正轨。因此，一种好的解释的标准自身是一种实用的标准：它的功能很明显是正确的。威廉·德雷的理性解释满足这一标准：当一个行动过程使我们惊讶、令我们好奇、让我们困惑时，我们重新构造了一种行动者的考量。

---

① 加利（同上，第98页）喜欢引用戴高乐将军在《剑刃》(*le fils de l'épée*) 中的话：“必须在偶然性之上行动。”(1959，第98页)

在这一点上，历史学家所做的事情与哲学和批判文本所做的没有区别：当对某些已接受文本的阅读和解释似乎与其他已接受的事实不一致时，语文学家或文本批评重新组织细节从而让所有事实都可以被重新理解。写作便是重写。对于历史学家来说，所有神秘事物都变成历史学家眼中使历史可理解和可接受标准的挑战。

在这一重新改写历史的旧的方式中，历史学家采用了与亨普尔的解释模型类似的方式：如果遇到奇怪的事件进程，他们便会建立一个正常的行动过程模型，并询问有问题的行动者的行为如何偏离了它。所有对行动可能过程的探索都依赖于这样的普遍化。最常见和最值得注意的改写情况是当一个历史学家尝试一种不仅对于作者来说不适用，而且不同于由之前的历史所提供的内容，这对于新的历史学家来说是模糊的和神秘的。在这种情况中，进行解释便是证明历史关注点的重新定位，它导致一种关于全部历史进程的全新观点。伟大的历史学家便是那些成功使得一种新的理解历史的方式成为可接受的。

但是在任何情况下，解释都没有超出其相对于应用于历史叙事**可理解性**的辅助和修正的作用。

我们在第三章会探寻是否解释的“辅助”功能足以解释由与叙事实体和过程有关的历史调查所产生的“非平衡性”(*dénivielle-ment*)。

（三）构造行为

借助于路易斯·明克的工作，我们更接近于“叙事主义”概念的根本论证，根据这一论证，叙事是**被高度组织的整体性**，它需要一种本质上是**判断**的特殊的理解行为。论证更加令人感兴趣是因为它没有使用任何来源于文本批判的情节概念。相反，虚构叙事结构资源指称的缺乏可以解释明克分析中的某种不足，我将在本节的末尾讨论这一问题。没有人像明克一样如此深刻地认识到叙事活动的综合特征。

在1965[①]年的一篇文章中，明克反对覆盖率模型的论证开辟了一条把历史理解刻画为一种判断行为的道路，康德的第一和第三批判在双重意义上规定了这一概念："统握"的综合功能与反思功能一道附加于每一个整体化操作。在此文中，明克重新考察了覆盖率模型的高度规范性要求与当前历史编纂学所展示的实际理解之间的根本的不协调性，这一不协调性已被其他人指出；他指出只有当历史理解的独立性被正确地建立，我们才可以解释这些不协调性。

为什么历史学家企图去解释，是因为他们不能预言吗？因为解释并不是一直等同于把事实归入规律之中。在历史学中，解释经常意味着使用"综合"（colligation）概念——使用胡威立（Whewell）和沃尔什的概念，它可以被归结为"通过探寻一个事件与其他事件的本质关系并把它置于其历史背景之中来解释它"。这一程序至少具有序列解释的特征。为什么历史中的假设与它们在科学中一样不是可错的？因为这些假设并不是目标，而是为研究领域开辟空间的路标，为根本上是解释叙事的理解模式提供指导服务，它既不是历史年表，也不是"科学"。为什么历史学家如此热衷于依赖想象的重构？因为一种全局视野的任务便是在一个判断行为中"理解"[构成性事件]，它从整体上把握这些事件而不是逐一回顾它们。因此这种全局视野既不是一种"方法"，也不是一种证明的技术，同样不是简单的发现工具，而是一种类型的"反思判断"（第179页）。为什么在历史学家的论证或者著作中不能"分离出"结论？因为作为整体的叙事便是支持这些结论的东西。并且它们通过叙事次序而不是被证明的方式被展示："实际的意义由整个文本提供。"（第181页）类似于允许我们把一个语句解释为整体的操作，全面综合、概要判断

① Louis. O. Mink, «The Autonomy of Historical Understanding», art. Cité. 重新收录于William Dray, *Philosophical Analysis and History,* Harpel and Row, 1966, pp.160—192（我引用的是这一版本）。

概念与这一论证一道成为焦点："确认的逻辑适用于对可分离结论的检验：但是整合的意义要求一种判断理论。"（第 186 页）为什么历史事件既可以是独特的，又可以类似于其他事件？因为作为当下背景的功能，相似性和独特性是相互增进的。历史理解再一次被归结为"在一个整体和概要判断中通过整体把握这些事件去理解一个复杂事件。它不能被任何分析技术代替"（第 184 页）。为什么历史学家打算面向潜在的全体听众，而不是简单地参加一个科学论坛？因为他尝试要交流的内容是一种更接近于亚里士多德的实践智慧（phronèsis）而不是"科学"的判断类型：历史学家的问题"成为可理解的……如果这被看作是一种尝试以一个事件接一个事件的必然叙事形式整体看待事物的交流经验"（第 188 页）。

这篇文章的结论特别值得被引用：历史学家"培养专业的兴趣以理解是什么把事件的堆积转变为一系列相关的事件，并且强调和增加我们经验反思中的概要判断的范围"（第 191 页）。明克欣然承认历史思想与"概要判断"之间的同一化敞开了认识论问题，例如"'解释综合'是否能以逻辑的方式被比较，是否存在倾向于这一个而不是另一个的一般基础，以及是否存在历史客观性和真理的标准"（第 191 页）。但是这些认识论问题预设我们已经确认了"把复杂的历史学思想与常识意义上的日常解释和自然科学的理论解释区分开"（第 191—192 页）。

在加利的批评基础之上，明克主要在 1968 年①的一篇文章中**细化**了他自己处理这一问题的方式。只要我们不得不处理听众和读者不知晓结果的故事，**应用于我们理解一个故事的能力的现象学便不是有争议的**，正如我们理解一个游戏时的情况。知道游戏规则对于预测结果来说没有任何帮助。我们必须理解一系列事件及其后果。

① Louis O. Mink, "Philosophical Analysis and Historical Understanding," *Review of Metaphysics* 20 (1968): pp.667—698. 明克也同样考察了 Morton White, *Foundations of Historical Knowledge,* New York: Harper and Row, 1965，以及丹托的《分析的历史哲学》。

对于一种现象学理解来说，偶然性在被给定的环境中等同于令人惊讶和意外的事件。我们希望得出某些结果，但是我们不知道在众多可能结果中哪一个会发生。这就是为何我们要理解一个又一个系列事件及其后果。这也是为何我们同情和敌对的感受必须支持整个系统的动态性。但是，明克主张构成理解一个故事的被忽略条件以及由此带来的未被反思的活动并不是历史学家研究程序的特征："历史不是写作，而是重写故事。"（第687页，1967年）相反，相对于历史学家正在重新讲述和重写故事的情况，读者使用了一种"反思理解"。当**游戏结束时**，历史便出现。① 它的任务不是突出偶然事件而是减少偶然事件。历史学家一直在寻找回顾的线索："在回顾的过程中没有偶然性。"（第687页）只有当我们讲述故事的时候，我们才"向前追溯我们已经回顾的内容"②。这并不是想说在知道结果的前提下，读者可以预测它。他们理解从而"看到"一系列事件"作为可理解的关系构型"（第688页）。这种回顾的可理解性建立在一种当事件产生时没有任何见证者可以实现它的构型之上，因为这种回溯的方式对于任何当代的见证者都是不可能的。

明克增加了两个评论：在一种限定于情境的现象学中，一个故事第一次被理解，解释的功能具有被忽视并且被还原成填补空缺和把任何阻碍叙事流的模糊性搁置起来的行为的危险。如果历史学家的任务是以回溯的方式进行研究，或者像明克所说的那样，如果"以回溯的方式进行研究不存在任何偶然性"，那么解释似乎更少是

① 根据一种原初的描述理论，这一论证与丹托的"叙事话语"分析完美契合；再次让人想起历史是一种对人类行动（或激情）的描述，即根据最初行动者（接受者）所不知晓的后续事件来描述先前的事件。明克认为关于历史理解有更多而不是更少可说的内容。有更多可说的，这是因为对过去的再描述蕴含着最新获得的知识技术（经济、精神分析等等），特别是新的概念分析工具（例如，当我们谈论"浪漫的无产阶级"时所使用的概念）。因此，对于丹托所支持的被描写的之前事件与前者被描写得以实现的后续事件的描述之间的时间性不对称，我们必须增加行动者的思想系统与被之后的历史学家所引入的思想系统之间的概念性不对称。这种再描述的类型——正如丹托的一样——是一种**邮寄事件**（post eventum）。但是它强调重构工作的过程而不是叙事语句所蕴含的事件的双重性。由此，"历史判断"比"叙事话语"要说的内容更多。

② "*we retrace forward what we have already traced backward*", Ibid., p.687.

附属的并且由此更少是修辞的。“解释的逻辑必须与理解的现象学相关；人们希望前者必须有助于修正后者，后者有助于扩展前者。”①

第二个评论更具争议：“明克说加利想把我们**当下将来**（*futur présent*）的开放性和偶然性转化为对于过去事件的叙事，因为在他看来，我们不能以其他方式只能以过去将来的方式理解事件。”（第688页）通过这样做，加利主张一种错误的时间存在论，其首要特征是“根据过去和将来在范畴上并不是不同的这一原则：过去构成了过去的将来，将来构成了将来的过去”（同上）。这一论证似乎不令人信服。首先，我不认为过去的将来和将来的过去在范畴上是类似的；相反，它们之间所缺少的非对称性助长了明克非常合理地称之为“历史意识的悲惨特征”（同上）。其次，过去的确定性特征并不是像它排除意义追溯变化的类型那样，丹托成功地让人关注这些意义变化。再次，向前推进的过程更新了我们已经完成的回溯进路，这一过程可能会重新开启，如果可以这么说的话，当偶然性的空间被呈现，它可能会再次属于过去；它可能重新恢复一个被知晓的奇迹，“偶然性”由此重新恢复了它们最初令人诧异的一部分力量。这种力量正好属于我们稍后将会讨论的历史理解的**虚构**特征。更确切说来，它可以与被亚里士多德刻画为行动**模仿**的虚构内容相联系。在最初的偶然性层次，某些具有完成将来意义的事件对应着以回溯方式被重构的行动过程。在此意义上，过去将来必须有其位置，即便是在一种时间存在论中，因为我们的存在时间是由历史和虚构共同建立的时间构型塑造。我们将在第四部分的研究中再回到此问题。

我在这里宁愿强调单义性的类型，这一类型来源于最初用回溯把握的现象学代替间接把握一个故事的现象学。在重新讲述的意义上，因为讲述和重新讲述实际上所共有的叙事操作特征来源于同一个叙事结构：即偶然性与秩序、片段与构型、协调与不协调之间的

① “哲学分析与历史理解”（«Philosophical Analysis and Historical Understanding»），同上，第686页。

辩证法，难道明克没有放弃这些特征的风险吗？在这一辩证法中，难道叙事的特殊的**时间性**没有被误解的危险吗？事实上，我们在明克的分析中观察到一种抛弃所有“整体把握”行动的时间特征的倾向，即抛弃构型操作特征的倾向。他拒绝把过去将来时赋予被讲述的故事已经暗示了这一倾向。并且它似乎被明克最初所坚持得以理解一个故事行为为代价的重新讲述行为所强化。明克的第三篇文章清晰地指出了这一意图。①

此文的严格观点是把**构型**模式构建为三种**广义**的“**理解**”模式之一，它也包括**理论**模式和**范畴**模式。根据理论模式，对象以一种普遍理论的案例或范例方式“被理解”：此模式的理想类型的代表是拉普拉斯（Laplace）的系统。根据经常与前者混淆的范畴模式，理解一个对象便是确定它属于什么类型的对象，什么样的先验概念系统赋予经验一种形式，缺少这一系统，经验便会一直是混乱的。柏拉图的目标正是实现这种范畴理解，最为系统化的哲学家也渴望这一理解。构型模式把其内容置于一种独特和具体的复合关系中。正是这种理解模式规定了叙事操作。但是这三种模式具有共同的目的，这一目的在构型模式中与在另两种模式之中一样清晰。**广义的理解**被定义为“在一种独特的精神行为中整体把握还未被整体经验的事物，甚至是那些可以被整体经验的事物，因为这些事物通过时间、空间或者一种逻辑的观点中被区分。产生这种行为的能力是理解的一个必要条件（虽不是充分条件）”（第547页）。在此意义上，理解既不自我限定于历史认识，也不限定于时间行为。理解一种从其前提得出的逻辑结论便是一种不具有叙事特征的理解类型：虽然它明显蕴含着某些时间假定，因为我们尝试整体思考的内容由“只能被**依次**（*seriatim*）经验的部分之间的复杂关系”构成（第548页）。但是这只是以康德方式说所有经验在时间中产生，即使在空

① “作为理解模式的历史与想象”（«History and Fiction as Models of Comprehension»），同上。

间中产生的事物也一样，因为我们必须“追溯”(parcourir)、“保留”(retenir)、“认识”(reconnaître) 所有相关经验的构成部分和步骤。简言之，“理解是整体观察事物（voir-des-choses-ensemble）的个别行为，仅此而已”。

此外，广义的理解显示了一种对于理解的叙事模式具有重要意义的根本特征。明克宣称所有的理解都具有把世界理解为一种**整体性**的理想目标，即使这一目标不能达到。换句话说，目标不能达到是因为他是神圣的理解，但是它是有意义的，因为人类的计划便是取代上帝的位置（第 549 页）。神学主题的意外闯入绝不是次要的。三种理解模式引证的终极目标产生于向波爱修斯（Boèce）的认识论过渡，即波爱修斯的定义：“上帝关于世界的知识是一种**协调性整体**（totum simul），在其中所有时间的连续时刻在一个单一的知觉中共现（co-présent），并把这些连续的事件构成为一个事件的景象。”①（第 549 页）

明克毫不犹豫地把这一**广义的**理解目标应用于构型模式：“毫无疑问，波爱修斯赋予上帝对于世界认识的**协调性整体**是最高层次的构型理解。”（第 551 页）借助于这一论断，对之前局限于理解一个故事行为的现象学批判具有了新的意义。在**协调性整体**的名义下，似乎彻底拒绝叙事理解的内容便是这种现象学成功保留的故事的连续系列。我想探询是否更多地由已经理解而不是正在理解构成的历史的论证——自身是完全有效的——没有被推进得太远，并且被明克随后的立场削弱，明克认为在构造理解行为中“行动和事件虽然表现为在时间序列中发生，但是可以在一种独一无二的观看中被考察——如果可以这么说的话——就像在一种意义序列中被

① 明克确实以两种方式细化了这一立场，即通过这一理想目标，所有的部分性理解都是可以被判断的。首先，对这一理解的理想目标存在不同的描述：拉普拉斯的世界可预测模型在其最细节处与柏拉图《理想国》第六卷的**通观**（synopsis）概念并不一致。其次，这些描述是三种不同又相互排斥的理解模式的推论。但是这两个修正没有影响根本的论证，即理解的目标是取消在理解的**一致性整体**中的经验特征。

联结在一起，我们从来都只能部分地获得一种**协调性整体的**表象”（第 554 页）。

我想探询是否被提升为高等层次的构造理解的内容反而没有指出其取消的内容。为了避免这种叙事理论的麻烦后果，难道不应该把一种对立的功能赋予**协调性整体**概念：即明确地把理解的目标**限定**于放弃构成情节**片段性**（*épisodique*）基础的时间序列特征？因此**协调性整体**必须被理解为康德意义上的理念（Idée）：有限-理念，而不是目的或导引理念。我们在第四部分会重新回到这一问题。目前，只需要知道是否这一理想目标真的是蕴含在**真实**叙事理解中的合适推论。

在单纯的现象学层次——**“已经理解”**的层次正好对立于“正在理解”的层次，有争议的是这一论断，即“在一种叙事理解中，不断消逝的时间序列的思想——或者，人们也可以说仍像是柴郡猫（Cheshire Cat）[①] 的笑容一样”（第 554 页）。我拒绝相信“在一个我们已理解的故事的构造理解中……也就是说，回溯指称的必要性取消了向前指称的偶然性”（同上）。用以支持这一结论的论证没有一个是有说服力的。

当前历史编纂学年表中的论证有效性减弱——与之伴随的对日期的关注——是完全合理的。但是仍有待解决的问题是在哪一点上对简单编年史的超越蕴涵着放弃所有时间性模式。从奥古斯丁到海德格尔，所有的时间存在论都尝试从纯粹的年表性时间中清理出建立在连续之上的**时间**特征，但是这些特征不能同时被还原为简单的连续和年表。

当我们把一个特定行动理解为对一个事件的回应时（“发出一个电报”对应“接收到一个回应”），理解是完整的这一论证是

① 柴郡猫（Cheshire cat）是英国作家刘易斯·卡罗尔（Lewis Carroll, 1832—1898）创作的童话《爱丽丝漫游奇境记》（*Alice's Adventure in Wonderland*）中的虚构角色，形象是一只咧着嘴笑的猫，拥有能凭空出现或消失的能力，甚至在它消失以后，它的笑容还挂在半空中。——译者注

完全正确的；但是发出和接收一个电报之间的联系被一种中介因素确认："收到回应"包含一个从开始事态到结果事态的**变化**。因此，我没有权利在"回应"的基础上进行普遍化，并且认为"一个被理解为整体的故事的行动和事件被一种相互重合的描述网络联结在一起"(第556页)。在这种相互重合的描述网络中，由动词时态所标记的对语句的放弃是故事的叙事性质与时间关联一道消失的标志。我们当然可以说，在回顾中，所有在俄狄浦斯的**故事**中产生的事件都可以在俄狄浦斯的**形象**中被整体把握。但是这一形象等同于俄狄浦斯悲剧的"思想"。因为"思想"——亚里士多德命名为理性（*dianoia*）——是一种从情节衍生出来的意义，这与角色的衍生方式相同。

现在仍需要考察一种从文学批评到历史认识论的情节概念转变以何种方式能够澄清叙事中的协调与不协调之间的具体辩证法；在理解的构型模式分析中，叙事辩证法被考察得还不够，在我们赋予它与神圣知识相同的**协调性整体**目标的名义下，它倾向于消解自身时间性质。

（四）构造情节的解释

借助于海登·怀特的著作[①]，我在上文以**模仿 II** 名义提及的构造情节程序第一次被赋予历史编纂学的叙事结构。尽管它们没有涉及全部领域。

怀特的分析的力量归功于他痴迷于澄清他对伟大历史文本进行分析的假设，以及定义话语的普遍性，这些假设反过来在其中发现了其位置。

---

① Hayden White, *Metahistory: The Historical Imagination in Nineteenth-Century Europe*, Baltimore and Londre, The Jons Hopkins University Press, 1973. 怀特把其导论命名为："历史的诗学"，第1—42页。

第一个假设如下：跟随着明克的工作，怀特用其他方式而不是认识论的方式重新组织了历史与虚构之间的关系，由此客观性和证据的问题便是谁决定了对所有话语模式进行分类的根本标准。不管我们在第四部分如何讨论这一问题，第一个历史话语的“诗学”假设是：就其叙事结构来说，**虚构与历史属于同一类型**。第二个假设是：历史与虚构的结合蕴含着历史与文学的结合。对一般分类的颠覆要求认真对待**历史被刻画为写作**。“历史写作”——使用米歇尔·德赛杜（Michel de Certeau）的一个著作的名称[①]——并不外在于历史学的构想和创作；它并没有构成一种只是来源于交流的修辞学的次要操作，我们可以把它忽略为简单地属于修订的序列。它是历史理解模式的构成部分。历史本质上是历史-编纂学（historio-graphie），或者以一种故意激起争端的方式来说，历史是一种文学作品（*literary artifact*）[②]。第三个假设：认识论者所勾勒的历史学家的历史与**历史哲学**之间的界限也必须被质询，因为，一方面所有伟大的历史著作都展现了一种整体的历史世界的视野，另一方面历史哲学与伟大的历史著作一样都借助于相同的表达资源。这就是为什么在《元史学》这一部伟大著作中，怀特毫不犹豫地把米什莱（Michelet）、兰克、托克维尔（Tocqueville）、布克哈特（Burckhardt）与黑格尔、马克思、尼采和克罗齐（Croce）置于相同的框架之中。

怀特称这种历史编纂学的“诗学”为“元史学”，以区别于一种以历史“**调查**”（*inquiry*）为核心特征的认识论，后者固守于在作为科学的历史学与传统、神话叙事之间建立认识论断裂的客观性与真

① Michel de Certeau, *L'Écriture de l'histoire,* Paris, Gallimard, 1975.

② 在 1974 年被命名为《作为文学作品的历史文本》一文中［«The Historical Text as Literary Artifact »（*Clio* III/3, 1974, pp.277—303），重新收录于罗伯特·卡纳瑞（Robert A. Canary）和亨利·科基齐（Henry Kozicki）《历史书写》（*The writing of history,* 1978, University of Wisconsin Presse）一书中］，怀特把语言作品定义为：“因此，很久之前的结构和过程模型既不能被归属于实验控制，也不能被归属于对象控制。”（*Clio*, p.278）在此意义上，历史叙事是“语言的虚构，其内容被发明的与被发现的一样多，并且相对于科学，它们与文学具有更多的共同之处”（同上）。

理性的条件。

刚才所讨论的这三个假设实际上包含着一个对此论题的转移和重新分类。只注意到历史的“科学性”条件需要对误解这些结构负责，这些结构把历史学置于虚构的叙事空间之中。只有一种元史学才敢于把历史叙事理解为**语言虚构**（*fiction verbal*），由于其内容和形式从而类似于其文学对应物。稍后提出的问题便是是否也能够把历史学重新归类为文学作品，而不是把其降级为宣称是科学的知识。

不可否认的是对这一论题的转移和重新分类蕴涵着一个向从文学批评借用来的历史编纂学范畴的转移。

讽刺的情形是这些被借用的东西正是由它们的反对者完成的。我们没有忘记亚里士多德坚决把**历史学**（*historia*）从其关于情节的论题中排除出去。为了把握怀特的立场违反亚里士多德禁令的意义，我们必须理解这一禁令的理由。亚里士多德没有局限于指出，由于历史过于“片段化”而不能满足其《诗学》的要求（毕竟这一判断容易从修昔底德的著作中撤销）。他也指出为什么历史是片段的：因为它记录真实发生的事情；不同于诗学所理解的可能性，情节突转所澄清的真实性蕴含着一种逃脱诗人控制的偶然性。这是因为诗人创造了情节，他们可以从真实的偶然性中彻底摆脱，并且把自身提升到概率的可能性层次。因此，把历史学转移到诗学的循环中并不是一种无辜的行为，并且由于涉及对真实偶然性的讨论，所以不能毫无结果。

在文学批评中，违反亚里士多德的禁令受到的反对并不少，怀特的著作甚至更接近这一点。对于奥尔巴赫（Auerbach）、维恩·布斯、斯科尔斯（Scholes）和凯洛格（Kellogg）来说，想象被定义为对立于“真实”（réel），并且历史继续提供表现的现实主义模型。极端讽刺的是诺思洛普·弗莱——怀特特别借用了他的思想——是对此界限最为警惕的人之一。弗莱认为虚构是关于可能性的；历史是关于真实性的（réel）。弗莱重新采用了亚里士多德的立场，认为诗人在一种统一的形式上进行创作，历史学家朝着这一目标工作。[①]他认为只有斯宾格勒（Spengler）、汤因比（Toynbee）和威尔斯（H. G. Wells）这些人的历史哲学似乎能够与戏剧或者史诗一样属于相同的“诗学”范畴。

因此，怀特认为元史学必须突破两种反对意见：一种是历史学家所坚持的历史与传统或神话叙事之间的认识论断裂把前者从虚构的循环中解放出来，另一种是文学批评所坚持的想象与真实之间的区分显而易见是毫无问题的。

在此章，我们不会讨论全部问题：我们在第四部分预留了语言虚构的问题，这些问题要求我们必须回到历史中的真实的表象概念，我选择在**模仿 III** 之中考察此问题。因此，我们在这里仍局限于**模仿 II** 意义上的被理解为构型的虚构。我意识到把怀特的最为形式化的分析与关于历史真实内容的分析完全分离（分界线贯穿于他关于构造情节与历史领域的前构造的思考，他把它为指定为一种比喻理论：隐喻、借代等等）对他来说是不公正的。在我看来，这一缺憾通过这一优势得到弥补，即通过不尝试把似乎更为严格的形式分析[②]的结果与似乎更为脆弱的譬喻学分析联系起来。

值得注意的是，除了在完全不把“**叙事历史**”概念等同于构造情节概念的条件下，构造情节在怀特那里并没有获得大量讨论。在《元史学》以及其他文章中，怀特很谨慎地把构造情节置于其他操作之中，在不同著作中，这一列表是不同的。考虑到教学的目的，这就是为何我首先考察的不是“情节”，从而可以重点关注我对其进行评论的主要部分。

---

① N. Frye, «New Direction from Old », in *Fables of Identity,* New York, Harcourt, and World, 1963, p.55.

② “简言之，我的方法是形式主义的……”(《元史学》，第 3 页）我们将会看到，在何种意义上，**构造情节**理论把法国结构主义的形式主义以及相近的理论区别于诺思洛普·弗莱的理论，我们将会在第三部分讨论这一问题。

在《克利奥》(*Clio*) [1] 的一篇文章中，情节被置于故事与论证之间。

这里的**故事**是有限定意义的——“讲述故事”：在本质上是序列叙事的意义上，它具有开端、高潮和结尾。事实上，是“故事线索”概念而不是**故事**概念充当了基准。怀特很明显也想摆脱历史——正如现在它被写就的那样——不再是叙事这一论证：他认为只有当我们把故事还原为故事线索时，这一反对意见才是有效的。

在怀特看来，在**故事**与**情节**之间划定界限——它使很多批评感到困惑——似乎在历史中比在文学批评中更为紧迫；因为，在历史中构成故事线索的事件并不是由历史学家的想象产生的，而是要接受证明程序。在我看来，我在这一论证中看到一种对亚里士多德禁令的回应：这一解放的代价正是**故事**与**情节**的区分。

但是这一区分并不是一直易于坚持，因为**故事**已经是一种组织化的模式，它由此区别于一种简单的事件编年史，并通过“动机”或者“主题”的形式被组织，从而统一和描述其中的子集。[2] 故事由此已经能够产生“解释的效力”。正是为了公正对待**故事**本身的解释效力，《元史学》把它区别于“编年史”，它因此成为历史领域的首要陈述形式。我们在保罗·韦纳那里重新发现了“历史领域”(《元

---

① Hyaden White, «The Structure of Historical Narritive », Clio I, 1972, pp.5—19. 在《元史学》中，“故事”将先于“编年史”，“论证模式”将通过“意识形态的蕴含模式”被完成。

② “因此，通过动机来组织是故事陈述的一个角度，它提供了一种解释的类型，当明克说历史学家在其历史学中通过‘构型’事件而提供了一种‘事件的理解’时，他所思考的正是这一问题。”(《历史叙事的结构》，第 15 页)《元史学》确认了这一点：“通过初始动机、终结动机和过渡动机对编年史中的某些事件的刻画，编年史向故事的**转化**得以实现。”(第 5 页）对立于编年史，故事是“**动机式编排**”(*motifically encoded*)(第 6 页)。我几乎不会同意明克把构型行为领域还原为**故事**。但是，怀特认为在传播中存在着一个对构型行为与通过**故事**进行解释之间关联的确认，明克在构型理解、范畴理解与理论理解之间确认了一种关联。怀特认为可以通过**构造情节**概念把范畴模式赋予解释，并且可以通过论证把主题模式赋予解释（《历史叙事的结构》，第 18 页)。除了这两种理论——明克和怀特的理论——不相互重合，几乎没有人可以公正对待明克对构型行为的分析，即把构型行为的应用性范围还原为**故事**的组织，以及还原为对**情节**和**论证**的排除。正如我的情节概念一样，明克的构型行为在我看来似乎包含怀特所区分的三个领域。我认为分歧的关键在于怀特通过构造情节对解释进行相反的还原，即把情节等同于一种类型，也即等同于一个故事所属的情节**范畴**。这一还原对于我来说似乎是武断的。

史学》，第30页）概念，这一概念提出了一个仍是早期陈述的问题。实际上，在已组织好的叙事内部，我们只能谈论一种**未被处理的历史记录**（《元史学》，第5页），即一种对选择和安排过程开放的前概念背景。①

构造情节（*emplotement*）保留着一种区别于故事的解释效力，在此意义上，通过确认它所属的**类别**（*classe*），它没有解释作为被讲述历史（故事）的**事件**，而是**故事本身**。故事线索允许我们确认一种独特的构型，构造情节使我们认识了一种传统的构型类别。作为被编排的故事本身而不是事件的功能，这些情节范畴类似于贡布里希（E. H. Gombrich）在《艺术与错觉》中所指出的主导我们“阅读”绘画的“关系密码”(cryptogrammes relationnels)。

由此，怀特认为他可以通过放弃基于因果和规律的历史的组织化，从而回避亨普尔拥趸的反叙事主义论证，并可以从中抽离出适用于构造情节的解释范畴。但是他这么做的代价是把历史解释与事件解释进行分离。

情节（*plot*）与**论证**之间的界限不再容易追溯。论证确定了历史所围绕的主题（“中心思想”或者“主旨”)(《元史学》，第11页)，简言之，即叙事的主题。在或然性或者必然性的外衣下，亚里士多德把论证纳入到情节之中。然而我们可以说，正是区别于史诗、悲剧、喜剧的历史编纂学要求对“解释效力”的层次进行区分。正是因为论证解释可以区别于构造情节解释，所以逻辑学家发明了覆盖率模型。历史学家的确以一种形式化的、清晰的、推论的方式进行论证。但是覆盖率模型的支持者未能看到正是他们论证的领域要远

① 在《元史学》中，这种从**故事**向编年史的回归，以及随后从编年史向历史领域的回归类似于胡塞尔在发生现象学中从主动综合向始终在先的被动综合的回归。在这两种情况中，被提出的问题是什么先于所有的主动和被动综合。这一令人困扰的问题使得胡塞尔转向**生活世界**（*lebenswelt*）问题。它导致怀特转向一个完全不同的问题，我们将在第四部分回到这一问题，即比喻陈述“预示”(同上）了一种历史领域，并且向叙事结构敞开。历史领域概念因此不是仅仅内在于叙事结构等级的界限，它以更为根本的方式指出了叙事的“解释效力”研究与“表象”功能研究之间的过渡。

远大于普遍规律的领域，与历史相联结的从科学借用来的东西已经在历史领域之外被构造。历史学家有他们自己的论证方式，但是这些论证方式属于叙事领域。这些论证方式的数目如此繁多，以至于需要一种类型学。如果情况确实如此的话，这正是因为每一个论证方式都同时表达了关于历史领域本身本质的元史学特征的假设，以及关于我们可以从历史中的解释获得什么的元历史学特征的假设。怀特从斯蒂芬·佩珀（Stephen Pepper）的《世界的假设》中借用了类型学概念。怀特区分了四种主要的样式：形式主义、机能主义(organiciste)、机械主义、语境主义（contextualiste）①。他乐于强调如果前两个被看作是更加正统的，后两个是更加反正统和形而上学的(尽管这一类型的大师包括汉克和托克维尔)，这是由对这些整体假设的认识论地位的误解导致的。人们忘记了“历史学不是一门科学；它至多是一门原始-科学，在其构成中还包含一些可明确认定的非科学因素”(《元史学》，第 21 页)。

实际上，通过这些主要样式进行解释类似于通过**意识形态**的含义进行解释，《元史学》把它看作叙事结构的第五种类型。通过内在于一种写作历史的特殊方式的伦理学立场，怀特把后一种解释模式与前一种模式区分开。前一种模式的假设必须处理历史领域的本质问题。意识形态模式的假设包含历史意识的本质，因此包含解释过去事实与当前实践之间的关系。②这就是为什么解释的意识形态模式也具有一种冲突结构，它也需要一种合适的类型学。怀特从卡尔·曼海姆（Karl Mannheim）的《意识形态与乌托邦》中借用了意

① 关于这一建构的具体细节以及 20 世纪伟大历史学家对它的澄清，参见《元史学》，第 13—21 页以及其他各处。

② “我把‘意识形态’理解为一系列规定，它使我们在当前的社会实践领域中采取立场并依照它进行行动，……这些规定被依赖于‘科学’或‘现实主义’权威的论证支持”(《元史学》，第 22 页)。怀特在这里借用了法兰克福学派哲学家的尝试，跟随阿佩尔（K. O. Apel）和哈贝马斯（Habermas）以及那些像克利福德·格尔茨（Clifford Geertz）那样的人类学家——当然也包括那些像葛兰西（Gramsci）和阿尔都塞（Althusser）这样的马克思主义者，从而解放了马克思在《德意志形态》中所批判的纯粹贬义内涵的意识形态概念。

识形态的分类概念——虽然他在很大程度上改变了这一概念。他通过这种方式假定了四种基本的意识形态立场：无政府主义、保守主义、激进主义、自由主义。无论这一类型学多么契合于 19 世纪的伟大历史著作，对它的考察正是《元历史学》的目的，重要的是强调这一事实：通过增加意识形态模式，怀特满足了两个独立但不是对立的要求。一方面，基于后-马克思主义的意识形态概念，通过重新引入**理解**（*Verstehen*）传统——在法国以阿隆和马鲁为代表——一直强调的历史认识的构成部分，他为这些研究工作提供了真理的原因：即历史研究工作中的历史学家的意义，对价值的考察以及当前世界中行动与历史的关系。在对社会变迁、可取范围、可取节奏的最终分析之中，意识形态偏好与元史学相关，因为它们被整合到历史领域的解释和语言文字模式的建构之中，历史借此可以在叙事中对事件和进程进行整理。另一方面，通过区分论证和意识形态，怀特指出对意识形态本身进行批判的意义，并让意识形态遵守与形式论证解释模式相同的讨论规则。

由于被故事线索（这一层次本身分裂成编年史和动机链条）和论证（这一层次分裂成化形式论证和意识形态意义）所规定，**构造情节解释**对于怀特来说具有一种严格和有限的意义，这允许怀特可以同时说它不是结构叙事的全部但却是其支柱。①

通过构造情节概念，怀特不仅仅意指故事的线性内容与所提出主题的论证内容的简单结合；他意指故事所属的**类型**，因此是我们

① 我们可以质疑是什么实现了叙事的统一性，它所涉及的领域看起来如此众多。像以往一样，求助于词源学（“历史叙事的结构”，第 12—13 页）并不是特别清楚；罗马语的叙事（*narratio*）太过于多义并且太过于依赖于其语境；至于词根 na-——每一个可知性模式都以之为前提——不再提供任何确定的标准。更有趣的是如下的建议：在所有认识能力背后，都存在一个认识者；在所有叙事背后，都存在一个叙事者；难道不应该在叙事话语这一侧寻找解释效力的统一性和多元性？“于是我们可以说一个叙事可以是任何的文学形式，在其中叙事者的话语在一个被我们忽视、不理解或者遗忘的背景中诞生，从而有目的地引导我们关注以一种特殊方式被组织的经验片段”（同上，第 13 页）。但是，并不是在叙事结构以及对它们的陈述这一侧寻找叙事类型的统一体，而是在作为陈述的叙事这一侧寻找。我们将在第三部分回到此问题。

在自己的文化中学习辨别的一种构型范畴。为了澄清这一问题，我们可以说怀特需要借助我在第一部分中曾长期讨论的一个主题，即构造情节中的范例，包括通过创新和积淀的相互影响所实现的一种对叙事传统的构造。但是，我通过范例与个别故事之间的整体交换来刻画构造情节，而怀特只是保留了他的**构造情节**概念的范畴化功能：但这就解释了为何他转向了纯粹线性意义上的**故事**概念。被如此理解的构造情节构造了一种解释模式："构造情节解释"(《元史学》，第7—11页)。解释在这里便为逐步确认构造情节的等级提供一种指导（"历史叙事的结构"，第7页)。"一个特定的历史学家被迫要把故事整体情节化，这些故事在一种包含性的或者**原类型**的独特形式中构成了其叙事。"(同上，第8页)

怀特从弗莱的《批判的解剖》中借用了构造情节的类型学概念：**传奇**（*romance*)、**悲剧**、**喜剧**、**讽刺诗**（史诗被排除，因为它似乎表现为编年史的不清晰形式)。对于弗莱来说，讽刺诗的类型具有一种原初意义，因为建立在讽刺模式之上的故事从它们令读者沮丧的事实中得出结果，这与读者希望在传奇、喜剧或者悲剧模式中得出构建故事的决心不同。在此意义上，讽刺诗在各方面都对立于展现英雄取得最终胜利的传奇类型；但是，它也至少在部分上对立于悲剧——尽管缺少对人类最终超越堕落世界的庆祝，需要为观众精心设计一种和解，从而使其可以认识到控制结果的法则；最后，讽刺诗要和人类、社会与在喜剧中通过幸福结局所带来的世界之间的相互和解保持距离；然而对立始终是局部的：也可能存在一种讽刺悲剧和讽刺喜剧。讽刺诗从对世界想象的极端不一致开始，这一世界在传奇、喜剧和悲剧中被戏剧化。

历史认识的认识论从这些"解释模式"(以及它们的相应的"解释效力")与情节、论证、意识形态的三种相互独立层次的类型学之间的区分受益的内容是什么？如果我们把风格理解为一种由多样化叙事范畴所敞开的明显相互重合的可能性，那么从本质上来看，它获得的是一种历史编纂学的**风格**理论。

通过理解组合系统的复杂性等级，我们可以逐级构造这一风格理论。

在第一层次上，风格理论在三重基础上发生作用：**故事**、**情节**、**论证**。因此，在1972年的文章中，这一三重区分被三部著作澄清：兰克的《宗教改革时期的德国史》所澄清的作为故事线索功能的解释；托克维尔的《美国的民主》所澄清的论证解释；布克哈特的《意大利文艺复兴时期的文化》所澄清的情节解释。每一部著作毫无疑问都包含了故事线索、情节和论证，但是其比例是不同的。线性秩序在兰克那里是主导的：故事有一个开端、发展和结尾，并在读者面前呈现。他的论证可以被还原成仍保持其同一性的德国所发生的变化。情节限定于展示"一个事物如何导致另一个"(第6页)。在此意义上，对于兰克来说，所有的内容都是澄清历史编纂学的"叙事主义"类型的**故事**。托克维尔那里当然也有**故事**，但是它在朝向我们时是开放的，它包含通过我们的行动赋予它一个结局的重担。如果我们愿意的话，他所讲述的所有内容都只是一个故事的扩展的"发展环节"。但是，他所强调是把社会等级、民主政治、文化、宗教等结合在一起的结构类型。相反，我们可以说在布克哈特那里所有的内容都是论证：故事只是起到澄清他关于文艺复兴中的个体主义立场的作用。

但是，通过以不可察觉的方式把故事、情节、论证这一三重区分与构造情节的类型学结合起来，怀特的历史风格理论进展到第二个层次。如果布克哈特澄清了论证相对于情节以及故事的优先性，那么他同样澄清了构造情节的讽刺模式：因为一个故事绝不会破坏我们对一种道德和理智结论的期待，正如它已经被传奇、喜剧和悲剧这些其他构造情节的范例所塑造。相反，米什莱以传奇模式、兰克以喜剧的方式、托克维尔以悲剧的方式构建各自的故事。

最后，通过把构造情节、论证和意识形态的内涵这三种独立的类型学结合起来，怀特的风格理论进展到第三个层次。因此，我们也获得了一种至少包含“选择相似性”的结合系统——即使不是所有可能的结合系统，这些相似性勾勒了可确认的历史编纂学风格得以产生的兼容性网络：“在我看来，一种历史编纂学风格表现了一种构造情节、论证与意识形态内涵模式的特殊**结合**。”（《元史学》，第29页）①但是，如果我们在一种风格中看到一种解释模式的必然性结合，那么我们在很大程度上便误解了它们。风格毋宁是一种相似性之间的灵活应变的游戏：“刻画了所有伟大历史学家著作的辩证法张力一般来源于一种把构造情节模式与论证模式或者与之不一致的意识形态内涵结合起来的努力。”（第29页）

我们也通过一个很长的迂回才进入到我们的不协调的协调论题②：不协调的协调的第一个起源来自三种模式之间的对立，这三种模式从整体上把一种解释功能③赋予叙事结构④。不协调的协调的另一个起源产生于几种构造情节方式的碰撞，这种碰撞不仅仅是不同历史学家之间的，而且是存在于一部伟大历史著作的核心中。

总之，我们开始所讨论的叙事结构概念涵盖一个比“叙事主义”作者赋予它的更加广泛的范围，情节概念从它与故事和论证的对立中获得了一个不常见的精确化。

但是，特别需要注意的是不能忽视历史编纂学风格理论得以奠

① 在《元史学》第29页，怀特提出了一个相似性列表，这一列表主导着他自己对四个伟大历史学家和历史哲学家的解读，此书主要是致力于研究他们。

② 从一个构型过渡到另一个构型一直是可能的。根据历史学家所做出的情节结构的选择，相同的事件整体可以导致一个悲剧或喜剧故事，正如马克思曾指出的那样，对于一个阶级来说，《路易·波拿巴的雾月十八日》可以是一个悲剧，但对另一个阶级来说则是闹剧（farce）（“作为文学创作的历史文本”，同上，第281页）。

③ 我在此处没有谈论的比喻理论把一个额外的维度增加到历史风格之上。但是它没有为解释本身增加任何东西（《元史学》，第31—52页，以及“作为文学创作的历史文本”，第286—303页，都涉及叙事的模仿内容）。在关于想象与过去真实事件之间关系的讨论框架下，我将在第四部分回到这一问题。

④ 怀特指出他在“结构与历史叙事”的结尾部分的工作（第20页）要归功于弗兰克·克蒙德的《结尾的意义》（*The Sense of an Ending*）。

基的这个三元类型学基础没有宣称任何“逻辑”权威。特别是构造情节模式是一种写作传统的产物，它把历史学家所使用的构型赋予这些模式。传统性的这一内容最终是最重要的：作为作家，历史学家面向能够认识叙事这一传统艺术形式的公众。因此，这些结构并不是僵死的规则。它们并不来源于先天分类学的等级。它们是文化传承的形式。如果我们可以说没有任何事件自身是悲剧的，只是历史学家以某种特定的方式对它进行编排从而使它如此显现，这是因为编排的任意性不是通过故事，而是通过读者对所遭遇的已知编排形式的期待受到限制：“根据这样的情节结构对事件进行编排是文化为过去的人物或公众赋予意义的一种方法。”(《作为文学创作的历史文本》，第 283 页）因此编排更多的是由被期待的意义效果而不是由需要被编排的材料主导。

这种意义效果本质上在于把不熟悉的变成熟悉的。编排产生这一效果是因为历史学家与其听众共同分享这些理智形式：“有意义的人类处境必须依赖于历史学家参与到意义形成的具体过程，它使历史学家成为文化传承中的一员而不是一个他者。”(第 283 页）①

通过这种方式，构造情节的动态特征通过其传统性的特征被重新恢复，即使它的发生特征是唯一被考察的内容。此外，这一特征由历史编纂学的**风格**概念所重建的编年史、动机链条、情节、论证与意识形态内涵的连续性进行平衡。这就是为什么它允许——稍微有些对立于怀特，但是很大程度上要归功于他——把构造情节看作是把所有叙事陈述层次**动态化**的操作。构造情节不仅仅是众多层次中的一个：正是它实现了讲述与解释之间的过渡。

---

① 叙事编排中的传统的作用回应了被历史编纂学风格理论所实现的三种类型学都是**借用来的**这一反对意见。必须指出，我们先前所说的作为规律的编排传承形式不是由历史学家建立的，他们只是使用它。这就是为什么一种对传统形式的认识可以在历史中具有解释的价值：在这一方面，怀特比较了对内容的重新熟悉过程与发生在心理治疗中的主体所不熟悉的事件。(“作为文学创作的历史文本”，第 284—285 页）。这一比较具有双重意义，因为历史学家尝试让我们熟悉的事件由于其创伤性特征而经常被遗忘。

（五）“如何书写历史”①

在我看来，有趣的是在此章的结尾部分重回到法国的历史编纂学：保罗·韦纳的著作《人如何书写历史》——只描述法国的状况——在把历史降级为科学与对情节概念进行辩护结合起来时具有显著的优势。令人奇怪的是保罗·韦纳同样处于我们刚才所描述的两种思潮的冲突之中，虽然他的思想来源于马克斯·韦伯而不是盎格鲁-撒克逊的“叙事主义”思潮，并且即使他与逻辑实证主义保持着一种此思潮已经中断的联系。但是，通过把他置于这一战略性的交汇处，我希望为已经十分具有争议的工作再增加一个争论点。

实际上此书可以被看作是一种两种动机相互交织的专著：历史只是“一种真实的叙事”（第 13 页），以及历史是一种过于“庸常”（sublunaire）的科学，从而不可以被规律解释。降低解释的自负，提升叙事的能力：两种运动在一种不停震荡的游戏中保持平衡。

提升叙事能力的目标：如果我们把叙事和情节结合起来，目的便会达到，马克·布洛赫、吕西安·费弗尔、费尔南·布罗代尔、亨利-伊雷内·马鲁都没有尝试这么做，因为对于他们来说，叙事是由行动者自身做出的，专门用于解释行动者当前的混淆和困惑。但是，准确说来是因为叙事是被构建的，它没有复活任何东西。韦纳认为：“历史是一种书本上的概念而不是存在概念；它是由理解的被给予物实现组织化，这些被给予物与时间性而不是与我的**此在**相关”（第 90 页）；并且“历史是一种理智活动，它通过通俗文学形式提供简单的好奇性结局”（第 103 页）。没有什么把这种好奇性与某种存

① Paul Veyne, *Comment on écrit l'histoire,* augmenté de «Foucault révolutionne l'histoire », Paris, Éd. Du Seuil, 1971. 人们会在我的“法国历史编纂学对历史学理论的贡献”一文中发现一个更加完整的考察。参见 Raymond Aron, «Comment l'historien écrit l'épistémologie: à propos du livre de Paul Veyne », in *Annales,* 1971, n°6, Nov.0déc., p.1319—1354。

在论基础结合起来。①

在某种意义上，韦纳把叙事称作阿隆和马鲁所说的重构。但是这种术语的变化有其重要性。通过把历史理解与叙事活动联系起来，韦纳允许进一步推进关于“历史对象”（第一部分的标题）的描述。实际上，如果我们坚持事件概念的本质特征——即每一个事件都是单独的和不可重复的，那么没有什么东西把它确认为历史的或者物理的：“真正的区别不是历史事实与物理事实之间的，而是历史编纂学与物理科学之间的。”（第 21 页）后者把事实归结到规律之下，前者把事实整合到情节之中。构造情节便是把一个事件确认为历史的活动：“事实只在情节之中并通过情节才存在，它们在其中呈现出人类的戏剧逻辑强加给它们的相对重要性。”（第 70 页）此外，“因为所有事件与属于其他事件一样，也都是历史的，所以我们可以自由地分割事件的领域”（第 83 页）。在这里，韦纳加入了我们刚才所研究的英语“叙事主义者”的理论阵营。一个历史事件不仅仅是发生的事件，还是可以被讲述的事件，或者在编年史与神话中已被讲述的事件。另外，历史学家将不会为只能在残缺不全的史料的基础上进行研究感到绝望：我们只通过我们知道的内容来构造情节；情节在本质上是“残缺的”知识。

通过重新把与情节联系起来，保罗·韦纳可以缓和由年鉴学派开始的事件与非-事件的争论。如果情节是事件的唯一标准，那么长时段与短时段一样都是事件性的。非-事件只是指出事件的不确定性领域与已构成情节的领域之间的分裂：“非-事件便是如此这般还未被考察的事件：土地史、风貌史、疯癫史或者依据年代寻求安全性的历史。因此我们把非事件称为我们还未如此这般意识到的历史性。”（第 31 页）

此外，如果我们可以最大程度的定义作为情节内容，那么量化

① 阿隆没有，特别是马鲁没有明确把这一重要联结切断，这一联结把历史与他者的理解重新联系在一起，并把它与亲身体验的特定内容联系起来。

历史（histoire quantitative）也会回归正轨：存在一种无论何时历史学家都可以把一系列目标、质料因、偶然性整合起来的情节；情节便是“一种十分人性的和十分非‘科学性的’质料因、结局和偶然性的混合物”(第 46 页)。年代顺序对于它来说不是根本的。在我看来，这一定义完全与我们在第一部分提出的异质性综合概念兼容。

只要我们可以辨认这种不相称的结合，情节便存在。在此意义上，非编年的系列，即量化主义历史学家的一系列**项目**（items）由于它们与情节的联系——尽管是脆弱的联系——仍处于历史学的领域之中。在我看来，情节与**项目**之间的联系——韦纳没有清晰解释这一联系——似乎被从库尔诺（Cournot）那里借用来的因果系列的相互交织概念确认（在 1937 年的著作开始部分，阿隆也提到这一问题）：“事件领域是一种系列的相互交织。”(第 35 页）但是所有系列的相互交织都是一个情节吗?

韦纳认为可以把情节概念扩展至时间概念对于它来说并不是必不可少之处：“当一个历史成功摆脱所有个体性的剩余，以及所有时空的联合，即把自己完全展现为情节的统一体时，这种历史会变成什么呢？这便是此书中所讨论的内容?”(第 84 页）因此，韦纳想获得一种被亚里士多德的情节概念所开启的一种可能性，我们曾看到这一概念忽视了时间，即使它包含开端、发展和结局。这一可能的非编年性（achronicité）也被众多英语世界的学者指出（例如上文提到的路易斯・明克)。这种可能性与一种情节的根本特征相联系，亚里士多德在此基础上构建了《诗学》，即教授普遍性的能力。我们也在上文看到怀特如何从基础上探究这种构造情节的生成性范畴资源。

当韦纳提出历史学家明显的悖论，即历史对象不是个体（individu）而是特殊的（spécifique）事件，我在他那里发现了同样的问题。这仍是情节概念让我们远离任何为把历史理解为具体科学进行辩护的观点。把一个事件纳入到情节中便是陈述某些可理解的因此也是特殊的事件：“我们可以对个体进行陈述的所有内容都具有一种普遍性。”（第73页）“历史是对人类事件中的特殊的，即可理解的事件进行描述。”（第75页）这一立场与通过**项目**进行描述的立场以及系列的相互交织立场混合在一起。个体是一系列**项目**的交叉部分，但前提是**项目**的整体仍是一个情节。

借助于这种情节的可理解性的构成部分，我们过渡到韦纳工作的另一面：降低解释的要求。

降低解释的要求：韦纳在这里扮演一名煽动者。他认为**历史具有一种批判性和一个主题，而没有一种方法**。没有方法吗？让我们把他的意图理解为产生一个事实的综合并没有任何规则。如果历史领域正如我们所说的那样完全是不确定的，在其中被发现的所有内容都是真实发生的，但是可以有很多种不同的线索去追溯它们。至于追溯它们的艺术则来源于历史类型，它可以表现为过去几个世纪所构想的所有不同的方式。

唯一与情节概念兼容的“逻辑”是一种**或然性逻辑**，韦纳从亚里士多德那里借用了这一概念：科学与规律只在尘世秩序中发挥主导作用，因为“尘世是或然性王国”（第44页）。认为历史来源于尘世的秩序与它由情节产生是同一个事情：历史“将一直是情节，因为它是人类的；它之所以是尘世的，是因为它不是决定论的一个部分”（第46页）。或然性是历史学家自由分割事件领域能力的一个必然结果。

但是，由于或然性是情节自身的一种特征，所以没有区分叙事、理解与解释的基础：“人们所说的解释几乎就是叙事把自己组织为可理解性情节的方式。”（第111页）由此人们可以期待：在尘世秩序中，不存在严格科学意义上的解释概念，即在一个规律解释一种事实的意义上。“在历史学家看来，解释意味着‘展示情节的发展，使其可以被理解’。”（第112页）对法国大革命的解释“仅仅只是对其进行**总结**”（第114页）。因此，尘世的解释也与理解没有区别。同样，让雷蒙·阿隆十分困扰的**理解与解释之间的关系问题便消失了**。至于与规律概念相分离的原因概念，韦纳对它的使用类似于莫里茨·曼德尔鲍姆[①]："原因是情节的不同片段"（第115页）；并且"叙事在一开始便是因果的、可理解的"（第118页）。在此意义上，"更多的解释便是更好地讲述"（第119页）。这是我们能够赋予历史唯一的深刻内容。如果解释似乎能够超出我们当下的理解，这是因为它能够根据或然性、质料因和自由三条线索去解释叙事的内容。"如果历史事实是人类的，那么即使最小的历史'事实'都包含这三个因素。"（第121页）这就是说历史既没有通过偶然的遭遇，也没有通过经济的原因，更没有通过精神气质、计划或者理念可以被完全解释；并不存在为这三个方面排序的规则。这是另一种认为历史没有方法的方式。

这一观点的明显例外情况：在历史中，进行解释是为了让人理解这一例外可以通过**回溯**（rétrodiction）被呈现（参见韦纳，第176—209页），这一归纳操作被历史学家用来填充他们叙事中的空白，这是通过与一种在其他系列中毫无问题的类似链条的对比实现的。在这里解释与理解似乎被更清晰地区分开，因为回溯让因果解释发挥作用。它似乎正好是在史料不提供一种情节时介入其中；我们通过回溯可以回到某些被假定的原因（例如我们说：太多过于沉重的税赋制度使得路易十四不得人心）。我们在这里通过类似的事物推理到其他类似的事物，但是没有确保在一种特殊的情况下类似性不会背叛我们。这便是让人想起尘世的因果性是不规则的、混乱的，并且只能在"大部分情况"和"除非"的情况下才有效！正是在这种相似性的严格界限中，回溯弥补了我们史料的空白。与回溯推理类型最相似的是像碑铭学家、文献学家和肖像学家那样，把事件置于系列之中。能够提供给历史学家的一个系列的等价物是一种相似

① 参见上文，第三章。

性，这种相似性确认了从一种文明或时代到另一种文明或时代的习俗、传统以及类型的相对稳定性。正是它允许我们去认识——在宽泛的意义上——从特定时代的人那里可以期待什么。

因此，回溯不能逃脱尘世知识的条件。它与蕴含律没有任何共同点。它更类似于德雷和曼德尔鲍姆意义上的因果解释（我们将在下一章回到此问题）：“历史解释不是覆盖率的，它是因果的。”（第201页）毕竟，这便是亚里士多德讨论情节时所说的：它让“一个导致另一个”优先于“一个在另一个之后”。

然而我们可以质疑因果解释与通过情节进行理解是否一直是一致的。这一点没有被认真讨论。当行动导致了意外的结果，这是历史学家遇到的正常情况，正如丹托和吕贝以不同的论证方式强调解释似乎确实表明了情节的缺陷。韦纳似乎也承认这一点：“当我们写作历史以及当我们创造历史时，意图与结果之间的间隔是我们为科学预留的位置。”（第208页）我们或许可以回应与行动者的视角并不重合但是表达讲述者“立场”的情节——也就是说“叙事的声音”——对意外的结果一无所知。

现在必须公正对待两种补充的观点：历史学没有方法，但是有批判和论题。

它批判的是什么呢？它没有构成一种方法的等价物或替代物。正如康德的概念所指出的那样，它反而是历史学家对其所使用的概念保持警惕。在这一方面，韦纳公开主张一种坚定的唯名论：“抽象不能是动力因（cause efficient），因为它们不存在……生产力也不存在，只存在产生它们的人。”（第138页）我认为这一论断不应该与上文提及的观点分开，即历史不认识个体事件而是特殊事件。简单说来，一般不是特殊。在这里，韦纳注意到马克斯·韦伯所强调的具有解释学而非解释特征的“理想类型”的事物。这是因为它们来源于解释学，历史学家为了避免它们所产生的反义从没有停止重新调整它们。历史学中的概念反而是复合的表象，从先前的命名提取出来并以探索的名义扩展至相似的情况；但是它们所提出的连续性是错误的并且它们的发生学是滥用的。但是，这便是尘世概念的运行状态，因为一直流动，所以永远可错。因此，无论何时历史学家以比较的方式进行研究——因为这是必须的，他们必须要保持警惕。在《封建社会》一书中，布洛赫对欧洲与日本的封建农奴制进行比较是正确的。但是这一比较并没有揭示一种更加普遍的现实性，也没有提供一种更具解释性的历史。它只是一种构造特殊情节的解释学方式："除了理解情节，我们还应该做什么？并且不存在两种理解的方式。"(第 157 页)

历史的**论题**仍需要被考察。历史学没有方法，但是有批判和论题（第 267 页）。以维科（Giambattista Vico）为例，"论题"这一概念是从亚里士多德的**论题**（*topoi*）或"公共空间"理论借用来的，它本身与修辞学有关。众所周知，公共空间构成了相应问题的储藏室，一个讲述者必须能够提供它们，从而可以在议会或者法庭面前进行有效发言。历史论题的目的是什么呢？它只具有一种功能：**"扩展问题列表"**(*l'allongement du questionnaire*)(第 253 页)；扩展问题列表是历史学唯一能够完成的进步。但是，如果不是通过对相应概念的丰富，这是如何实现的呢？韦纳的唯名论与他的理解理论联系得如此紧密，因此必须通过一种对概念进展的辩护来平衡他的唯名论，由于这种概念进展，现代历史学家的视野要比修昔底德(Thucydide）的视野更加开阔。毫无疑问，韦纳并不是以形式化的方式反对自己，因为他把历史论题给予诠释学，因此给予质疑的艺术；如果我们把它理解为回应问题的艺术，那么它就没有给予解释。但是这一论题仍包含在诠释学中并且没有扰乱解释吗？现在最为常见的情况是，就非事件性的历史来说，我们可以称之为"结构的"历史（第 263 页)，正是这一论题允许历史学家从它们的起源的视角跳脱出来，并允许他们以不同于历史主体或者他们的同代人的方式去概念化事件，由此可以让历史学家理性化他们对过去的阅读。实际上，韦纳说得非常好："通过论题的扩展，这种理性化转化为一种对经验世界的概念化。"

韦纳在这里要求我们整体接受两种乍看起来分裂的论点：除了**情节**，在历史中没有其他东西需要理解；问题列表的扩展等同于一种**概念化**的进展。如果我们正确解释这两种论断，那么这两种立场之间的对立就会减弱。一方面，必须承认韦纳的情节概念不与事件历史相联系，在结构历史中同样存在情节；所以在宽泛的意义上，情节理解不仅不与概念化对立而且要求概念化的进展。另一方面，必须承认概念化没有认可任何尘世知识与严格意义上的科学之间的混淆。正是在此意义上，论题仍是一种诠释学，并且没有改变理解的基本特征，它仍是情节理解。

但是，为了完全使人信服，韦纳必须解释当历史不再是关于事件时，**它**如何仍是一种叙事，无论它成为结构的，或是比较的，或者最终把从时间**连续统**（*continuum*）中提取出的**项目重组为系列**。换句话说，韦纳的书所提出的问题便是情节概念在不丧失其独特特征的前提下，我们可以把情节概念扩展至什么程度？这一问题现在必须向所有历史"叙事主义"理论的支持者提出。英语世界的作者避免了这一问题，因为他们举出的例子通常是幼稚的并且没有超越事件历史的层次。这是因为当历史不再是事件历史，叙事理论便真的会有问题。韦纳著作的巨大影响在于提出这一批判性观点，即历史只是情节的构建和理解。

第三章　历史意向性

导　引

我认为，本章研究的目的在于考察历史编纂学与叙事能力之间必须被保留的**间接**关联，因为这一问题在第三章的第一部分曾被分析。

这一关联必须被保留，但是这一关联不能是直接的，它是前面两章比较的**结果**。

第一章的分析提出历史认识与理解一个故事的能力之间的**认识论断裂**的思想。这一断裂在三个层次影响了这一能力：程序层次、实体层次、时间性层次。

在**程序**层次，历史编纂学作为研究——**历史、研究**（Forschung）、**考察**（enquiry）——从它对解释的特殊使用中产生。即使我们认可加利的观点，承认叙事是“自我-解释的”，历史-科学仍把解释过程从叙事结构中移除，并把它作为一个独立的问题。这并不是叙事忽略了为什么和因为的形式，而是它们的关系仍内在于构造情节。对于历史学家来说，解释的形式是独立的；它成为一种验证和证明过程的独立对象。在这一方面，历史学家处于判断的情景之中：置身于一个真实和潜在的争论处境中，他们尝试证明这一解释优于另一个。因此，他们寻找“证据”(garant)，其中最重要的是文献证据。通过讲述进行解释是一种证据。另一种是问题化解释本身，从而让观众对其进行讨论并可以对它作出判断，它即使不是普遍的，至少是有能力的，并且它是由与历史学家类似的人构成的。

这种历史解释的自我独立性与对内在于叙事的描述相关，它具有多种结论，每一种都强调历史与叙事之间的分裂。

第一个结论：与解释工作相联系的是一种**概念化**的工作，某些人甚至把它看作是历史编纂学的根本标准。[①] 韦纳认为，如果历史没有方法的话，这一关键问题便只能属于明确具有一个批评和一个论题的学科。没有历史认识论不在这一或另一时刻在关于（历史）普遍性的争论中采取一种立场，并且像中世纪经院哲学家那样痛苦地重新回顾唯实论与唯实论之间你来我往的争论（加利）。这与讲述者没有任何关系。他们当然使用普遍性，但是他们没有意识到由“扩展问题列表”所提出的问题（保罗·韦纳）。[②]

另一个关于作为调查的历史的关键地位的结论是：无论历史客观性的**界限**是什么，它在历史中都具有一个**客观性**的问题。莫里茨·曼德尔鲍姆认为[③]，一个判断被称作“客观的”，“因为我们把它的真理性看作是排除可能性之后，其否定也可以是真的”(第150页)。这一论断从未实现，但是却包含在每一个历史考察的项目之中。被考察的客观性有两个面向：首先，如果我们尊重相同的投射和层级的规则，我们可以期待在历史著作中被考察的事实——当它们在同一时间被考察——以地理学地图的方式相互**重合**，或者像一

① Paul Veyne, «L'histoire conceptualisante », in *Faire de L'histoire*, I, sous la direction de Jacques Le Goff et Pierre Nora, Paris, Gallimard, 1974, pp.62—92. 参见上文布洛赫利用长时段分析讨论历史中的“术语”问题（第一章，第一部分）。

② Ibid., p.309.

③ Maurice Mandelbaum, *The Anatomy of Historical Knowledge*, Baltimore et Londres, The John Hopkins University Press, 1977, p.150.

个宝石的不同侧面。但是把故事、小说和戏剧并列是无意义的，一个特定阶段的历史如何与其他阶段相重合是一个合法和不可避免的问题，例如法国与英格兰的历史，以及一个特定国家的政治或军事历史如何在一个特定阶段与它的经济、社会、文化历史相重合。一种模仿地图绘制员和钻石切割员的隐秘梦想激励着历史学家的事业。即使普遍历史的观念必须永远达不到康德意义上的观念（Idea），因为它不能构成一种莱布尼茨式的公示图表，产生具体结果的近似工作由个体或集体的调查获得，这一工作不断接近这一观念，此工作既不是空洞的也不是无意义的。把历史事实结合起来的要求对应着不同研究者所获得的研究结果可以结合起来的希望，由于它们的互补性，所以可以相互修正。客观性的**信条**（*credo*）并非其他事物而是这一双重信念，即不同历史所联系的事实可以相互重合，并且这些历史的结果可以自我完善。

最后一个结论：正是因为历史具有一种客观性计划，所以它可以把客观性的**界限**作为一种特殊的**问题**提出。这一问题对于无知和幼稚的讲述者来说是陌生的。在柯勒律治（Coleridge）常被引用的话中，这一问题反而希望从公众中获得“一种对怀疑的自愿搁置”（*a willing suspension of disbelief*）。历史学家面向怀疑的读者，读者想从他们那里获得的不仅是被讲述的内容，还包括他们对自己叙事的证实。在此意义上，在众多历史解释模式当中辨认出一种“意识形态意义”（海登・怀特[①]），便是能够理解如此这般的意识形态，由此把它与本身的论证模式区分开，并把它置于一种意识形态批判的范围之中。最后一个结论可以被称作是历史研究的批判性反思。

概念化、客观性研究、双重批判表明使得历史中的解释相对于叙事的“自我–解释”特征成为自主性的三个步骤。

与这一解释的自主性相对应的是一种与**实体**相关的类似过程，

① Maurice Mandelbaum, *The Anatomy of Historical Knowledge*, Baltimore et Londres, The John Hopkins University Press, 1977, p.293.

历史学家把它作为研究的充分对象。但是，在传统和神话叙事中，以及在产生历史编纂学的编年史中，行动与可被辨认的、被赋予专名的行动者相关，他们要为自身的行动负责，作为一种科学，历史指向一种与自身解释模式相适应的新类型的对象。无论它们是观念、社会、文明、社会阶级、精神气质，历史用严格意义的匿名的实体代替了主体的行动。通过消除政治历史进而支持经济、社会和文化历史，这一实体层次的认识论断裂在法国年鉴学派中达到极致。之前由历史行动的英雄所占据的位置——黑格尔称之为世界历史的伟人——从此以后由社会力量占据，其行动不再以分配的方式归结给个体行动者。这种新的历史似乎是缺少角色。缺少角色，它或许便不再是一种叙事。

第三个断裂来源于前两个：它涉及**历史时间**的认识论地位。它似乎与个体行动者的记忆、期待和谨慎没有直接关联。它似乎不再指向主体意识活的当下。它的结构准确地与历史-科学所研究的程序和实体相适应。一方面，历史时间似乎消融于**同质化间隔**的连续中，即作为因果或者覆盖率解释的承担者。另一方面，依据被考察实体的范围，它分散在一种**多元性的时间**中：事件的短时段，局势的中长时段、文明的长时段、作为建立如此这般社会的符号系统的极长时段。根据布罗代尔[①]的表述，这些“历史时间”似乎与行动时间以及与我们所说的海德格尔意义上的“在时间内”（intratemporality）没有任何关联，因为它一直是一种支持和反对的时间，即一种关于“关于”某物的时间。[②]

但是，我认为尽管存在三重的认识论断裂，历史不能在不丧失其历史特征的前提下切断与叙事的所有联系。相反，这一关系不是如此直接，以至于历史可以被简单地看作是故事属的一种类型（加

① Maurice Mandelbaum, *The Anatomy of Historical Knowledge*, Baltimore et Londres, The John Hopkins University Press, 1977, p.182.

② 参见上文，第一部分第三章（**模仿 I**）。

利[1])。通过相互接近但是并不相遇，第二章中的两个部分突出了历史研究与叙事能力之间一种新的辩证法类型的必要性。

一方面，我们借以开始的对覆盖率模型的批判会导致一种解释的多样化，从而使它更少异质于叙事理解，因此不用否认使历史保留在人文科学范围之内的解释信心。首先，我们看到在批判的压力之下覆盖率模型在弱化；通过弱化，它变得更加包容，从而允许一种更加多元的以解释普遍性为根据的科学精确性，即从称得上规律的普遍性扩展到历史与日常语言共享的一般意义的普遍性（以赛亚·柏林），这就要涉及由吉尔伯特·赖尔和帕特里克·加迪纳所提出的具有意向性特征的普遍性。[2]然后我们看到“理性”解释对自身地位的要求，从而使自己具备与其他解释模式一样的对概念化、确证和谨慎批判的要求。最终，借助于冯·赖特，我们可以看到因果**解释**区别于因果**分析**，并且**准因果**解释的形式与因果-覆盖率解释相分离，并坦然接受自己作为目的论解释的一部分。基于这三种方式，历史研究所独有的解释似乎构成了使自己与内在于叙事解释相分离的方法的一部分。

在叙事结构分析中，由认识论所提出的对解释模型的弱化和多样化“对应着”一种对称性尝试，即提高叙事的解释资源以及让它们满足叙事方向上的解释运动。

我在上文指出叙事主义理论的部分的成功也是一种部分的失败。这一承认决不能弱化对部分成功的认识。我认为，叙事主义的观点从根本上有两点是合理的。

首先，叙事主义成功地证明**叙事已经是一种解释**。“di’allèla”——亚里士多德所说的，建立了情节逻辑联系的“一个的原因是另一个”——因此是所有历史叙事讨论的必要出发点。这一基本立场具有多种结论。如果所有的叙事只是由于构造情节的活动才产生一种

① Maurice Mandelbaum, *The Anatomy of Historical Knowledge*, Baltimore et Londres, The John Hopkins University Press, 1977, p.270.

② Ibid., p.208.

因果联结，这一建构已经是对简单编年史的胜利，并使得历史与编年史的区分得以可能。此外，如果情节的建构是判断活动，那么它会把叙事与叙事者联系起来，并由此允许后者的“观点”与故事的行动者或者角色可以推动故事情节的发展这一理解相分离。对立于经典的反对意见，叙事绝不会与行动者和事件目击者的混乱、局限的视角相联系。相反，保持距离从而构造“观点”使得从叙事者到历史学家的过渡得以可能（斯科尔斯和凯洛格①）。最后，如果构造情节把环境、考量、行动、帮助与阻碍以及最后的结果这些异质的部分整合进一个有意义的统一体，那么历史同样可以考察意外的行动结果，并产生对行动进行描述与以纯粹意向方式对行动进行描述的差异（丹托②）。

其次，叙事主义立场对应着一种与**叙事解释资源**的**多样化**和**等级化**类似的解释模型的多样化和等级化。我们也看到叙事话语的结构使自己适应一种特定类型的历史叙事，这种历史叙事建立在有文献日期记载的基础之上（丹托）。我们也在构型行为中看到某种多样化（明克③）；在明克那里甚至可以看到，通过与范畴解释和理论解释相联系，构造性解释自身如何变成众多解释模式中的一种。最后，借助于怀特，构造情节的“解释效力”特征介于论证解释和故事线索解释之间，因此这里所产生的不仅仅是一种多样化，而且还产生一种叙事功能的解体。随后，构造情节解释——已经与内在于故事的解释分离——通过与论证解释以及意识形态意义解释结合从而成为一种新的解释构型。因此，叙事结构的再展开等同于拒斥“叙事主义”立场，它被重新分配给较低层次的故事线。

简单的叙事主义立场因此遭受了一种与覆盖率模型类似的命运：为了达到历史解释本身的层次，叙事主义模型正好是在解体的时候

① 参见上文，第三部分。

② Maurice Mandelbaum, *The Anatomy of Historical Knowledge*, Baltimore et Londres, The John Hopkins University Press, 1977, p.256.

③ Ibid., pp.283—284.

被多样化。

这一冒险导致我们处于重大困难的边缘：在被重新提炼为反-叙事主义时，这样一种叙事主义的立场有机会代替解释模型吗？必须直接以否定的方式回答此问题。一种**分裂持续存在于**叙事解释与历史解释之间，它便是**研究本身**。这一分裂阻止我们把历史看作是“故事”属的一种类型，正如加利所做的那样。

然而，在朝向叙事的解释模型与朝向历史解释的叙事结构之间的重合运动中，所暗含的交叉证明叙事主义立场对问题现实性的回应过于简短。

对这一问题的解答依赖于我们所说的“回溯提问”的方法。胡塞尔在《欧洲科学的危机和超验论的现象学》中所使用的这一方法来源于发生现象学，但是这种发生现象学不是心理学意义上的发生，而是一种意义的发生。胡塞尔所提出的问题是关于伽利略式和牛顿式的科学，我所提出的问题是关于历史科学的。我反过来又会追问我之后称之为**历史科学的意向性**，简言之，即**历史意向性**。我借此把它理解为形成历史的历史性质的**意向活动指向的意义**，这种意义防止历史编纂学通过与经济学、地理学、人口学、人种学、心理和意识形态社会学联姻从而消解为其他类型的知识。

相对于胡塞尔对伽利略式科学所依赖的“生活世界”的考察，我们的优势可能是这种应用于历史编纂学知识的回溯追问依赖于一种已结构化的文化世界而绝不是直接体验。考虑到它的意义先于科学的历史编纂学，它依赖于一种已被叙事活动构型的行动世界。

这种叙事活动实际上已具有自身的辩证法，这一辩证法使其贯穿模仿的连续阶段，从内在于行动序列的前构型开始，经过构造情节的构成性构型——在广义的亚里士多德的**情节**概念意义上，再到由文本世界和生活世界相互碰撞所引发的再构型。

由此，我的研究假设更加清晰：我建议研究**历史认识的悖论**以哪种间接的方式（前两章正是关于此问题的）转化成为**一种更加复**

杂的叙事构型操作的构成性悖论。这一悖论产生于在诗学文本之前到来与之后到来之间的叙事构型的中间位置。叙事操作已经表明在历史知识中所形成的相对立的特征。一方面，它产生于建立神话领域并把它从实际行动序列分离出去的断裂；另一方面，它依赖于内在于行动序列的理解以及来源于真实行动的前-叙事结构。①

因此这里的问题便是：历史知识以何种中介成功地在自身序列之中转化为叙事构型操作的双重构造？或者以何种间接的派生方式，使历史成为一种研究形式的三重认识论断裂产生于**模仿 II** 层次的构型操作所建立的断裂？难道历史没有继续倾向于意指在**模仿 I** 层次与自身可理解性、符号化、前叙事组织的资源一致的行动序列？

这一任务更加困难，因为历史自主性的诱惑如果不是以其为前提条件的话，似乎的确以其作为结论，从叙事构型活动以及对实践领域和前-叙事资源的回溯开始，一种对其间接派生方式的共同**遗忘**越来越远离其叙事基础。这一特征再一次把我的工作与胡塞尔在《欧洲科学危机和超验现象学》中的工作联系起来：当伽利略式的科学几乎不可能重新激活构成“生活世界”的主动和被动综合，它也切断了自身与前-科学世界的联系。但是，我们的研究相对于胡塞尔的发生现象学工作具有第二个优势，即通过知觉现象以原初的方式朝向“事物的构造”：这一优势是在历史认识的核心处发现我们回溯追问的一系列**中转站**（*relais*）。在此意义上，对派生的遗忘从没有如此彻底，从而使其重建没有任何确定性和严格性。

这一重建遵守我们在上文指出的认识论断裂不同形式的秩序：解释**程序**的自主性，被指称**实体**的自主性、历史**时间**——甚至是复数时间的自主性。

从解释**程序**开始，借助于讨论冯·赖特的分析的鼓舞作用，我

① 我为第四部分保留了悖论的另一面：从叙事构成到行动序列的回溯，它从源头上包含了这一经典问题，即作为关于过去的科学的历史与主要是政治的向未来开放的当下行动之间的关系。

打算重新讨论历史中的**因果性**这一有争议的问题，更确切地说，关于**特殊的因果赋因或者归因**：抱着争论的精神，我这么做不是为了把它对立于规律解释，相反是为了在其中区分出规律解释之间的过渡性结构，这一结构经常等被同于简短的解释，并区分出经常被等同于理解的构造情节解释。在此意义上，特殊归因没有构成众多解释中的一种，而是构成了历史中所有解释的联结。由此，为了保留一个古老的词汇，它构成了解释与理解对立双方必不可少的中介；或者更确切地说，在覆盖率解释与构造情节解释之间构成一个必不可少的中介。特殊归因与构造情节之间所保留的相似性允许我们通过类比以**准-情节**的方式谈论前者。

由于**实体**通过历史话语被提出，我准备指出它们不属于相同的行列，但是它们可以根据一种精确的等级化被整理。我认为，由于历史的对象回溯到**第一序列实体**——人口、种族、文明，这些实体包含具体行动者所参与的属于实践和叙事领域的不可抹杀的标记，所以历史学仍是历史的。这些第一序列的实体充当所有由历史产生的人工制品与可能叙事的人物之间的**过渡性对象**。它们构成了**准-人物**，可以指导从历史-科学层次到叙事层次，以及由此到实际行动的行动者的意向性回溯。

在特殊归因的中继与第一序列实体的中继之间——在解释的联结与描述的过渡性对象之间——存在着紧密的内在联系。程序推论与实体推论之间的区分在这一方面发挥着一种简单的教导性角色，这两种推论如此紧密地纠缠在一起。然而，为了更好地理解它们的互补性以及它们的相互发生，如果我们可以这么说的话，那么保持它们之间的区分是重要的。回溯到第一序列实体——我称之为“参与性归属”——从根本上以特殊归因的方式发生。反之亦然，贯穿归因的目的被这一兴趣指引，即历史学家继续帮助历史行动者实现其命运，即使把历史知识与内在于其行动意义的简单理解区分开的反常结果使得命运摆脱了他们的掌控。在此意义上，准-情节与准-

人物角色属于相同的中介层次，并且在历史编纂学朝向叙事的回溯追问以及超越叙事朝向实际效果的运动中具有相似的中转功能。

对我关于历史知识的假设进行最后的考察是必要的：它涉及与叙事的时间性相关的**历史时间**的认识论地位。如果对历史编纂学的考察必须忠实于此书的主要目的，那么这一考察必须进展到这一问题：叙事性与时间性。重要的是指出以下两点：一方面，历史学家构建的时间在一个已经构建的时间性**之上**处于第二、第三、第 N 层次，这一理论已经在第一部分以**模仿 II** 的形式被考察；另一方面，这一被构建的时间——无论它有多么人为性——从不会停止**回溯**到**模仿 I** 的实践时间性。建立在……之上、回溯到……：这两种相互纠缠的关系也是刻画由历史编纂学所建立的程序与实体的关系。另外两个中介的平行要更进一步。正如我在历史因果性与第一序列实体中寻找能够指导知识结构回到叙事构型工作的中继，它自身迂回到实践领域的前构型叙事——我想以类似的方式指出，在**历史事件的命运中**，历史时间与叙事时间、体验时间不断扩大的分裂的标志，以及历史时间通过叙事时间不可抹消的回到行动时间的标志。

在这三个连续的领域中，我只需要历史编纂学的证据，因为它会达至其批判性自我反思的终点。

一、特殊归因

特殊归因是一种解释程序，它实现了叙事因果性——亚里士多德把“一个导致另一个”的结构区别于“一个接另一个”——与解释因果性之间的过渡，在覆盖率模型中，后者没有与规律解释区分开。

在前一章开始部分对威廉·德雷和冯·赖特的分析中，我们可以发现对这一过渡研究的支撑。德雷通过这一立场被我们熟知，即对一个事件的特殊过程的因果分析不能还原成对一种因果规律的应用。通过归纳与实用的双重考察，我们确认了这样或那样的因果功能的候选者与马克斯·韦伯和雷蒙·阿隆的归因逻辑很相近。但是它缺少一种因果分析理论与理性分析理论之间的联系。这一联系由冯·赖特在其准因果分析中完成。理性解释等同于在这一特殊解释类型中联结在一起的目的论指称片段。相反，目的论指称依赖于我们对行动意向性特征的前理解。同样，后者也依赖于我们对做某事（让某事发生，做某事从而导致某事发生）的逻辑结构的熟悉。通过在行动中建立一个系统以及确认它是一个封闭的系统，让某事发生便是介入事件发展的过程。通过这种联系的系统——目的论指称、意向理解、实践介入，作为只是应用于个别的发生现象（事件、过程、状态），准因果解释最终要回溯到我们马上要指出的**特殊归因**。

在马克斯·韦伯致力于对爱德华·迈耶的《论历史理论与方法》（*Zur Theorie und Methodik der Geschichte*, Halle, 1901①）的批判性研究中，我们可以发现对特殊归因逻辑最为准确的澄清，还必须要增加雷蒙·阿隆在其《历史哲学导论》②第三部分所作出的贡献，这对于我们的研究十分关键。这一逻辑根本上在于通过我们的**想象**构建一

---

① «Études critiques pour servir à la logique des sciences de la "culture" », *Archiv für Sozialwissenschaft und soziapolitik,* t.XXII, repris dans *Ges. Aufsätze zur Wissenschaftslehre,* 2e éd., Tübingen, Mohr, 1951; trad. Fr., Julien Greude, in *Essai sur la théorie de la science,* Paris, Plon, 1965, pp.215—323.

② 雷蒙·阿隆为历史因果性赋予的意义是重要的。在《雷蒙·阿隆的历史哲学》（*La Philosophie historique de Raymond Aron*, Paris, Julliard, 1980）中，通过与伊格纳修·罗耀拉（Ignace de Loyola）的“精神修炼”进行一种大胆的比较，加斯顿·费萨尔（Gaston Fessard）让我们注意到《历史哲学导论》中的理性秩序（特别是第55—86页致力于对《历史哲学导论》的发展过程和秩序进行重构）。阿隆对历史因果性的分析直接在第二部分的理解理论之后出现。第二部分的结论讨论“理解的限度”（第153—156页）。在以“因果思想和历史决定论”命名的第三部分的开始，这一分析开始进行一个三阶段的考察，在法官、科学家、哲学家的名义下进行连续的考察。第一个阶段致力于考察“一种单个事实的原因”，第二个致力于考察“规范性和规律”，第三个致力于“历史决定论的结构”（第160页）。最后一个阶段进而推进至第四部分，即哲学部分：“历史与真理”。对因果性的考察也以两种方式被确定，首先，通过第三部分在此书的整体框架中所处的位置来确定；其次，在第三部分之中，通过历史学因果性相对于社会学因果性以及相对于历史所宣称的规律的关系被确定。没有其他更好的方式强调赋予历史因果性的过渡性作用，即在具有所有叙事理解特征的理解与具有所有覆盖率解释特征的社会学因果性之间的过渡。

种不同的事件发展过程，然后衡量这一非真实事件过程的可能性后果，最后把这些后果与真实的事件过程进行**比较**。“为了澄清真实（*wirkliche*）的因果关系，我们构造了非真实（*unwirkliche*）的关系”（马克斯·韦伯［第 187 页］，第 319 页）。并且阿隆指出：**“为了解释过去发生了什么，所有的历史学家都会询问可能会发生什么”**（第 164 页）。

正是这种**想象构建的可能主义**提供了一种双重亲缘性：一方面，是与构造情节的相似性，它本身也是一种可能性的想象构建；另一方面，是与规律解释的相似性。

让我们进一步考察马克斯·韦伯的论证。①

例如，考察俾斯麦（Bismarck）在 1866 年决定向奥匈帝国宣战。正如韦伯所观察的那样，“提出此问题绝不是‘任意的’：如果俾斯麦没有决定发动战争，那么**会发生什么**？”［第 266 页］（第 291 页）。我们需要理解此问题。它在于询问：“在无限众多因素的整体性背景中，应该把什么因果**意义**从根本上赋予这一个体决定，为了达到这一结果，这些因素应该以这种方式而不是以另一种方式被组织，并且这一决定在历史解释中被赋予什么意义？”（同上）。“以这种方式而不是以另一种方式”这句话表明进入了想象阶段。从此刻起，推理在非真实的过去条件句中进行。但是，历史转入非真实的想象只是为了更好地分辨其必然性。于是问题变成：“如果做了另一个决定，那么可以期待什么样的结果？”［第 267 页］（第 292 页）。因此这涉及对可能性和必然性相互关系的探究。如果历史学家可以确认，通过修正或者删除复杂历史条件中的一个个别事件，便会“在某些具有**历史重要性**的方面”产生一个不同系列的事件，那么历史

① 可以在马克斯·韦伯的论文的第二部分发现此问题，此部分的标题是：“历史解释中的客观可能性与充足理由”（«Possibilité objective et causalité adéquate en histoire »）［第 266—323 页］（第 290—323 页）。（中括号中的是德文原著的页码，小括号中的是法文译著的页码。）我们稍后将会回到文章的第一部分。雷蒙·阿隆以澄清被他命名为“回顾性可能性”（probabilité rétrospective）的“逻辑图式”开始他自己的研究（第 163—169 页）。我们将会看到阿隆为严格逻辑分析所增加的内容。

学家便可以做出一个决定事件历史意义的归因判断。

在我看来，这一推理在两个方向上运作：一方面是在构造情节的方向，另一方面是在科学解释的方向。

实际上，在马克斯·韦伯的文本中没有任何内容表明他曾注意到第一种联结。借助于当今的叙事学资源，我们应该建立这一联结。但是马克斯·韦伯的两个评论的确倾向于这一方向。他首先说历史学家既是也不是处于行动者本身的位置，行动者在行动之前衡量可能的行动方式，考虑这一或那一目标，以及这种或那种可能的方式。这便是除了我们知道结果之外，我们表明的俾斯麦可以向自己提出的一个问题。这也是为何我们可以比他“具有更多成功的机会”提出此问题。“具有更多成功的机会”这一表述确实表达了我们稍后将会提出的可能性逻辑；但是难道它不是首先涉及通过构造情节范例所建立的超乎寻常的可能性实验吗？但是马克斯·韦伯也指出历史学家既类似于犯罪学家又不同于他们：他们在调查罪行时，也在调查因果性，虽然他们把伦理归因附加给因果归因。但是如果不是对不同情节图式的检验，那么这种剥离所有伦理归因的因果归因是什么呢？

但是因果归因在所有阶段都与科学解释相关。首先，解释假定了一种对各种因素的细致分析，意图“把对因果联结的选择纳入到历史解释之中”[第 269 页，注释 1]（第 295 页）。毫无疑问，这一“思想过程”被我们的历史好奇心引导，即被我们对一种特定类别结果的兴趣所引导。这便是“重要性”(importance）概念的意义之一：在凯撒之死这一历史事件中，历史学家只对为世界历史发展产生显著影响的事件感兴趣，他们把这些事件看作是最重要的。但是重新陷入历史中的主观性与客观性争论的讨论将会失去抽象操作的高度可理解特征，这一操作先于挑选出可能性的操作。其次，以一种特殊的方式修正思想中的这样或那样的已被分离的因素，便是建立事件的可替换过程，事件的重要性在其中被评估为决定性因素。因此，衡量被删除的假定事件的结果便把其逻辑结构赋予因果论证。但是，如果我们不把马克斯·韦伯所说的“经验的规则”[第 277 页]（第 305 页）纳入推理之中，即在最终的分析中，纳入必须被称作“覆盖率”的知识，如果我们假定了一个被删除的特殊因素，那么我们应该如何构建所期待的结果？毫无疑问，这些经验的规则通常不会超越一种意向知识的层次，正如赖尔和加迪纳所说的那样：马克斯·韦伯确实意识到“与人类在特定情形中采取习惯性行动方式有关”的规则（同上）。然而，正如我们在上文所说的那样，它们足以表明这些规律如何在历史中应用，即使它们不是被历史建立的。

然而，要素分析和借助于经验规则这两个首要的特征绝不会外在于叙事“逻辑”，特别是如果我们从文本的表层进入到其深层语法，正如我们将会在第三部分看到的那样。建构的科学性的真正标志——被看作是非真实的和必须的——来源于马克斯·韦伯从心理学家冯·克里斯（Von Kries）[①] 那里借用来的把**“客观可能性”**理论应用于衡量不同原因的重要性。正是第三种特征表明叙事解释与因果归因解释之间的真正差异。

此理论的目的主要在于把这种非真实的建构提升到客观可能性判断的层次，它把各种因果性因素分配给一种**相关的可能性**，并由此允许把这些因素置于同一**等级**，虽然这种类型的判断所导致的等级化不能被量化为我们在严格意义上所说的“概率计算”（calcul des probabilités）。这种等级化的因果性思想赋予因果归因一种精确性，亚里士多德在其情节理论中所提出的概率概念缺乏的正是这种精确性。因此，不同等级的概率依次从一个定义偶然因果性（例如，在一个掷色子的手部运动与出现特定的点数之间）的较低程度过渡到一个在冯·克里斯的概念中定义**相当因果性**（causalité adéquate）（例如，在俾斯麦做出决定的事件中）的较高程度。在这两个极端状况

① 参见德文第 269 页（法文第 295 页）的长注释，这一注释关于克里斯对可能主义论证的使用以及他向犯罪学和法学的过渡。

之间，我们可以谈论某一特定要素或多或少的有利影响。然而危险也十分明显，即通过一种隐含的拟人论，我们可以物质化分配给各种原因的相对的可能性程度，这些原因在我们的推理过程中相互竞争，以敌对倾向的方式力争把可能性转变为现实性。日常语言会导致这一危险，因为它要求我们必须说这一事件支持或反对其他事件的出现。为了消除这一误解，只需牢记这些可能性是我们通过想象建立的非真实的因果关系，并且各种“机会”的客观性属于可能性判断。

只能在检验程序的结束之时，一个要素才可以获得充足理由的地位。这一地位是客观的，因为这一论证不来源于一种简单的发现假设的心理学；无论什么样的天赋，伟大的历史学家并不比伟大的数学家要少，它构成了历史知识的逻辑结构，或者用马克斯·韦伯的话来说，它构成了一个“归因的坚实框架”[第 279 页]（第 307 页）。

我们看到构造情节与个别归因之间的连续性位于哪里，以及在哪里可以发现它们之间的非连续性。**连续性**处于想象发挥作用的层次。我们由此可以谈论马克斯·韦伯所说的通过想象一种不同的事件过程进行建构的情节构造：“为了搞清楚真实的因果关系，我们**建立了非真实的因果关系**”[第 287 页]（第 319 页）。非连续性涉及因素分析、经验规则的介入，特别是对决定充足因果性的可能性程度进行分配。

历史学家由此不是一个简单的叙事者：他们要为他们为何把这一因素**而不是另一因素**看作是这一事件过程的充足原因给出理由。诗人也创造了一个被因果框架所支持的情节。但是他们不是论证过程的主体。诗人仅限于创造故事并通过叙事进行解释。在此意义上，诺思洛普·弗莱的观点是合理的[①]：诗人从形式开始，历史学家向形

① Ibid., p.289.

式前进。前者进行创造，后者进行论证。他们进行论证是因为他们知道我们能以其他方式进行解释。他们知道是因为他们作为判断者处于一种争议与诉讼的处境中，并且因为他们的辩护从没有结束：为了消除因果性的众多候选者，就像威廉·德雷所说的那样，检验比一劳永逸的赞同一个特殊原因更令人信服。

然而，我们可以重申从叙事解释开始的历史解释的线索没有中断，因为充足因果性仍不能还原成逻辑必然性。正如在因果解释与构造情节之间一样，**连续性**与**非连续性**之间同样的关系被发现处于特殊因果解释与规律解释之间。

首先，我们考察非连续性。雷蒙·阿隆比马克斯·韦伯更强调这一问题。在考察因果性与偶然性二者关系的段落中，雷蒙·阿隆没有局限于把意外事件置于回溯性概率等级的一端，而把充足概率置于另一端。由于具有的客观可能性几乎为零，对意外事件的定义只对孤立的系列有效。借助于库尔诺的概念，阿隆对系列之间或者系统与系列之间的重合性的考察突出了事故概念，并且强调韦伯的概率主义理论的相对性特征："相对于先前事件的整体性，一个事件可以被看作是偶然的，但是对于另一个则是充足的。偶然性是因为各种系列相互交叉；理性是因为可以在一个更高层次的整体性中发现它"（第178页）。此外，还必须考察"附属于系统与系列界限的不确定性，通过偶然性（fortuite）结构的多样性，研究者可以自由构建或想象"（第179页）。对于所有的理性来说，在建立于回溯性概率之上的推理过程中，对机遇的反思没有把这一观念局限于简单反对一种充足因果性。

至于特殊因果解释与规律解释之间的连续性，也并不比它们之间的非连续性不明显。历史学与社会学之间的关系在这一方面是典范。雷蒙·阿隆这样定义它："社会学以建立规律（或者至少为了建立规范性和普遍性）为特征，而历史局限于在事件的特殊序列中讲述事件。"（第190页）在同样的意义上："历史学研究坚持探究一个特殊事实的先前事实，社会学研究坚持探究可重复产生事实的原因。”（第 229 页）但是这里的原因概念改变了意义：“在社会学家看来，原因是**重复的先行事件**。”（第 191 页）但是，两种因果性——历史因果性与社会学因果性——之间的相互影响比它们的分歧更加明显。例如，当一个历史学家建立某些历史系列或者其他系列的相关概率时，作为一个覆盖率的片段，包含在其中的经验普遍性会促使某些人对规范性进行调查，雷蒙·阿隆称之为对立于“法官”的“学者”。他在书中对社会学因果性的全部研究倾向于同时展示这一工作相对于历史因果性，以及相对于特殊因果归因的原创性和依赖性。因此，历史因果性作为一种调查具有奇怪的地位，即缺少与探寻规范性与规律的联系，但是与社会学抽象的关系又过多。当它从社会学中借用作为其概率主义基础的规范性时，它对社会学所宣称的科学性构成了一种内在限制。

由于这种认识论的模糊性，想要把自身提升到比社会学解释更高层次的历史决定论相反从内部被历史因果性所保留的偶然性侵蚀：“因果联系被消解，它们没有组织化为系统，因为它们不以物理理论的等级化规律进行相互解释。”（第 207 页）在此意义上，社会学因果性依赖于历史因果性，而不是把它吸纳进自身当中：“部分决定论只在一种从不准确再生的特殊事件系列当中才以规范的方式发生。”（第 266 页）并且：“抽象的联系从没有穷尽独特的事件系列。”（第 230 页）

因此必须断定，连续性与非连续性之间的辩证法可以在叙事层次与认识论层次之间的特殊因果归因所实现的中介的第二个方面被观察到，正如在它的第一个方面所发现的一样：“在既相互补充又分歧的同时，社会学因果性与历史学因果性相互依赖。”（第 190 页）

此外，雷蒙·阿隆相对于马克斯·韦伯的原创性可以被确认。它来源于贯穿于其全书的哲学意图。坚持强调部分决定论依赖于特殊的历史因果性与“历史哲学”（使用加斯顿·费萨尔的标题）具有深刻的和谐性，后者指导着《历史哲学导论》的认识论：即对抗由历史回溯所创造的宿命论的错觉，并且为政治行动所需要的当下偶然性进行辩护。重新置于这一伟大的哲学计划背景之下，回溯概率的逻辑具有一种精确的意义，这一意义直接引起了我们调查历史时间性的兴趣："阿隆指出，相比于保存或者恢复过去的未来不确定性，历史学家的因果调查并没有过多地用于追踪历史中继的大概框架。"（第181—182页）并且，"非真实的建构必须仍是科学整体的一部分，即使它们没有超越一种不确定的偶然性，因为它们提供了逃脱**宿命的回溯性错觉**的唯一方法。"（第186—187页）这是如何可能的呢？我们必须理解历史学家借以在其思想中假定的某种先前事件消失或者被修正，以及随后尝试构建与这一假设相一致的事件的思想实验具有一种超越认识论的意义。历史学家在这里扮演叙事者，他们重新定义了一种与虚构现在有关的时间的三种维度。通过想象一个不同的事件，他把非时间的时间（urchronie）对立于对曾经的迷恋。对偶然性的回溯性考察因此也包含一种超出其纯粹认识论意义的道德和政治意义：它让历史读者回想起"历史学家的过去曾是历史人物的将来"（第187页）。通过其概率主义特征，因果解释把作为将来标志的不可预见性整合到过去之中，并且把事件的不确定性引入到回溯之中。因此，对历史因果性做出结论的以"历史因果性的界限与意义"为标题的最后几段（第183—189页）在《历史哲学导论》的经济学中具有一种策略性的意义："由于回溯的偶然性是真实的解释，预先的考量是理性行为的条件。如果人们忽略了决定和时机，那么便用一种自然世界和一种宿命代替所经验的世界。在此意义上，作为政治学复兴的历史科学通过其英雄成为当代的。"（第187页）

在没有回应把当前讨论与之后涉及历史认识**实体**特征的讨论联系起来的反对意见之前，我不想结束对构造情节与规律解释之间历史因果性的中介角色进行辩护。

实际上，人们可以反对，如果我们仍可以观察到一种构造情节与特殊因果归因之间的联系，这是由马克斯·韦伯所选择的范例的有限性导致的：俾斯麦决定在1866年攻击奥匈帝国。难道这一选择没有从一开始便把论证局限于政治领域，因此限定于**事件**历史领域？不谴责它只是“理性”解释的另一种形式吗？答案是否定的，如果论证能以相近的方式扩展至广义的历史事件，那么原因仍是特殊的（singulière），但不再是个别的（individu）。

正是通过对原初（*princeps*）范例本身提出本质问题，这种相似性的扩展才得以可能。① 甚至当历史学家调查个体在事件发展过程中的责任时，他们清楚地一方面把因果归因与伦理责任区分开，另一方面把它与覆盖率解释区分开。关于第一点，必须指出“因果分析绝没有提供任何价值判断，并且价值判断绝不是因果解释”[第225页]（第231页）。受梅耶的影响，在马克斯·韦伯所选择的范例中，因果归因在于探询“**为什么**发动战争这一选择在那时是达到统一德国这一目标的合适方式”[第223页]（第228页）。我必须不能被对这些方法和目的范畴的使用误导：论证的确包含一个目的论部分，但是它在整体上是因果的。这涉及到在事件发展过程中赋予某一个特定决定的因果价值，这一决定包含除了被考察的决定的理性核心因素之外的其他因素，即行动过程中所有参与者的非理性动机，以及在来自物理本质的“无意义因素”。这种因果归因单独就可以说在哪一刻行动结果未能实现或者违背了行动者的意图。意图与结果之间的分裂正是与决定有关的因果价值的一个方面。

这些评论支持我们之前陈述过很多次的论题，即因果解释即使涉及单个决定的历史角色，它也不同于行动的现象学，因为它不仅通过目的而且通过结果来评价意图。在此意义上，马克斯·韦伯所说的因果归因与冯·赖特的准因果解释是一致的，它也包含目的论

---

① 之后的讨论把我们带回到马克斯·韦伯的“对爱德华·梅耶方法论观念的批判”（«Éléments pour une discussion des idées d'Édouard Meyer»）这一文章的第一部分。

部分和认识论部分。①

因此，如果特殊因果归因的论证直接扩展至事件系列，在其中原因不是个体而是集体的，这是因为在最初的范例（单个决定的历史意义）中，历史归因不能还原成道德归因。

反对意见确实可以通过另一种形式重新出现。人们会问：为什么当道德责任不再是问题时仍要谈论**归因**？归因概念似乎保留着一种区别性功能，因为它为区分因果解释与规范式解释（explication nomothétique）提供了一种标准。即使为因果解释提供的事件过程包含了非个体的因素，正如我们将会在其他范例中看到的那样，这一事件过程仍会在其特殊性中被历史学家考察。在此意义上，我会认为个体（个体决定）只是特殊因果性的第一个相似物。这就是为何从一个个体决定的历史意义考察中提取出的论证具有一种典范意义。例如，考察歌德写给斯坦因（Stein）女士的信件（另一个从马克斯·韦伯研究爱德华·梅耶的历史理论的文章中借用的例子）：以因果方式去解释它们是一件事，也就是指出这些信件所见证的事实如何是一种"在因果链条中的真正联系"，即歌德著作中的人物个性的发展；这与把它们看作是理解生命的一种方式的例子或者一种情色心理学的案例完全不同。因果解释不局限于个体视角，虽然它仍是特殊的，这是因为这种类型的行为相反可以被整合进一种德国文学历史的因果整体之中：在这种情况下，并不是单个事实本身进入到历史因果链条之中，而是它发挥着"**揭示**那些值得被整合进因果系列之中的事实"[第 244 页]（第 259 页）的作用进入到历史

① 在相同的意义上，阿隆区分了道德责任、法律责任、历史责任："道德主义者追求**意图**，历史学家追求**行动**，法学家追求**意图与行为**，并以**法律概念**来衡量它们。"（第 170 页）"负有**历史**责任的是那些通过其行为使事件发生或促成事件发生的人，这便是我们所探寻的根源。"（同上）我会认为历史学家由此使得归因（imputation）概念区别于归责（incrimination）概念："在历史学家看来，战争不是一种罪行。"（第 173 页）如果我们进一步补充因果归因必须仍区别于对意图的心理学解释，那么必须承认这些区分是脆弱和不稳固的。这就解释了与马克斯·韦伯的论调非常不同的雷蒙·阿隆的论调。韦伯通过大量的自我确认进行分析。雷蒙·阿隆更加注重复杂化以及在某一个特定时刻模糊化"逻辑图式"的东西。我们已经通过偶然性分析注意到这一点。

因果链条之中。这些因果系列反而是特殊的，即使它们整合了类型化事实。正是这种**因果系列的特殊性**（singularité）建立了因果归因与法则解释之间的差异。① 这是因为因果解释是特殊的，并且在此意义上是**真实的**，于是某一个特定历史因素的重要性问题便被提出。重要性概念只进入到因果解释的层次，而不进入到普遍规律解释的层次。②

特殊因果归因概念原则上可以从因果归因扩展至个体这一观点从马克斯·韦伯在梅耶那里借用的例子中获得了确认。历史学家可以探询萨拉米斯战役（la bataille de Salamine）的历史意义而不用把这一事件分解成个体行动的碎片。在一种特殊的对话语境下，萨拉米斯战役对于历史学家来说是一个单独的事件，因为它可以构成特殊因果归因的对象。因为它可以展示这一事件是两种可能性之间的决定性因素，其或然性可以被评估而不用被量化：一方面，如果战役失败，那么将会有一种宗教-神权文化强加给希腊，并且这可以在其他已知因素和通过与相似情况进行对比的基础上被重建，特别是波斯居鲁士大帝将犹太人从巴比伦之囚释放；另一方面，自由希腊精神是其发展。萨拉米斯战役的胜利可以被看作是这一发展的充足原因；实际上，当思想中的事件被删除，一个整体系列的因素也随之被删除：建立雅典舰队、争取自由斗争的发展、对历史的好奇心等等，所有这些因素都可以用以事件为代表的"可能性"概括。毫无疑问，正是我们附加给自由希腊精神不可替代的文化价值使我们对希腊-波斯的战争感兴趣。但是，正是通过抽象产生的"想象图表"的构建，以及对假定要被删除事件结果的衡量构造了因果论证

① 马克斯·韦伯在这里影射文德尔班（Windelband）在斯特拉斯堡的讲座（*Geschichte und Naturwissenschaft,* 1894）中所建立的规范程序（procédure nomothétique）（自然科学独有的）与描述程序（procédure idiographique）（人文科学独有的）之间的区分。

② 马克斯·韦伯指出了这一差异以反对存在理由（*Real-Grund*）与认识理由（*Erkenntnisgrund*）："在历史学中，特殊和个体因素被理解不仅仅是作为**认识的方式**，而且还作为认识的**对象**，同样，因果关系具有重要性，不是因为**认识的理由**，而是因为**存在的理由**。"[第 237 页]（第 249 页）

的逻辑结构。以此方式，论证仍是一种特殊的因果归因论证，即使它不再应用于个体决定。

但是，在个体决定和政治-军事领域之外，马克斯·韦伯本人的著作为我们提供了一个更加值得注意的特殊因果归因的例子。《新教伦理与资本主义精神》中所使用的论证完全满足我们刚才所描述的因果指称方法。新教伦理的某些特征与资本主义某些特征之间所谓的联系构成了一种特殊的因果链条，即使它涉及的不是逐个的个体，而是角色、精神气质和制度。此外，因果联结为一个特殊过程提供了结构，从而提供了点状事件与长时段之间不相称的区分。在此意义上，马克斯·韦伯的《新教伦理与资本主义精神》所持的立场是一种值得注意的特殊因果归因的案例。

这一论证是如何构建的呢？忠实于抽象方法，马克斯·韦伯在宗教现象这一侧分离出工作伦理的具体内容，在经济现象一侧分离出被理性考量所刻画的获得精神、准确采用适宜的方法去达到欲求目的，以及附加给这些劳动的价值。问题由此被准确界定：这一问题不是解释作为全球现象的资本主义的兴起，而是它所蕴含的特殊的全球视域。苦行僧式的新教教义本身只有通过与资本主义精神相关联才可以在其充足理由律的关系中被考察。当问题以这种方式被界定，问题便成为在缺少所有覆盖率规范性的情况下因果归因的充分性问题。这当然涉及经验的普遍化问题——例如，剥离了个体终极责任的宿命论传统这一论断只能通过某些安全性因素的补偿才是有支撑的，例如人类救赎中的信仰通过积极参与工作得到见证。但是这种类型的经验普遍化只是纳入到归纳推理的论证片段，它所得出的结论是把资本主义精神归给新教伦理，因此成为一种特殊归因，因为这两个构型和它们的结合在历史中仍是独特的。为了支持这种因果归因，马克斯·韦伯的方法正是他在讨论爱德华·梅耶的文章中所主张的。他想象了一种历史过程，在其中被考察的精神因素是缺席的，而其他因素将会发挥被新教工作伦理所确认的假设作用：

在这些因素中，必须包含法律的合理化、贸易的组织化、政治权力的集中化、技术革新、科学方法的发展等等。对应用于这些因素的或然性考量表明在缺少被考察的精神因素情况下，这些因素不足以产生相应的效果。例如，科学学方法的到来可以把能源集中于一个具体的目标，它实现了手段与目的之间的精确组织化。但是，它将会缺少情感的力量和传播的力量，只有新教伦理才可以提供这些力量。在此意义上，科学方法可以把传统伦理转化为资产阶级工作伦理的可能性是极低的。在支持新教伦理可以作为资本主义精神发展的充足原因之前，同样的推理必须能够通过其他候选的原因被重复。这就是为何因果归因的充足性不等于必然性论证，而仅仅相当于或然性。

通过把特殊因果归因扩展至历史发展过程，我们不能再辨别个体的决定，也不能辨别点状的事件，我们已经达到这一点，即历史解释似乎已经割断它与叙事的联结。然而通过对马克斯·韦伯文本的自由阅读，以及通过雷蒙·阿隆《历史哲学导论》的帮助，刚才所完成的对不同线索阶段的重构允许我们**以类比的方式**把情节概念应用于所有特殊因果归因。在我看来，正是它证明了保罗·韦纳所使用的“情节”概念，它由此规定了满足我所提出的构造情节概念标准的所有特殊构型：即对环境、意图、相互影响、困境、幸运和不幸等等异质因素的综合。此外，正如我们所看到的那样，它与保罗·韦纳所定义的情节概念相近：把目的、原因与偶然性结合起来。然而，为了与我对历史解释与叙事结构之间**间接**关系的证明保持一致，我将会谈论**准-情节**概念，以在其**原初**范例的基础之上指出特殊因果归因扩展的**类比**特征，即对个体决定结果的因果解释。

当我从解释程序问题过渡到历史认识的基本实体问题时，我将会把这一类比作为讨论的主题。

二、历史编纂学的第一级实体

出于说教的原因，我区分了三种回溯提问的方式：促使从科学历史的解释程序回到包含在叙事**构造情节**之中的方式；促使从历史学家所建构的实体回到叙事中的**人物**的方式；促使从历史多元时间回到叙事的**时间**辩证法的方式。

这三种方式是不可分离的，正如此章的导言所描述的认识论断裂的三种类型。它们不仅通过（1）把历史编纂学与叙事的可理解性联结起来的同一种**间接线索**的风格，而且通过（2）依赖于历史编纂学本身提供给历史意向性重建工作的同一种**中介**被刻画。

（1）我们首先强调叙事线索的间接特征，这一特征可以在实体层次被验证，正如它在程序层次被验证一样。在我看来，历史编纂学实体与叙事角色之间的认识论**断裂**是我们在这里必须借以开始的假设。一个角色可以通过被赋予一个专名被确认，从而要为归属给他的行动负责；他是行动的行使者或者受害者；这些行动使其幸福或不幸。如果我们限定于历史实体的清晰认识论，那么历史尝试要解释的被指称为变化的实体便不是角色：严格说来，在个体行动背后运作的社会力量是匿名的。在我看来，这一假设的价值似乎被这种“个体主义认识论”误解，这种认识论认为所有的社会变化原则上都可以被分解为简单行动，都能够归属给那些作为行动行使者以及为这些行动最终负责的个体。个体主义方法论的错误在于从原则上要求一种实际上永远无法完成的还原操作。我从中看到一种要求**直接**推论的表达，这一直接推论误解了回溯追问的特殊本质，它只能在此领域中应用。只有一种间接推论才尊重认识论的断论，而不用打碎历史认识的意向性目的。

（2）因此问题便成为：在历史编纂学的实体层次，历史认识的意向性目的是否可以真正拥有一种与处于解释程序层次的特殊因果归因类似的**中介**。

这一中介确实以历史认识的第一级实体形式存在，即**不能分解成**个体行动碎片的社会实体，后者在其构成和定义中指涉可以被看作是叙事中角色的个体。在此章的导言部分，我把这些第一级实体称作**参与性从属实体**（entités d'appartenance participative）。后边的讨论将会证明这一名称。

我们置于特殊因果归因名称之下的解释程序以一种特有的方式应用于这些第一类实体。换句话说，科学解释与构造情节解释之间的**中介程序**对应着**过渡性对象**，这些对象构成了历史编纂学实体与我称之为叙事角色的叙事实体之间的中介。参与性附属指向实体，特殊因果归因指向历史编纂学程序。

所有的历史学家——例如布罗代尔的例子对此提供了充分的证明，我们将会在第三部分回到此问题——都被促使在此时或彼时为其论说中所涉及的实体进行**排序**，即使他们对哲学家所理解的认识论保持警惕。这种排序的工作正是发生现象学想要理解并澄清的。然而，对于专业的历史学家来说，对实体进行排序足以通过其诠释的忠实性被证明，发生现象学尝试把历史话语层次的等级化带回到历史知识的意向性以及构造性意向活动的意向。为了做到这一点，它尝试去表明历史学家所进行的排序不能被还原成一种方法论的权宜之计，而是包含一种自身的可理解性，从而可以解释反思性。这种可理解性相当于历史话语在其所指向的实体之中所建立的等级化在两个方向贯通的可能性。第一个方向——如果人们喜欢的话，便是上升的方向——划定叙事层次与历史-科学层次之间不断增长的**裂痕**。第二个方向——下降的方向——标注了把历史话语的匿名实体带至可能叙事角色的**回溯**指称系列。排序的可理解性来自两个方向的可逆性。

正是在这种对可理解性的寻找之中，历史话语的基本实体特征得以被确定。这些参与性附属实体正好位于上升道路与下降道路交叉点上。正是这种战略性位置使得它们的特征成为回溯追问的关键点。

1. 为了更好地研究间接推论工作，我们可以在莫里茨·曼德尔鲍姆的《历史知识的解剖结构》（*The Anatomy of Historical Knowledge*）中发现某些支持，尽管他对叙事主义的立场持敌对态度。① 我从他那里获得我将要纳入到我自己的关于回溯追问方法的双重教益。第一个是关于被历史学家的话语所确认的对实体的排序。第二个是关于曼德尔鲍姆认之为历史知识的第一等级实体与因果归因程序之间的关联，这一理论在上文被讨论：第二个教益允许我们把实体与程序这两种回溯路径结合起来。但是，我们先从对基本实体的反思开始讨论。

莫里茨·曼德尔鲍姆的认识论使其与涵摄模型的拥护者与叙事主义版本的拥护者都保持距离。对立于前者，他认为尽管历史讨论处境和事件的典型特征以及它依赖于普遍化，历史从根本上处理“在某些特殊时间段中占据特殊位置的由于其性质而得以为真的事件……因此，在我看来，我们所熟悉的历史学研究特殊事物而不是建立解释普遍性这一观点是合理的”（第5页）。换句话说，曼德尔鲍姆考虑到文德尔班所建立的描述科学与规范科学之间的差异。② 对立于后者，曼德尔鲍姆认为历史是一种调查，即一种专注于证实其陈述以及使其在事件之间所建立的关系合理化的科学：这就是为什么他对特殊的事件系列的兴趣并不能同时排除把规范性插入到事件的关系链条之中。我将不会讨论这些假设，因为它们与我们在第一章和第二章的结论非常一致。

我将会关注从这一问题背景中突出的论题：即历史的不可还原

① M. Mandelbaum, *The Anatomy of Historical Knowledge*, Baltimore, The Johns Hopkins University, 1977.

② W. Windelband, *Präludien*,（5e éd., Tübingen, Mohr, 1915）2, pp.144—145.

的对象是属于**社会**层次的。历史学考察个体所处的具体社会环境背景中的思想、情感和行动："只是由于通过指涉在一个特定时空中存在的一个社会的本质和变化，个体得以被考察，从而历史学家对其感兴趣"(第 10 页)。乍看起来，这一被抽离出的论点只是确认了历史层次和叙事层次之间的非连续性，在其中历史人物必须被确认为一种能够对其行动负责的个体。但是一个对**"社会"**概念更加精确的规定使我们处于基本实体的特定问题路径之上。它来自对两种历史编纂学模式的区分：**"一般历史"**(histoire générale）与**"特殊历史"**(histoires spéciales)(第 11 页)。一般历史以特殊的社会实体为主题，如人民和民族，其存在是**延续的**。特殊历史以文化的**抽象**内容为主题，如技术、艺术、科学、宗教，这些内容自身缺少一种持续存在，它们只能通过负责定义什么东西可以是艺术、科学和宗教的历史学家的创举才能够联系起来。

作为历史编纂学最终的指称对象，**社会**概念从与**文化**概念的对立中获得一种规定，这一规定使我以后可以把它界定为叙事层次与历史解释层次之间的**过渡性**对象。

通过与文化概念对立，我们可以进一步精确界定曼德尔鲍姆的**社会**概念："我认为一个**社会**是由拥有特定领地的生活于一个组织化共同体中的个人构成的；这样一种共同体的组织化通过制度被确认，制度规定了不同个体的社会地位并赋予他们希望所扮演的角色，从而使不中断的共同体得以永续。"(第 11 页)

这一定义的三个组成部分很重要：第一个把共同体及其延续与场所相联系；第二个通过赋予个体一种制度性角色从而把它与共同体联结；第三个通过共同体的不中断的存在来界定共同体。第三个组成部分将会允许我们进一步在基本实体与对应此层次实体的因果联结的程序之间建立联系。

文化概念涉及所有来源于社会创造并且通过传统所继承的蕴含在个体使用中的成就：语言、技术、艺术、宗教态度和信仰或哲学态度和信仰，因为这些不同的功能被纳入在一个特定社会中生活的不同个体的社会遗产中。

这种社会与文化的区分确实很难适用于所有情况。我们可以质疑为什么是定义了个体的社会角色包括亲缘体系、财产分配以及劳动组织的**制度**被归于社会范畴而不是文化范畴？对此问题的回答由社会的第三个特征提供：因为它是特殊的并且持续存在；因此制度属于社会而不是文化，因为它构成了一个特定和持续存在社会的整合因素。相反，定义文化的活动是从特殊社会抽取出来的，并且它们的模式通过历史学家赋予它们的定义——不同的历史学家给出的定义可能会有很大差异——被集中在同一个分类概念之下。

特殊社会的历史与**分类活动的**历史之间的差异表明了一种中间情况的两极。例如，社会现象通过政治、经济、社会等因素被分析，这些因素被拆分、定义和产生联系的方式来源于使其成为人工制品的方法论选择，正如被分类于文化范畴之下的成为人工制品的活动。但是只要这些内容被理解为一个特殊社会的不同“侧面”，它们便为其提供了最终的规定性。由于社会现象的一个显著特征，这些侧面与整体社会现象有关，即它构成一种制度和权利体系，其**无限的丰富性**（densité indéfinie）使其本身可以接受不同程度的调查，如以地理学地图的方式。社会现象所具有的可通过内容、维度或侧面进行分析的能力确保了一般历史［我倾向于说：整体的（globale）历史］向特殊历史［被特殊化的（spécialisé）历史］的过渡。但是抽象化这些因素并把它们置于成为特殊化历史的主导性论题的**类别**之下是一件事；而把这些因素与一种特殊的社会相联系，以一种更加有力和更加精细的方式刻画它，并恢复其特殊的身份则是另一件事。我们可以做出与特殊化历史有关的相反的推理；它们每一次都把一种分离活动的“类别”作为它们的主题——技术、科学、艺术、文学、哲学、宗教意识形态。然而，一种类别不是一个具体的整体性，它是一种方法的人工制品。例如，根据进行艺术创作的理念这一标准，一个艺术史学家把不连续的作品整合起来。然而，通过规定条件进行分类的方式并不是完全由艺术史学家自行决定的。作品本身被铭记在一种传统和效应网络之中，它们表明了作品在特殊社会的历史连续性之中的根基，并且作品从中获得了一种**借用**（emprunt）的连续性。通过这种方式，特殊化的历史回溯到一般历史或者整体历史。

因此，依赖于我们是否强调文化产品之间的人工特征的联系，或者使它们参与到特殊社会的时间连续性的传统，我们的调查倾向于特殊化历史或者整体历史。正是制度或者活动的半-自主性允许我们或者与定义社会现象的特殊的事件系列相联系，或者与定义文化现象的作品或产品的类型相联系。①

在什么意义上曼德尔鲍姆的社会概念提供了一种从叙事角色开始历史实体推论的中介？正如特殊因果归因表明了一种与构造情节的相似性，证明我们可以谈论与之相关的准-情节，即一种被广泛接受的情节概念；同样，如果社会也被看作是一种特殊实体，那么它在历史话语中就以**准-角色**的形象出现。并且这种相似的转化不能还原成修辞学的效果。它是在叙事理论和社会现象的结构中被双重奠基的。

一方面，在被理解为某人做出行动的角色概念之中没有任何东西要求这一角色是一个个体。正如我们第三部分的文学分析将会充分确认这一点，在基础的"X 做 R"的叙事语句中，角色的位置被在叙事中被规定为一个行动谓词的语法主词的**无论谁**来承担。在此意义上，历史只是扩展或增强了构造情节中对角色与真正行动者所

① 毫无疑问，莫里茨·曼德尔鲍姆引入这一区分是为了在关于历史中的客观性的争论中尽可能做出最小的让步，这一争论是他在 1938 年的《历史知识问题》一书中所引发的。实际上，我们可以在"一般"历史中比在"特殊"历史中获得更多的客观性，因为其对象的持续存在先于历史学家界定历史主题并使其建立联系的工作；因此，原则上可以在这里把关于相同事件的两种不同观点联系起来，或者把相同事件的不同侧面（政治、经济、社会、文化）联系起来。特殊化的历史与历史学家的争议性概念更直接相关，因为他们所持有的分类标准如此不同。这就是为什么把一般历史客观性得以建立的确证、修正、拒斥程序应用于它们更加困难。就我而言，我在这里所感兴趣的不是关于客观性的争论，而是社会的特殊性与文化现象的普遍性的区分所提供的资源，后者是为了把一种发生现象学应用于历史话语实体。

做的区分。甚至也可以说历史有助于把全部的叙事维度赋予角色。在此意义上，责任性个体只是类比系列的第一个，从中我们还可以发现人民、国家、阶级，以及所有代表特殊社会概念的共同体。

另一方面，社会现象本身包含一种规定角色作用的类比外延的决定性特征。如果缺少对构成个体自身的**间接**指称，曼德尔鲍姆对特殊社会的定义就是不完整的。这种间接指称相反允许我们把社会自身看作是一个伟大的个体，**类似于**构成自身的个体。柏拉图正是在此意义上把城邦（Cité）看作是一种以大写字母写就的灵魂（âme），以及胡塞尔在《笛卡尔式的沉思》的第五个沉思中把历史共同体称作“高阶人格”。

在此论证中需要指出两点。

第一点是关于在所有社会现象的定义中对构成社会的个体的**间接**指称。第二点是关于把角色作用相似扩展的间接指称附加给历史话语的第一等级实体。

对个体的**间接**指称包含在曼德尔鲍姆借以定义社会的特征之中：领土构成、制度结构、时间连续性。这三个方面都依赖于居住在领土之上、扮演由制度赋予的角色以及通过代际更替确认被考察社会的历史延续性的个体。我把这一指称称作间接的，因为它不构成历史学家的**直接**话语部分，在把自身限制于群体实体性并且没有清晰指称其个体的构成部分时，它也没有过多的顾虑。但是，作为具有科学倾向的学科，主题化这一间接指称如果不是历史的任务，那么相反发生现象学的任务便是在共同存在的现象中发现个体与特殊社会关系的源头。它在把第一等级的历史实体附加给行动领域的**参与附属**现象中发现了这一源头。这一关联把行动的行使者确认为……**的成员**。它可以被称作真实的、存在论的关联，因为它具有相对于社会成员意识到它的优先性。它确实属于能够被如此理解的关系，即能够被体验和被陈述的关系；但是这种理解在语言层次的关系本身之中被建立。必须同时强调归属关系的存在论优先性以及符号中介的作用——规范、惯例、仪式等等——由此对这一关系的理解得以被确认。因此，既不是意识的不同等级也不是对其具有意识的不同模式由这一关系构成。先记住这一界定，我们暂时考察意识不同等级的观点：归属关系以一种高强度的情感被体验，例如在爱国主义、等级意识或者偏见之中；但是它也可以被遗忘、忽视、消解，即社会中的其他人对那些被看作是叛徒或者变节者的强烈否定，或者对被看作是异端、被流放者或者法外之人的强烈否定。意识形态批判的任务便是揭露他们隐藏的忠诚；但是这一批判相反预设了这一关系相对于意识（以及相对于对它产生清晰意识可能性）的优先性。对于清晰意识模式来说，参与性附属意识可以具有最多样化的评价，甚至是相对立的评价。它在赞成与拒绝、纪念与憎恨的极端之间展开（根据弗朗索瓦·傅勒在《思考法国大革命》①中的表达，我将会在第三部分重新回到这一问题）。

我从上文曼德尔鲍姆的定义中提炼出的社会现象对个体的三重指称明显衍生于由发生现象学所澄清的参与性附属关系。居住者的行为对应着领土的构成，即通过一系列奠基性的行为来定义人类的空间：建造一个庇护所、标记或跨过一个入口、共同生活、展示友好等等。与通过制度赋予个体社会地位对应的是群体成员扮演角色的多种模式，即劳动、进行工艺创造、一起劳动和休息，以及把自己置于阶级、等级和权力关系中的不同方式。与社会存在的延续对应的是交织爱与死亡的以及为生命不仅提供同代人而且提供前人和后人的代际关系。②

---

① François Furet, *Penser la Révolution française*, Paris, Gallimard, 1978.

② 我将在第四部分回到阿尔弗雷德·舒茨（Alfred Schutz）对于社会现实的三重时间结构的精彩分析。在莫里茨·曼德尔鲍姆那里也可以发现一个支持此间接指称的论证。通过其分析和非连续的风格，他承认如果历史学家通过自身的社会生活经验并不熟悉这些整体的变化，那么解释便不能重建一个特殊社会的整体和连续过程：**"我们理解社会结构的原初基础是个体在社会中成长的经验，通过学习其他社会的知识，其视野得到了扩展。"**（第116页）莫里茨·曼德尔鲍姆指出历史编纂学不是从无中产生的。为了获得一种结构，它不是从需要进行综合工作的碎片化事实开始的；历史一直是从它所修正的先前的历史产生的。通过内部矛盾和外部挑战，社会实践在这一原初的历史背景中展开。

接下来讨论论证的第二部分：社会现象对个体的**间接**指称证明从角色作用到历史第一等级实体的**类比**扩展。借助于此类比，第一等级的历史实体可以被界定为主动或被动动词的逻辑主词。相反，类比仅仅要求社会现象对个体的**间接**指称。说法国**做出**或者**遭受**这些历史绝不意味着正在讨论的集体实体必须被**还原成**构成它的个体，以及其行动可以通过分配的方式归属给其一个又一个的成员。必须同时指出，个体词汇转换为历史编纂学的第一等级实体只是类比（因此不蕴含任何还原主义）并在参与性归属现象中**被奠基**。

对个体**间接**指称的特征与词汇转化的**类比**特征之间关系的理解并不是没有认识论意义的：它使得历史学和其他社会科学避免了个体主义方法论的困境。通过赋予存在论维度与反思维度同等的重要性，参与性归属关系也赋予集体和个人同等的重要性。它表明个体从一开始便处于汉娜·阿伦特所说的“显现的公共领域”（sphère publique d’apparition）。因此，构成社会现象的这三个特征都不是来源于孤立的个体：领土构成、指定角色、社会存在的连续性都不是。相反，这三个特征都**不能不依赖于**个体行动和个体之间的相互关系来定义。由此历史认识的过渡性对象表明一种不可避免的极端化，它在参与性归属的表达中被总结。①

我在这里所采用的与准-情节概念对称的**准-角色**（quasi-personnage）概念也依赖于以上两个论证：**因为每一个社会都是由个体构成**，它在历史舞台上作为伟大个体出场，并且历史学家可以把

① 我们将在第四部分回到当前论证所预设的共在的存在论（l’ontologie de l’être en commun）。我们将会探讨胡塞尔在“第五沉思”的结尾是否成功从交互主体性中推导出高阶的共同体。我们也可以探究马克斯·韦伯在《经济与社会》（*Économie et Société*）的开始部分对“社会行动”的定义是否让他逃脱个人主义方法论的困难。我想指出阿尔弗雷德·舒茨在其《社会世界现象学》（*Phénoménologie de l’être social*）中的思想和工作对我的帮助。舒茨实际上没有局限于协调胡塞尔与韦伯，他把他们的主体间性和行动概念整合进一个从海德格尔那里借用的共在概念，同时也没有丢掉前两位思想家分析的洞察力；并且他也没有局限于在这些前辈大师中轻易选择一方。舒茨的社会存在现象学从赫伯特·米德（Herbert Mead）、理查德·特耐（Richard Turner）、克利福德·格尔茨（Clifford Geertz）的人类学中获得了一种关键支撑。这些思想家对我的帮助也并不比必舒茨要少。

特定行动过程的开端和阿隆意义上的特定后果的历史责任归于这些特殊实体，即使它们不是意向性目标。但是**因为叙事技巧教给我们把角色与个体分离**，所以历史话语可以在句法层次实现这种转化。换句话说，第一等级的历史编纂学实体构成第二等级实体与第三等级实体之间的中介，这只是因为角色的叙事概念自身在构型层次构成了一种历史所研究的第一等级实体与真实的实践所蕴含的个体行动者之间的**中介**。只有通过来源于模仿 II 的角色叙事范畴，历史学家的第一等级实体才指向行动领域的实体，即我们在第一部分**模仿 I** 标题之下所说的实体。

2. 准-角色理论与准-情节理论之间的对称被这一事实巩固，即在历史话语第一等级实体的层次，特殊因果归因发现其特有的应用领域，从中我们可以看到历史解释与叙事解释之间的过渡程序。实际上，因果归因的功能之一便是重建过程的**连续性**，在其中发展的统一性由于这样或那样的原因看起来像是被打断的，甚至是不存在的。我们要再次提及，用莫里茨·曼德尔鲍姆的话来说，持续存在是区分社会与文化的一个重要特征。

这种因果解释功能是莫里茨·曼德尔鲍姆著作中的重要论题之一。这一论题有意切断与来源于休谟的经验主义传统的联系，这一传统认为因果性表达了两种逻辑上独立事件类型之间的规范性联系。这一传统认为因果联系的规范特征严格地与原因和结果概念的原子主义特征相联系。当莫里茨·曼德尔鲍姆通过持续存在定义基本的社会现象时，他批评的正是这种因果联结的原子主义特征。①

从知觉层次开始，因果性把连续性解释为一种特殊的过程：原因是整个过程，结果是它的终点；对于观察者来说，芭蕾令人印象

① H. L. A. 哈特（H. L. A. Hart）和 A. M. 奥诺雷（A. M. Honoré）的《法律中的因果性》（*Causation in the Law*, Oxford, Clarendon Press, 1959）对莫里茨·曼德尔鲍姆有很大帮助："可以毫不夸张地说，从 1959 年出版以来，英美哲学中的因果性讨论的整个要旨都变化了。"（第 50 页）然而莫里茨·曼德尔鲍姆没有采纳他们的观点，他们认为因果（转下页）

深刻是因为它的动作；并且原因包含在整个事件之中。正是出于便利的原因，我们从整个过程中分离出最多变的因素，并且把它理解为区别于结果的原因：例如，坏时节导致坏收成。不同于休谟，必须指出："分析一个特殊事件发生的原因在于追溯共同导致事件如此发生而不是导致其他事件发生的不同因素。"①（第 74 页）

因果解释一直是把一个原因及其结果联系起来，"由此，它们可以被看作是构成一个不断发展过程的不同因素"（第 76 页）。相反，通过先前的事件进行解释一直是一种简要和缩略解释的象征。这些缩略解释的实用主义优势不应该让我们忘记"原因是导致这一后果而不是其他后果的实际上正在发生的事件的整个系列"（第 93 页）。在此意义上，在因果解释与规律陈述之间存在一种逻辑断裂，前者一直关注导致**特殊**事件发生的因素，后者关注事件**类型**或属性**类型**之间的不变关系。规律具有一种无限应用的范围，这正是"因为它们不打算在实际发生的事件之间，而是在构成特定类型事件特征的属性之间建立联系"（第 98 页），或者人们更倾向于"在不同因素的类型之间而不是在实际事件的类型之间建立联系"（第 100 页）。

这会导致两个推论，它对于历史理论的重要性不能被低估。第一个是关于把规范性添加到特殊因果归因之中。在对一个特殊过程进行解释时，如果我们借助于普遍性和规律，那么这种规律的普遍性不能代替因果解释的特殊性；如果我们说：X 被一个射穿其心脏的子弹杀死，那么关于血液循环的生理学规律是与抽象因素相联系，

（接上页）解释与普遍规律公式可以应用于两种不同的认识领域：历史与法律是一种，科学是另一种。莫里茨·曼德尔鲍姆反而采纳了 J. L. 麦基（J. L. Mackie）在《宇宙的黏合剂：因果性研究》（J. L. Mackie, *The Cement of the Universe: a Study of Causation,* Oxford, Clarendon Presse, 1974）中的分析，除了两个巨大应用领域的鸿沟，他观察到还存在一种与应用领域无差异的解释层次的连续性，从因果性知觉开始，经由因果解释过渡到判断层次，并提升到建立规律层次，就像因果关系的"黏合剂"（ciment）一样。这一观点在接近威廉·德雷的观点之后便慢慢远离：曼德尔鲍姆赞同威廉·德雷的观点，反对规范模型的支持者，他确认了特殊因果归因的首要性和不可还原性；他反对威廉·德雷，因为他明确拒绝把特殊因果性与规范性对立起来，他承认规律解释会"黏合"因果归因。

① 在这一点上，我们可以指出"不是导致其他事件发生"允许把这一分析与韦伯、阿隆所理解的回溯可能性推理中的非真实系列的构造进行对比。

而不是与实际过程的具体阶段相联系；它们提供作为黏合剂的灰浆，但不提供材料。规律只是把**次序**应用于条件系列：因此，为了能够把这些规律应用于这些系列，必须以因果方式解释导致最终结果发生的事件系列。①

第二个推论：一旦系统的原初状态被给予，那么解释便使一个持续过程的结果以必然确定的方式出现；没有其他东西，只是这一特殊结果发生。但是这并不是想说事件作为一个整体已经被确定。因为只有一直处于**一个封闭系统之中**，一个过程才可以说被确定。为了把因果确定性概念等同于决定主义概念，整个宇宙应该被看作是一个唯一的系统。不能说原始条件逻辑地导致其结果，因为后者来源于这一偶然事实，即每一个事件从一开始便在一个特定时空中发生。因果必然性因此是一种条件的必然性：**出于**已发生的（而非其他的）因果条件整体，**必然**可以得出实际产生的**结果**。这两个推论确认了因果解释不可还原而不是排他的地位。②

正如我过去曾认为的那样，莫里茨·曼德尔鲍姆的因果解释理论的决定性特征——据我所知在其他人那里没有此特征——便是它与对历史中的第一等级实体分析的紧密相似性。实际上，正是一般历史——在上文所定义的意义上——最大程度澄清了他关于因果解释的三重立场：即因果性是一个连续过程的内在联系；规律形式的普遍性需要被插入到特殊因果解释之中；因果必然性是有条件的，并且不蕴涵任何对决定论的信仰。让我们进一步考察这三点。

因果推理与社会现象的连续特征之间的相似性很容易解释：正如我们上文所说的那样，一旦**为什么**的问题从**是什么**的问题解放出来并成为研究的独立主题，那么历史便从描述发展到解释；当对因素、阶段和结构自身的分析从对全部社会现象的整体把握中解放出

① 这一论证支持了亨普尔的冷却器爆炸的例子：发挥作用的物理规律不是**同时**（*all at once*）应用于所有原始条件；它们只应用于一系列发生的事件：这便是因果解释的工具，而不是这一解释的替代物（第 104 页）。

② 这一论证让我们想起冯·赖特关于封闭系统中的解释论证，Ibid.，p.244。

来，那么为什么的问题便可以独立出来。因此，因果解释必须**重构**被分析打碎的**连续性**。

根据它是强调时间连续性还是结构统一性，这一重构具有两种形式。在第一种情况中，它是纵向分析，如果我们可以这么称呼的话，由于事件网络具有建构“一个无限丰富性系列”的显著特征，所以社会现象需要分析和重构工作（第 123 页）；这一特征允许所有等级的变化；所有的事件因此可以被分解成子事件或者被整合进一个最大等级的事件。在此意义上，短时段、中时段、长时段只是在历史解释中占主导性的部分到整体关系的时间因素。①

纵向分析中的等级变化对应着结构分析中同样的等级变化：社会是一种具有弹性的制度性编织物，它允许制度性主题中的多种等级的抽象；因此，我们分析的终点在于经济与意识形态的重大区分，正如马克思所做的那样，在政治、经济、社会、文化现象之间的区分；但是我们也可以把其中的每一个概念都看作是功能分析的起点。

两种分析路径在很大程度上是独立的，因为“社会生活的所有方面和文化的所有阶段不太可能同步发生改变”(第 142 页)。这些不协调支持一般历史分解成特殊历史。并且，反过来这一分解使一般历史的任务更加紧迫和明确：“在所有时代被发现的统一性等级变成了解释原则的对立面：这是一种自身需要被解释的特征”(同上)。但是这一统一性等级只能在把部分相互联系起来的方式中被寻找：“对整体的解释将会依赖于在对其部分进行构型中的存在关系的理解。”(第 142 页)

第二个论题，即普遍性必然嵌入到特殊因果解释之中，来自解释的分析特征：历史领域是一种关系领域，其中没有任何联结——

① 在下一章节，这一无限制的内涵丰富的概念允许我们在新的视角之下重新考虑非事件历史问题的意义。它允许我们确认短时段和长时段在历史中一直是可以相互转换的。在这一方面，布罗代尔的《菲利普二世时代的地中海和地中海世界》和勒华·拉杜里（Le Roy Ladurie）的《小说嘉年华》(*le Carnaval de Romans*) 以出色的方式澄清了被历史的时间体系的丰富性等级所允许的这一转换。

无论是纵向还是横向——可以被一劳永逸地获得。这就是为何所有秩序、认识论层次和科学起源的普遍化需要与因果性“黏结”在一起；它们并不是比赋予人类行为一种稳定性进而做出相应预测的意向更少关心制度性结构。但是这些普遍化只能在使时间结构和时间序列——它们的统一性来源于它们是一个持续整体的部分——合理化的条件之下才能**以历史的方式**发挥作用。

最终，条件因果必然性与**普遍决定论**之间的区别完全和一般历史与特殊历史之间的区分一致。构成一般历史最终指称对象的独特的社会不可避免是多样的，在重构其时序和结构构造的连续性时，历史学家对必然性的论断仍是碎片化的并且在某种程度上仍是局部的。曼德尔鲍姆的推理在这里与冯·赖特关于封闭系统的讨论相关，行动者所发挥的介入性角色正好处于这种封闭操作之中，并且任何主体都不可能同时既是系统联结的观察者又是使系统运行的主动操作者。曼德尔鲍姆的推理在这里也与马克斯·韦伯所做的充足因果性与逻辑必然性之间的区分相关。最终，他强化了雷蒙·阿隆反对宿命回溯错觉的论证，并且强化了阿隆对一种向自由政治行动开放的碎片化决定论的辩护。

但是，区分条件因果必然性与普遍决定论的根源需要在第一等级实体——一直是特殊的社会——的本质中寻找。无论这一词语背后是什么——国家、阶级、人民、共同体、文明，奠定了社会关系的参与性归属产生了与由英雄构成的准-情节一样多的准-角色。正如对于历史学家来说，不存在一种包含所有情节的唯一情节，也不存在一个作为历史编纂学超级英雄的唯一历史人物。人民和文明的**多元性**是历史学家的经验不可避免的一种事实。这就是为何在多元主义的界限中运作的特殊因果归因只能这样宣称：只有当一种因果必然性以假设为条件，一种特殊因果归因才能被给予，在其中存在以共同体方式进行行动的人类。

3. 我下面简要讨论由历史学家建构的第二和第三等级实体，以及它们的解释程序与这些衍生实体之间的关系。

在莫里茨·曼德尔鲍姆那里，从一般历史过渡到特殊历史仍是一个好的指引。让我们重提他赋予给特殊历史所关注的文化现象的特征：技术、科学、艺术、宗教等等。正是这些（1）**不连续的**现象被历史学家，（2）**规定**，他们通过规定建立了可以作为这样或那样类型的文化现象，（3）因此，这些现象比一般历史**更少倾向于客观性**。因为我在此处的主题不是历史中的客观性与主观性之间的争论，而是历史学家所建构的实体的认识论地位，我悬隔了特殊历史所允许的所有与任意性等级有关的内容，而是关注把特殊历史附加给一般历史的衍生关系。

这种衍生通过在一般历史层次已流行的对阶段和结构的分析得以可能，同时也通过求助于因果解释过程中的一般概念得以可能。

从这一双重抽象工作出发，历史学家的兴趣在从社会现象的连续性和特殊性转移到文化和生成现象时没有任何困难。因此，新的实体在历史之中占有一席之地，它们是历史学者进行**概念化**刻画工作的简单对象。必须承认这些实体是阶级、一般性存在，而不是特殊性存在；在很大程度上，它们需要借助于社会科学，历史与之结合形成一对组合：经济学、地理学、组织社会学、精神和意识形态社会学、政治科学等等。历史学家也曾进一步尝试把这些实体看作历史现实性，如果他们成功把这些实体看作不变项，那么特殊社会仅仅是变体或者更可能是变量。

这便是保罗·韦纳在《差异的清单》(*L'Inventaire des Differences*) ①中所做的工作。他把**帝国主义**（impérialsime）建构为不变项，并且在其变量当中，帝国主义在于占据所有可能空间从而获得一种垄断权力；在既不考虑空间也不考虑时间的情况下，古罗马的特殊性因

① Paul Veyne, *L'Inventaire des Differences*, « Leçon inaugurale » au Collège de France, Éd, du Seuil, 1976. 我在《法国历史编纂学对历史理论的贡献》(*The contribution of French Historiography to the Theory of History*) 一书中花了很大篇幅讨论此问题。

此在一种特定的轴心中被定位，这一轴心是由作为出发点的不变项定义的。这种概念的机械论是完全合法的，具有很强的诠释和解释效力。只有当我们**忘记**第二等级实体（例如帝国主义）**来源于**——考虑到其存在——第一等级实体，行动的个体属于它并且他们通过行动和相互交流参与其中，它才是错误的。或许历史学家只能通过遗忘和颠倒衍生的真正次序才可以“信任”这些理性的存在。莫里茨·曼德尔鲍姆的论证的价值在于他提醒我们没有任何艺术史、科学史或者一个特定社会的其他功能所保存的历史意义，除非——至少是以含蓄的方式——历史学家记得其历史得以从中提炼出来的具体实体。换句话说，历史在自身之中没有任何意义，只能依赖于作为这一功能**承载者**的持续存在的实体。

从第一序列实体推导出第二序列实体把我们从特殊因果解释到规范解释所持续观察到的推论作为必然结果。我不会回到这一论证本身，而是回到更加直接表达两种推论线索相似性的一个方面，即程序推论和实体推论。我思考这一关于普遍性的争论，它在历史研究的领域催生了**概念化**工作，我们在此章的引言部分曾讨论这一工作，它是认识论断裂的必然结果之一，这一结果使历史成为一种科学考察。莫里茨·曼德尔鲍姆的立场——特殊历史的对象本身是阶级而不是个体——强化了很多认识论者公开主张的温和唯名论，这涉及新历史学家所应用的概念装置的地位。

在“概念的使用”这一章（参见上文引用，第140页），亨利-伊雷内·马鲁区分了五种重要的概念范畴：a. 他认为，历史使用那些并不比相对主义所承认的更少的“具有普遍意图的概念”，这涉及人类当中的最少变量。我把它们与构成行动语义学（**模仿 I**）的概念网络相联结。b. 此外，历史“还以类比和隐喻的方式使用某些特殊图像”：例如把作为形容词的巴洛克从其背景中抽离出来，并把它移植到一个对时代的合理类比基础之上，而不是严格意义的巴洛克风格之上。c. 随后是“规定制度、工具或用具、行动方式、感觉或思想的特殊概念，简言之，即文明事实”的术语表（第151页）；它们有效性的界限不是一直被意识到的，例如，当这些概念从一个过去的特定区域外推到另外一个区域：例如从执政官外推到罗马的美德。d. 更加重要的是马克斯·韦伯的理想–类型的阶级概念，如果我们用理想–类型意指“一种具有相对普遍价值的方案，它由历史学家借助于在对特殊案例的研究中所观察到的基本要素建立，这是一种各个部分相互依赖的有机方案……最终被历史学家在穷尽其内容的定义中以严格和精确的方式表达”（第153—154页）：例如，甫斯特尔·德·库朗日（Fustel de Coulanges）所阐述的古代城邦概念。但是，马鲁指出“正如马克斯·韦伯坚持强调的那样，只有当历史学家仍时刻警惕**理想–类型**的严格唯名论特征时，它的使用才是合法的”（第156页）。因此我们不能过于反对修正“理想类型”的尝试。e. 最后，是古典时代、雅典、文艺复兴、巴洛克时代、法国大革命这些名称：“这次涉及的是不能由定义所穷尽的特殊概念。它们意指一个整体，例如一个特定人类社会背景的大概历史阶段，或者艺术史、思想史的大概阶段等等，即所有那些我们能够认识以及定义的对象整体”（第159页）。

在我看来，最后一种类型异质于前一种类型，因为它规定了第三等级实体，这种实体把主题、程序和特殊历史的结果整合进一种整体实体。这些整体绝不类似于第一等级实体的具体的整体性特征。它们通过特殊历史的复杂程序与之分离。它们的综合特征是主导着第二等级实体建构的分析精神的对立面。在此意义上，尽管这些实体的表象是具体的，但是它们仍是最抽象的。这就是为何主导此层次的程序要尽可能与构造情节的程序远离，后者能以类似的方式被扩展至一般历史的集体“英雄”①。

① 亨利·马鲁：“与其陈述一致，历史知识表明了其极端唯名论立场，这比马克斯·韦伯所设想的要更加极端，尽管他具有一种职业信仰”（第158—159页）。在以更加精确的方式谈论占据他第五类概念的特殊概念之后，马鲁继续说道：“如果我们一直注意保留这些概念的唯名论特征，那么对这它们的使用就是完全合法的。”（第159页）

我认为，历史**概念**的唯名论是一种第二等级和第三等级**实体**衍生本质的认识论必然结果。当我们在考察这些实体时，我们正在讨论这样的“建构”，存在于叙事中尤其是经验中的这些建构的基础变得越来越不明显。我们不能再在这些构造中辨认出我们称之为计划、目标、方法、策略，甚至是机遇和环境的等价物。简言之，在这一衍生层次，我们不再能谈论准-角色。适用于第二等级和第三等级实体的语言过于远离叙事实体，并且过于远离真实行动的实体，从而不能保留其间接衍生的痕迹。只有通过以第一等级实体为基础的第二等级实体的衍生关系，这一线索才可以被重新激活。

因此，只有高度精炼的回溯方法才可以重构一些渠道，通过这些渠道不仅程序而且历史考察的实体都能以间接的方式回到叙事理解的层次。只有这种回溯追问才可以解释作为一种**历史**学科的历史可理解性①。

三、历史时间与事件的命运

如果我通过历史时间问题结束我关于历史编纂学认识论的考察，那么读者不会感到惊讶：实际上，它是整个第二部分的工作。相对于叙事的时间性问题，历史时间的认识论地位在前两部分一直被讨论。特殊因果归因已被指出与历史学家赋予第一等级实体的地位紧密相关，它的显著特征之一便是**持续存在**。即使这一特征不能被还

① 读者可能会后悔曾在三种不同的背景中讨论历史中的因果分析问题：首先是借助于威廉·德雷，在规范模型中的讨论框架；其次是马克斯·韦伯和雷蒙·阿隆，以叙事与解释之间的过渡性程序的名义进行讨论；最后是曼德尔鲍姆，这与第一等级实体的地位相关。对于我来说，我似乎不能回避这种三重模式。因为它的确涉及三种不同的论题：第一个是被分析哲学中的蕴含模式的表象决定，马克斯·韦伯和雷蒙·阿隆都没讨论此问题；在**理解**（*verstehen*）的德国传统中，第二个被具体科学——其自主性毫无争议——所宣称的科学性的等级问题决定；第三个与一种新系列的问题相关，这些问题被来源于两种类型连续性的对应性决定，即被历史学家在存在层次所提出的最终实体与认识论层次的因果程序的实体决定。

原成**时间**的连续性，因为它涉及整体与部分之间关系的所有结构性因素，但是应用于结构性关系的**变化**概念不停地回溯至历史时间问题。

我的立场——来源于作为科学历史的认识论断裂特征的程序和实体都通过一种间接的方式回溯到**叙事**层次的程序和实体——在第三层次也具有一种等价物吗？通过一种不断增大的断裂，可以证明历史学家所建构的时间来源于叙事本身的时间性吗？我在这里也已经找到一种合适的**中介**（*relais*）。我曾认为它可以在历史学家所使用的极端模糊的**事件**概念中被发现。

为了完成这一证明，我将会再次求助于法国历史编纂学。当然，我采用了上文被详细证明的内容，即长时段历史一直是主导性的并且占据了历史研究的全部领域。① 基于事件的命运视角为长时段进行辩护，我将会尝试在其中发现一种对叙事构造的时间构型与实践经验的时间预示之间辩证法的扩展，这一扩展本身是历史的一个特征。

首先，我们重提“神话”构型——亚里士多德意义上的概念——对事件的构造。我们记得附加于此事件概念之上的认识论和存在论假设。现在先把存在论假设搁置一旁，当我们讨论历史对过去的指称时，我们将会在第四部分回到此假设。我们先限定于**事件**概念——独特性、偶然性、分裂——使用背后所隐含的存在论假设，并且尝试在**模仿 II** 的标题之下，通过我们的情节理论重述它们。这一重述来自事件与情节叙事之间的根本联系。正如上文所指出的那样，**事件本身**获得了一种可理解性，这种可理解性来源于它们对情节发展的推动。因此，独特性概念、偶然概念和分裂概念必须被认真修正。

① 为了与前两部分所讨论的问题相联系，我只是提及这一根本假设与年鉴学派提出的其他革新之间的紧密相似性：文献的革新、调查的进展、论题相对于被给予的历史“事实”的优先性、把调查概念化时的审视。在此意义上，长时段只是历史研究领域中整体转向的一个部分。但是它自身具有被称作讨论的标准。

实际上，情节本身同时是独特与非独特的。它们谈论只在独特情节中发生的事件；但是存在某些把事件普遍化的情节类型。

此外，情节结合了偶然性、可能性，甚至是必然性。正如亚里士多德《诗学》中的**突转**概念，事件以令人诧异的方式发生，把幸运变成不幸，但是情节使偶然性本身成为被加利（W. B. Gallie）合理地称为故事**可理解性**的一部分；并且正如路易斯·明克所指出的那样，正是在重述一个故事的情况下——从一个故事的结尾到其开端反过来阅读——我们理解了事物必须被“表达”成它们所做的那样。

最终，情节把遵照与违背范例结合起来。构造情节的过程在屈从于叙事传统与反对这一传统中已接受的所有范例之间摇摆。包含积淀与革新的全部结合领域处于这两个极端之间。在这一点上，事件遵守情节的命运。它们也遵守和打破规则，它们的开端在“规则性解构”的中点左右摇摆。

因此，由于它们所讲述的事实，事件是独特的**和**典型的、偶然的**和**被期待的、违背**和**遵照范例的，即使是在讽刺模式之中。

我的立场是历史事件在根本上并不是不同于被情节框定的事件。从叙事的基础结构开始的历史编纂学结构的间接推论——在前面的章节中建立——允许我们认为这一扩展是可能的，即通过恰当的衍生程序，把通过**构造情节的事件**（*l'événement-mis-en-intrigue*）概念所实现的对独特性、偶然性和绝对违背概念的重述扩展至**历史事件**概念。

我打算回到布罗代尔的《论历史》，尽管——甚至是因为——在此书中他反对事件的历史，从而表明在什么意义上，**长时段的历史概念**正是从刚才所陈述意义上的戏剧性事件衍生出来，即在**构造情节的事件**意义上的戏剧性事件衍生出来。

我从布罗代尔方法论的毫无争议的成就开始讨论：即社会时间

的**多元性**理论。为了重新使用《菲利普二世时代的地中海和地中海世界》（第21页）序言中的概念，“把历史结构分解成不同的等级”仍是对叙事时间理论的主要贡献。因此回溯追问方法必须从它开始。必须探询什么使得“准静止历史”“慢节奏历史”与“个体层次的历史”——即长时段历史要罢黜的事件历史——之间的区分得以可能。

在看我来，似乎这一答案要在统一性原则中寻找，这一原则把布罗代尔工作的三个部分整合起来，尽管它分成不同的时段。读者不能只是满足于理解相互分离的每一个部分独立存在的权利——前言指出“每一个部分自身都是一种广义解释的尝试”（第11页）。通过其双重指称，即一方面指称地中海，另一方面指称菲利普二世，此书的标题便是邀请读者探询长时段以什么方式实现了结构与事件之间的过渡。在我看来，理解由长时段所实现的中介功能便是认识由此书的三个部分所构成的**整体**的**情节**特征。

我想把我的解释建立在对《菲利普二世时代的地中海和地中海世界》的耐心阅读之上（我曾在1976年的法语第三版中进行这种阅读），而不是建立在《论历史》中所收集的与方法有关的论断之上。这种阅读揭示了确保此著作整体性协调性的过渡结构的重要作用。这些结构相反允许我们通过准-情节处理全书的编排。

通过这一过渡性结构，我想指的是所有以正序和倒序方式阅读一部著作的分析和阐述的程序。关于这一问题，我想说的是如果第一部分本身保留了一种历史特征，尽管地理学居于主导地位，这是因为所有的因素都指向第二部分和第三部分并且搭建了一个舞台，此著作的剩余部分讨论此舞台之上的戏剧角色。准确说来，第二部分致力于文明现象的长时段，并且把两个极端整合在一起：地中海是第一部分的指称对象，菲利普二世是第三部分的指称对象。在此意义上，它同时构成了一种独立对象和一种过渡结构。正是后一功能使它与构架它的两个部分相互依赖。

让我们进一步指出其细节。

首先考虑第一层次：其主题似乎是空间而不是时间。保持不变的是内陆海（Inland Sea）。然而，他写作的所有东西都已经是地中海历史的一部分。[①] 前面三章都是关于这一陆地中间的海洋。它只是关于居住和无法居住的空间问题，包括沼泽在内。人类在各地出现，并且与之伴随着一种症候性事件的集体迁徙：高山似乎是自由人的庇护所和隐匿处。至于滨海的沼泽平原，如果不提及征服、压榨他们工作、改良土壤、人口传播、所有类型的迁移：转场、放牧、入侵，那么它们就不会被提及。[②] 现在这里是海洋、滨海地带和岛屿：它们成为地理-历史因素，从而成为人类及其航海的疆域。海洋等待被发现、被探索和被旅行。甚至在第一层次，如果不提及主导的经济-政治（威尼斯、热那亚）关系，便不可能谈论它们。西班牙帝国与土耳其帝国之间的巨大冲突为这片海域蒙上阴影。通过这些武力冲突，这些事件已经形成。[③]

第二个层次不仅蕴含在第一层次，而且可以在第一层次被预见到：地理-历史学快速转变为地理-政治学。实际上，第一部分关注于建立土耳其帝国与西班牙帝国的对立。[④] 两大海域从一开始便是政

① 在一种特定类型的地理学标题之下，人类的命运更加受到关注，第一层次的考察是“仍研究一种特殊的历史”（《菲利普二世时代的地中海和地中海世界（第一卷）》，第21页）。一种“缓慢运动的历史，从中可以观察到持久的价值”（同上），它由此把地理学作为其媒介。在这一方面，令人震惊的是布罗代尔直到第200页才开始反思地中海的“物理同一性”；我们可以承认“地中海本身并不为使之明亮的天空负责”（第一卷，第212页），但是在这里所考察的物理同一性，首先是特定限制条件的持久性——成为阻碍的大海、严酷的冬天、炙热的阳光，在永恒的三元象征之下：小麦、橄榄树、葡萄藤，所有那些构成地中海人身份的因素，因为它们补偿所有匮乏的东西，根据季节变化调整战争、贸易、密约：“即相同的农业文明，相同的人对自然环境的胜利”（第一卷，第215页）。

② “人类是这一长时段的创造者”（第一卷，第57页）。“所有的西班牙人都把其子孙迁移到面向大海的南部地区”（第一卷，第75页）。“所有这些运动都需要几个世纪来完成”（第一卷，第92页）。简言之，“对长时段的地理学考察指引我们考察历史最缓慢的进程”（第一卷，第93页）。

③ “从16世纪90年代开始，北欧海盗的大举入侵便是新的事件”（第一卷，第109页）。因此也不可能不提及格拉纳达战争。

④ “地中海的两大海域都分别在某种程度上促成和推动了这种双重的对外扩张”（第一卷，第125页）。

治区域。[①] 我们的考察可以尝试聚焦于岛屿的平静生活，它们古老的和新的缓慢节奏。伟大的历史不停地在这些岛屿上上演，并把这些半岛联系起来 [②]，“政治上的领先地位从一个半岛转移到另一个半岛。经济、文明等方面的领先地位也跟着转移”（《菲利普二世时代的地中海和地中海世界（第一卷）》，第 151 页）。地理几乎不具有自主性，以至于被考察的空间边界不断通过历史被重新划定。[③] 地中海通过它的影响范围被衡量。贸易现象也同样蕴含在其中。因此，必须把地中海的空间扩展至撒哈拉和欧洲地峡。布罗代尔并不害怕在第一卷中表明立场：“我们可以重申：并不是地理空间构成了历史，而是此空间中的人类、首领或发明家创造了历史。”（第一卷，第 206 页）因此，处于第一层次的最后一章以开放的方式把一个物理统一体导向一种“此书所关注的”人类统一体（第一卷，第 252 页）。考察人类的劳动（“并不是海水而是地中海的居民连接了地中海的不同地区”）：它产生了一种由道路、市场和贸易所构成的空间–运动。这就是为何必须讨论银行、产业家庭和商业，特别是改变了陆地面貌的城市的出现。[④]

毫无疑问，长时段的历史学家发现他们在第二层次最为自由。但是必须指出这一层次就其自身被考察而言在什么程度上缺少连续性。在结构领域与形势领域的摇摆中，可以呈现三种相互竞争的组织系统：经济形势的系统，它在整体上是扩张的；物理–政治系统，它由西班牙和土耳其之间变化的领先性主导；以及文明系统。这三

① “政治只是促使现实显露原形。由敌对双方分别控制的这两大地中海，各自的自然条件、经济和文化都不同，各自构成一个历史区域”（第一卷，第 125 页）。

② “半岛与半岛的这些组合和分解概括了地中海的历史。”（第一卷，第 151 页）

③ “任何界线都不能阻拦人越过障碍，地中海人足迹所及之处，便是地中海的更大的范围。地中海人的命运决定着地中海的命运，扩大或缩小地中海的范围。”（第一卷，第 155 页）

④ 在地理学家–历史学家的话语中，城市导致日期的涌现（第一卷，第 310—312 页），其中所孕育的是城市的历史，因为它们遇到领土国家的设计，在经济形势的苏醒中扩张或死亡。的确，城市在第一个层次之上建立的稳定、持久和重复的基础之上言说“条件的演化与变化（第一卷，第 322 页）。

个系统并不是精确重合的；这或许可以解释不断增长的尝试从一个版本到另一版本把经济形势统一于唯物主义。

在“经济”标题之下——第一个组织系统——相对迥然不同的问题被考察：空间与人口数量的限制关系到帝国的统治、贵金属的流通作用、货币现象与价格的演变，以及最终关系到商业贸易和交通运输。当布罗代尔建立第一个系统时，他通过不断强调而提出整体因素在哪一个具体层次可以被定位的问题，如果这一问题存在的话：“我们可以建立地中海经济的模型吗?”当然可以，如果给予“世界-经济”概念一个内容，这一内容被看作一个“内在协调的区域”(第一卷，第383页)，尽管其边界是不确定和变化的。但是这是一种危险的企图，因为缺少一种可以记录交易账目的货币标准。此外，正如其他市场的历史一样，与热那亚—米兰—威尼斯—佛罗伦萨四边形的四角有关的可追溯日期的事件集合确认了第三个层次不断与第二个层次交叠的事实。国家的扩张加上资本主义的扩张使得经济的长历史不断退回到事件历史。[①] 通过讨论商业贸易与交通运输，布罗代尔重申了其目的：“令我们感兴趣的是整体的轮廓。”(第一卷，第493页）但是胡椒贸易、小麦危机，大西洋船队对地中海的入侵要求他必须同时涵盖大量的事件（葡萄牙胡椒的历史，威尔士家族与福格尔家族的合约，相互竞争的航线的对抗)，并要求他超越叙事的表象。[②] 地中海小麦的平衡与危机，“小麦贸易的变迁”(第一卷，第530页)，大西洋帆船的抵达变成一种入侵，如此多的注明

①　在关于贵重金属、货币和价格的章节，商业实践的变化、金属的汇集与流出不能被追溯日期（第一卷，第420页)：“葡萄牙在大西洋沿岸非洲的扩张是一个重要的事件。”(第一卷，第427页）此外，“在1557—1558年焦灼的战争中，装载贵金属船队的抵达是安特卫普港的一个重大事件”(第一卷，第437页)。在西行的航线上，众多的事件伴随着贵金属的流通。皇家破产的日期可以被追溯（1596年、1607年等等)。毫无疑问，为了证实解释模式，抓住稳定因素是问题的关键；但是这要求通过历史事件的日期、其专名、为菲利普二世命名并考察他的决定来贯通事件的历史。一方面由于政治与战争的相互影响，另一方面由于不同经济的相互影响，第三个层次会涵盖第二个层次。

②　“简言之，所有与胡椒、香料战争有关的事件具有遮蔽整体问题的危险，只有在一个世界背景中被考察，此问题才能得到最好的评价——从美洲的银矿到东马鲁古群岛或者苏门答腊岛的最西端。”(第一卷，第515页)

日期的事件（“荷兰人如何在1570年之后不放一枪便可以占领塞维利亚”。第一卷，第573页）。当历史学家朝着宏观经济学、动态的世界—经济学努力时，他们从没有停止把事件置于身后，他们肩负着在我所提及的范围之内解释事件的任务。

第二个层次也必须为其他组织原则留下空间：帝国、社会、文明。似乎有时是帝国提供了历史的史料：“伴随着利维坦海怪出场，16世纪在地中海上演的戏剧首先是一种政治扩张演变的戏剧”（《菲利普二世时代的地中海和地中海世界（第二卷）》，第9页）：奥斯曼帝国在东方崛起，哈布斯堡王朝在西方崛起。毫无疑问，查理五世、苏莱曼一世这些角色而不是他们的帝国是次要的。但是，如果不否认个体与环境，那么必须在15世纪与16世纪经济增长方面关注持续有助于辽阔帝国的局势，更一般的是关注在16世纪似乎开始上升和减缓的对于辽阔政治实体形成的有利和不利因素。① 当然可以认为伊比利亚的统一是可以被意识到的，这蕴含在时局的意义之中，并且与之伴随的是创造一个神秘帝国，征服和扩张的一个方向首先是非洲，然后是美洲。但是，面对土耳其征服君士坦丁堡，随后是叙利亚，最后是埃及，很难不感叹：“多么重大的事件！”（第二卷，第17页）。即使可以写出“菲利普二世撤退至西班牙是追求美洲白银的一个必要的战略撤退”（第二卷，第25页），人们是如何未能成功地把生命给予查理五世和菲利普二世这些重要角色呢？这并不能阻止历史学家写出菲利普二世后悔没有把首都迁至里斯本，而是固守在马德里。尽管如此，如果长时段赢得胜利，这是因为国家的命运与经济的命运是相互联系的。不同于熊彼特过于强调经济，人们必须赋予政治与制度② 同样的重要性。但是如果不讨论行动者

① “没有什么事情比编制这一年表更加困难。这一年表并不呈现事件，而只是一次惯常进行的可能有医疗错误的诊断或者听诊而已”。（《菲利普二世时代的地中海和地中海世界》第二卷，第10页）

② “正如资本主义一样，国家是复杂演变过程的产物。广义的推测实际上也包含所有政治权力的基础，包括有利与不利因素。”（同上，第28页）

的伟大、立法者以及他们的腐败、国家的财政困难、货币战争，便不可能谈论政治。政治活动有其参与者。

但是，经济和帝国都没有穷尽第二个层次的所有内容。也需要考虑文明："文明是地中海世界最为复杂、最为矛盾的一面"（第二卷，第95页），因为它们既情同手足又相互排斥，既变动又持久，很容易传播其影响但是坚决不借鉴其他文明。西班牙有自己的巴洛克风格。反宗教改革便是它的改革："拒绝改革是自愿的并且是坚决的。"（第二卷，第105页）为了表达"这些令人诧异的持久性"，布罗代尔有一句精彩的话："文明从根本上是由人和历史所创造、组织的空间。这就是为何存在令人诧异的持久的文化边界和文化空间：所有世界的混合都不会改变它们。"（第二卷，第107页）文明必然会灭亡吗？文明当然会灭亡，"但是其基础仍会持续。它们并不是不可摧毁的，但至少比人们所认为的要坚强一千倍。它们抵抗了一千次所假设的灭亡。它们在几个世纪的单调发展中维持了其不变的内容"（第二卷，第112页）。然而，需要考虑另一个因素：文明是多样的；从它们的接触、摩擦和冲突之处再次产生事件；如果西班牙语世界拒绝任何混合是原因的话，必须重新考察"伊比利亚半岛伊斯兰教的缓慢衰败"（第二卷，第118页）和"格拉纳达所上演的戏剧"，甚至是允许我们谈论"格拉纳达创伤"（第二卷，第126页）的残存和渗透，直至最终的毁灭。① 随后，借助于在马拉诺犹太人（Maranes）的顽固与摩里斯克人（Morisque）的顽固之间得出一种相似性，也必须根据同样的范式来考察犹太人的命运。但是，我们必须再次追溯事件的踪迹，直到我们掌握隐藏在犹太殉教者与局势发展之间的联系："根本的罪行是西方世界的全面衰退。"（第151页）当1492年被置于一个缓慢倒退时期的末尾，它同样失去了一些阴暗的光彩。甚至道德谴责也被发现如果没有被削弱，至少是被精细化

① "在所有解决方法中，西班牙选择了最困难的：把作物从其土地上完全驱逐和铲除。"（第二卷，第130页）

了。[①] 文明的长期形势与经济形势交叠在一起。对伊斯兰教和犹太教的拒斥见证了文明相对于经济的特殊性。最后，特别是如果不回到战争的历史，战争的形式必须被置于长时段现象的层次。如果我们要评价战争技术，衡量战争的花费——帝国的毁灭，特别是在战争本身中辨别出对文明长度的检验，那么必须把事件纳入其中。自我确证和自我更替的相对立的意识形态局势允许我们把相应的重要性给予事件，例如，被参与者和见证者严重高估计了其重要性的勒班陀（Lépante）战役。包含事件在内的重叠的局势在陆地和海洋标记了经济、帝国、社会与文明的冲击。布罗代尔并没有忽略在第二个层次之上运作的几个相互竞争的组织原则。在第二卷——在最新的版本中——他衡量了由单一的经济形势所主导的历史以及被多种形势主导的历史的有利与不利因素。因为不是只存在一种形势，而是存在多种形势。甚至不存在一个唯一的经济因素而是一种延续数个世纪的“**趋势**”（并且其回溯的边界在不同版本中被记录的日期也是不同的），并且存在一种完整的长期形势、中长期形势与短期形势相结合的等级系统。但是，首先需要承认的是文化形势需要通过极大的困难才能与经济形势，甚至数世纪的“趋势”重合。难道西班牙黄金年代在数世纪的巨大动荡中没有继续保持繁荣？如何解释这些末期的繁荣？历史学家犹豫了：尽管经济形势容易使人迷惑，但他也承认历史重新变得多样、不确定……或许是我们将无法把握整体。

因此，《菲利普二世时代的地中海和地中海世界》（第二卷）前两部分都致力于赞扬通过把“政治与人”呈现出来而建立的事件历史。第三部分绝不是一种向传统历史的倒退：在一种整体历史中，稳定的结构和缓慢的演变或许构成了本质的部分，但是“这一本质并不是整体性的”（第二卷，第 223 页）。为什么会如此？首先，因为事件见证了历史的巨大深刻性。正如我们曾看到的那样，前两部

① “任何过去的把自己的存在牺牲给其他文明的文明是什么？……经济形式对此也有责任。”（第二卷，第 153 页）

分经常使用这些“事件性标记”(第二卷，第223页)，它们同时是象征与见证。伟大的历史学家在这里并不害怕宣称：“我绝不是事件历史不共戴天的仇敌。”(第二卷，第223页）但是存在另一种理由，即事件在自身层次提出了自身协调性的问题。布罗代尔自己给出了这一解释层次所要求的不可回避的选择的两方面证明。一方面，历史学家只保留那些产生重要影响的事件。在不对其进行命名的情况下，通过回溯逻辑和对“充足理由”的研究，布罗代尔在这里遇到了韦伯和阿隆通过追溯性逻辑与对“等式”的研究所提出的特殊因果解释的问题。① 另一方面，历史学家不能忽略当代人关于事件重要性的判断，这是以不能理解古人解释其历史的方式为代价的。(布罗代尔在这里指出了圣巴托罗缪大屠杀对于法国的转折意义。）这些解释同样构成了历史对象的一部分。

因此，使经济形势与广义的政治事件这两个历史链条相一致便成为不可能的，后者被当代人看作是最重要的，特别是在政治主导历史发展道路的世纪。这两个链条在它们之间仍留下了巨大的鸿沟，我们曾通过帝国、社会、文明和战争本身的历史来填补它。②

布罗代尔在此处的方法是结构化他的事件历史——他的历史不缺乏日期、战役和条约，这不仅是通过时代来划分事件，正如所有历史学家所做的那样，而且通过把它们植根于结构和形势之中，正如他之前为了证明结构和形势去组织事件的方式。在这里，事件聚

① 勒班陀战争——伏尔泰嘲讽它是如此不重要——的确是“16世纪地中海最令人惊叹的军事事件，但是这一技术和勇气的巨大胜利很难置于历史的普通视域之下”(第383页)。如果西班牙坚决地追求它们，那么勒班陀可能会具有重要的影响。但是，在整体上，“勒班陀并没有完成任何事情”(第二卷，第423页)。基于此，我们可以指出致力于描写唐璜（Don Juan）的盘算的最精彩的几页——“命运的创造者”(第二卷，第365页)：解释性反思正好对应威廉·德雷的理性解释模型，同样也对应韦伯的对立假设的解释模型。

② 我们不时会看到布罗代尔重新以战争为基础反对事件的历史，并且尝试通过形势的历史进行反对，而不仅仅是通过勒班陀战争，正如我们曾指出的那样，而且当他遇到两个巨大帝国冲突中的大量的禁欲现象时，他也尝试通过战争的普遍衰落来进行反对：通过放弃非洲，西班牙失去了其地理疆域的使命吗?“但是所有这些完全徒劳的过程仍需要进行辩护。未来关注政治形势变化的历史学家将会重新考察它们，并且可能赋予意义给它们。”(第430页)

集并收缩成结构和形势："在菲利普二世时期，帝国的强力与软弱都是拟人化的。"（第二卷，第 327 页）结构化这一政治历史的正是这种"国际关系的地理政治，这种国际关系在 16 世纪忙于在土耳其对外部世界施加武力的主要战争前线间建立必要的补偿"（第二卷，第 451 页）。当菲利普二世的帝国战略转向大西洋和美洲时，一个巨大的力量转换发生了。随后"西班牙脱离了地中海"（第二卷，第 467 页）。同时，地中海远离了伟大的历史。①

如果这便是我们讲述的历史，为什么必须以如此不吝啬笔墨的方式书写菲利普二世在 1598 年 9 月 13 日的死亡？在地中海研究的伟大历史学家看来，这一死亡并不是重大的历史事件。② 但是"在对对手的长期统治似乎不会终止的末期的"情况下，这对于所有主角都是最重要的（第二卷，第 512 页）。但是我们难道没有指出当代人的视角也是历史的一个对象吗？或许还可以更进一步——这一评论能很好地质疑三个部分的完美平衡：死亡揭示了没有被准确纳入解释之中的个体的命运，这一解释本身的标准并不是死亡时间。③ 如果缺少结束这一命运的死亡，我们还可以知道历史是人类的历史吗？

现在讨论我的第二个观点，即此书的三个层次从整体上构成了一种**准-情节**，即保罗·韦纳所使用的广义的情节。

把此书与构造情节的叙事模型的亲缘性局限于第三个层次是一种错误；这样做会丢失此书最根本的贡献，因为它为情节概念打开了一种新的功能，并且对于**事件**概念也是如此。

---

① 以下便是布罗代尔谈及西班牙在 1601 年失去的机遇："伟大战争的退化以自己的方式成为地中海普遍衰落的危险信号，毫无疑问这一现象在 16 世纪的最后几十年更加清晰和明显。"（第二卷，第 514 页）

② "我不认为地中海这一概念从未与我们赋予它的意义一样是漂浮不定的。一门真正的地理学并不构成君主教育的一部分。它们构成了结束于 1598 年 9 月的长期痛苦的事件不是地中海历史的一个重大事件的充足理由；对于我们再次反思把传记历史与结构历史以及与空间历史区分开的距离来说，它们也是很好的理由。"（第二卷，第 514 页）

③ 这个人只能"通过与纯粹宗教生活相联系才可以被理解，或许只能在加尔默罗会改革的氛围中才可以被理解"（第二卷，第 513 页）。

我还没有准备好只在中间层次去探究这一新的情节形式，虽然布罗代尔本人的某些论述建议这么做：难道他没有谈论“**形势的宣叙调**”吗？在经济历史中，可以构成情节的正是其周期性特征以及危机概念所发挥的作用。① 增长和衰退的双重运动也表明一种完整的内在周期，它可以被欧洲时间衡量，也几乎可以被世界时间衡量。《15—18 世纪的物质文明、经济和资本主义》的第三卷的标题是《世界时间》，它根据经济形势的缓慢节奏完全建立在这种世界-经济增长和衰退的视角之上。“**趋势**”概念因此倾向于代替情节概念。②

---

① 在布罗代尔的“历史学与社会科学”(«Histoire et sciences sociales »）一文中，我们可以读到：“一种新的历史叙事模式出现了，我们称之为周期性的、形势的‘宣叙调’叙事，即内部循环叙事，它可以涵盖康德拉捷夫（Kondratiev）经典循环的一个年代、四分之一世纪以及最多半个世纪。”(《论历史》，第 48 页）在《剑桥欧洲经济史》(*The Cambridge Economical History of Europe*）第四卷，布罗代尔以这样的方式定义周期：“因为世界周期可能会被应用于一种我们不会被误导的季节性运动。这一概念规定了一种双重运动，即具有一个峰顶的上升和下降，处于峰顶之间的——在此概念的严格意义上——被称作危机。”(第 430 页）受惠于 M. 瑞普（M. Reep）允许我引用他一篇未发表的文章，并且他提出了一个建议，即周期概念与亚里士多德的构造情节概念都具有构造一种经济生活的模仿（当然是**模仿 II** 意义上的）与展现一种中间结构的双重特征，这便是危机概念在两个内部周期之间所引入的情节突转概念。

② 正如布罗代尔所承认的那样，《世界时间》(Braudel, *Le temps du monde*, Paris, Armand Colin, 1979）的标题承诺了比标题自身更多的内容（前言，第 8 页）。如果他的意图是“在历史的年代发展和多种时间性中”把握世界历史，那么他没有掩盖这种世界时间并没有涵盖人类历史的全部这一问题。“根据场所和时代，这种例外的时间控制着某些空间和现实性。但是其他现实性和空间逃脱了，并且对于它来说仍是外在的……即使在发达国家，就经济和社会方面来看，世界时间并没有包含所有内容。”(第 8 页）这是因为此书跟随一种赋予区域、物质和经济历史优先性的线索。在这些被认可的界限之内，历史学家努力尝试“通过进行世界范围的对比来进行探究——这是唯一有效的”(第 9 页)。从这一高度出发，历史学家可以尝试“主导时间，甚至是我们的原则或者我们唯一的对手”(第 10 页)。长时段再次允许我们把欧洲的连续经验串联起来，这些经验可以被看作世界-经济，(1）在一个空间中缓慢变化，(2）围绕着某些主导性的首都城市（威尼斯、阿姆斯特朗等等），它们相继居于主导地位，(3）最终，根据一种区域的等级化原则建立联系。因此，主要的问题便是把时间（和空间）划分为一种经济形势发展节奏的功能，在其中持续几个世纪的**趋势**——“所有周期中最被忽视的”(第 61 页）——被证明是最有意义的。就我自己对时间的反思而言，我指出“**趋势**是一种**积累**的过程。它自我增加；所有事件的发生都仿佛是它一点一点地揭示了价格和经济活动的整体，直到在相反的意义上，它同样固执地研究其普遍的、不可察觉的、缓慢的但是延长的基础。年复一年，它几乎不被注意到；一个世纪又一个世纪，它被证明是一个重要的参与者”(第 61 页)。潮汐的形象通过层叠的海浪启发出比它所解释的内容更多的东西：“最终的语词逃离了我们，并且与之相伴，控制趋势的似乎遵循某些规律和法则的长周期的准确意义对我们来说是未知的。”(第 65 页）难道我们必须说能解释最多的东西似乎同时是帮助我们理解的最少的东西吗？在第四部分，我将会讨论给予“短时段和长时段共同存在并且是不可分离的……因为我们同时在短时段与长时段中生活”(第 68 页）这一句话真正意义的问题，它在这里还只是一种许可，甚至是一种老生常谈。

然而，我不打算局限于这一等式，不仅是因为它以暴力的方式对待周期概念和情节概念，而且因为它没有解释在此书中的三个层次之上发生了什么。当我们选择一个开始周期和一个最终周期时，经济史便构成了一个情节概念，它们是由经济形势历史本身之外的其他范畴提供的，它在本质上是没有严格意义的结尾和限制的。一个情节不仅应该包含一个可理解的顺序，而且应该包含一个不过于巨大的范围，否则它就不能纳入我们的视域，正如亚里士多德在《诗学》中强调的那样（51a1）。是什么构成了地中海的情节呢？我们可以毫不犹豫地说：作为集体英雄的地中海在世界历史舞台上的衰落。在这一点上，情节的结尾不是菲利普二世的死亡，而是两个庞大帝国冲突的结束，以及历史转向大西洋和北欧。

这三个层次都会导致这种整体的情节。但是一个小说家——《战争与和平》的作者托尔斯泰——会把三个层次聚合为一种单一的叙事。通过划分不同层次，布罗代尔以分析的方式进行探讨，并为发生于它们之间的**相互影响保留**了产生一种整体模糊形象的任务。通过这种方式，我们获得一个**虚拟的**准-情节，它本身分裂在不同的次-情节中，这些次-情节虽然是清晰的，但仍是部分的，并在此意义上是抽象的。

通过持续强调“历史不是由地理学的特征构成，而是由控制和发现它们的人构成”，整部著作都在行动**模仿**的名义下被置于一个整体之中（《菲利普二世时代的地中海和地中海世界（第一卷）》，第206页）。在这一方面，经济形势的历史不能独自构成一个情节。甚至在经济层次，几种不同的经济——确切地说，相互对立的两个经济世界——不得不整合起来。我已经从第一部分引用了此文本：“政治只是遵循隐秘现实的轮廓。两个相互敌对的地中海帝国在外在形态上、经济上、文化上都是不同的，每一个都是一种独立的历史区域。”（第一卷，第125页）同样，情节的结构也已经被指出：两个地中海帝国的巨大对立以及它们对抗的衰落。[①] 如果这便是布罗代尔所讲述的历史，我们便可以理解他所说的第二个层次——被看作全部致力于讨论长时段的问题——要求在对经济的整体概述之外额外增加政治结构的内在联系，后者主导了帝国之间的冲突以及这一冲突的命运。在冲突加剧阶段，“伴随着帝国海怪出场，地中海在15世纪所上演的戏剧首先是一种政治因素不断增加的戏剧”(《菲利普二世时代的地中海和地中海世界（第二卷）》，第9页)。此外，这涉及更大的问题：大西洋属于文艺复兴或者西班牙吗？当土耳其和西班牙同时对抗对方，叙事的质疑声出现：在地中海地区，难道帝国衰落的丧钟没有比其他所有地域都要更早地敲响吗？提出质疑是必须的，因为在戏剧中，情节突转包含了偶然性，即事件可能以另外的方式发生：“地中海衰落了吗？毫无疑问是衰落了。但是不仅如此。因为西班牙坚决地选择完全转向大西洋。为什么它不选择这么做呢？”(第二卷，第48页）相反，帝国之间的冲突以及冲突从地中海海域退却的次级情节需要与庞大而单一的文明冲突的次级情节相联系。我们想起这一陈述：“文明是地中海最为复杂、最为矛盾的因素。”(第二卷，第95页）[②] 我们曾在上文谈及这些冲突的突转：摩里斯科人的命运、犹太人的命运、外部战争等等。现在必须指出这些次级情节对于整体情节的贡献。指出外部战争与内部战争在“一种足够简洁序列”中的更替（第二卷，第170页），编剧写道：“它为一种混乱的历史时期提供了新的视角，并且以既不是人工也不是虚假的方式澄清了它。不可能逃避这一信念，即相反的意识形态模式首先被建立随后被代替。”(第二卷，第170

① “因为通过这些急切的需求，这些断裂和平衡的重新建立，这些必要的交换被地中海的历史所引导并被间接决定。”(《菲利普二世时代的地中海和地中海世界（第一卷）》，第126页）更进一步，布罗代尔谈论了“整体的图式”(《菲利普二世时代的地中海和地中海世界（第二卷）》，第210页)：地中海从伟大历史之中退出，但是它直到17世纪中叶才完全退出。进一步谈论城市共和国被首都城市代替时，布罗代尔指出：“它们谈论演变和经济形势，让我们预先猜测命运的轨迹：地中海的衰落在16世纪末已经有很多征兆，并在17世纪进一步扩大。”(第一卷，第322页)

② 在谈论战争形式时，特别是战争的外在形式（十字军东征等）时，布罗代尔再次指出文明的介入，即那些“主要角色”(第二卷，第170页)。这些角色像事件一样以非常经典的方式由它们对根本情节的贡献所决定。

页）因此，正如荷马在《伊利亚特》中选择讲述特洛伊战争的故事一样，布罗代尔以相同的方式从使得东西方相互替代的巨大的文明冲突中提炼出菲利普二世时期西班牙和土耳其两大帝国之间的冲突，它的框架是作为历史区域的地中海的衰落。

由此，必须承认构成此书统一性的整体情节仍是一种虚构的情节；说教的理由要求“三种不同的时间性”（第二卷，第 515 页）仍是分离的，其目的是“在它们的多样性中，把过去时间的不同标准整合起来，从而让读者了解掌握它们的共存性、相互影响、矛盾和历史经验的丰富性”（同上）①。但是，即使它是虚构的，情节也是实在的。只有当整体的历史不是以暴力的方式进行整合时，它才是真实的。②

最终，布罗代尔通过其分析方法和分离方法发明了**一种新的情节类型**：如果情节在某种程度上一直是异质综合，那么布罗代尔著作中的虚构情节教导我们通过把异质的时间性和对立的编年史结合起来从而把结构、周期和事件统一起来。③ 这种虚构的结构允许我

① 我怀疑是否布罗代尔不相信能够通过把碎片化的事件片段统一起来的物理时间回避其著作的整体统一性问题。在《论历史》中，可以读到：“这些碎片化的时间段在我们劳动结束时相统一。长时段、经济形势、事件毫无困难地组合在一起，因为所有内容都在相同的标准中被衡量。”（第 76 页）如果不是物理时间，那是什么样的标准呢？“对于历史学家来说，所有事件都在时间中开始和结束，这是一种数学时间和造物主的时间，后者很容易被嘲讽为外在于人的时间，经济学家称之为‘外来的时间’，推动着人，强迫着人，并把他们的个体时间涂上多种色彩：它的确是世界的统治性时间。”（第 76—77 页）但是长时段变成一种历史时间导向宇宙时间的方式之一，而不再是使时间段和速度多样化的方式。当然，历史时间是在宇宙时间的基础上建立起来的。但是，必须在物理时间当中寻找“个体时间多样化色彩”的统一原则。我将会在第四部分回到此问题。

② 复调是由十几种时间性构成的，每一个都包含了一种特殊的历史：“在人类科学的统一中才可以被理解（在历史学家的立场上转变为回溯性的）的特殊历史总和构成了整体的历史，其图景在其丰富的完满性中很难被重构。”（《菲利普二世时代的地中海和地中海世界（第二卷）》，第 515 页）这种整体的图景要求历史学家同时具有地理学家、旅行者和小说家的眼光；布罗代尔提到以下这些人：加布里埃尔·奥迪西奥（Gabriel Audisio）、让·季奥诺（Jean Giono）、卡尔洛·莱维（Carlo Levi）、伦斯·达雷尔（Lawrence Durrell）、安德烈·夏默松（Andre Chamson）等等。

③ 布罗代尔关于结构和结构主义的坦率评论需要被认真考虑：“我在气质上是一个‘结构主义者’，被事件所吸引，甚至被短期经济形势吸引，后者毕竟在相同的范围内仅仅是一个事件的组合。但是历史学家的‘结构主义’与目前在其他人文科学导致混乱的结构主义没有任何关系。它不倾向于被表达为功能的抽象数学关系，而是在最具体的、日常的、不可摧毁的和匿名的人类表达中朝向生活的源头。”（第二卷，第 520 页）法文本注释较为简略，此注释为英译本注释：Paul Ricoeur, *Time and Narrative volume I,* Translated by Kathleen McLaughlin and David Pellauer, Chicago and London , The University of Chicago Press, 1984, p.266。

们评价对《菲利普二世时代的地中海和地中海世界》的两种对立解读……第一个把事件历史附属于长时段历史，并把长时段附属于地理学时间：主要的侧重点于是便放在地中海；但是地理学时间很容易失去其历史特征。对于第二种解读来说，历史学仍是历史的，因为第一个层次本身通过指向第二个层次被定性为历史的，并且第二个层次从其支撑第三个层次的能力中推导出其历史特征：这里的侧重点是关于菲利普二世；但是事件历史被剥夺了必然性与或然性的原则，亚里士多德把这两个原则归属于一个合理构成的情节。包含这三个层次的情节赋予两种解读同样的合法性，并在长时段历史的中间位置使它们相互重合，它由此便成为两种解读的不稳定的平衡点。

在我看来，这个借道准-情节的长迂回最终允许我们质疑布罗代尔认为是符合规则的（canonique）**事件**概念。[①] 对于我们来说，事件不必然是短暂和令人担忧的，就像某些突然爆发的事件一样。它是情节的可变因素。因此，通过多样的功能，它不仅属于第三个层次，而且属于所有层次。当它在第三个层次出现时，它以必然性和或然性的标志出现，这些标志依赖于它贯穿其他两个层次：这便是勒班陀失去其荣耀并降低其重要性的方式；只是由于“政治与人”的次级情节，菲利普二世的死亡才仍是一个重要事件；当我们把它重新置于强大政治实体之间的冲突以及地中海衰落的轨迹上时，菲利普二世的死亡易于成为一个非-事件，它只能在几十年之后才会获得其相应的结论。毕竟，我们曾看到事件扩展至第二甚至是第一层次；简言之，为了具有征兆或者见证的特征，事件丧失了其突发性特征。

实际情况便是事件使得历史学家的结构概念区别于社会学家或

① 在这一伟大著作的结论部分，布罗代尔最后一次确认他对于这些“**短暂**和动人事件，即传统历史中‘值得注意的事实’”的怀疑。

者经济学家的结构概念。对于历史学家来说，事件不停地出现在结构之中。这是以两种方式实现的：一方面，所有的结构都不以相同的节奏变化。这是因为“生活的不同速度”(《论历史》，第 75 页）不再与它们构成事件的不协调相一致。以相同的方式，多种文明区域之间的相互交流、相互借鉴和相互排斥构成了准-点状的现象，这些现象不在其所有层次上同时标记一种文明：“我们的精神所创造的不是这一时段，而是这一时段的碎片。”(第 76 页）另一方面，不同于社会学家，历史学家在处理结构时会关注它们的分裂点，它们突然或缓慢的恶化，简言之，历史学家关注它们灭亡的场景。在这一方面，布罗代尔并不比传统的历史学家更少关心帝国的衰老。在某种意义上，**地中海**是一个缓慢发展的过程，是一个重要事件缓慢发展的过程：人类劳动的脆弱性再一次走上前台，并且与之相伴的还有戏剧性维度，长时段从中也被假定为解放了历史。

我在其他受到年鉴学派运动影响的法国历史学家那里发现了一些注释——通常是以隐蔽的注释，这些注释违背了通过长时段本身回到事件的方式。

例如，勒·高夫所主张的历史学与人类学的联姻，这一主张的代表作便是《试谈另一个中世纪》，毫无疑问，长时段——极长时段——占据首要位置（“漫长的中世纪”，“长时段的前工业时代”)。但是，另一方面勒·高夫与布罗代尔一样强烈地对抗一种特定社会学的非时间模型的诱惑。首先，因为这一长时段本身并不是没有事件的，而是通过重复和期待的事件被强调（节日、庆典、礼仪等等)，这些事件唤起了历史社会中的宗教礼仪。其次，因为这种特殊的长时段不再存在：中世纪文明这一名称的选择很好，因为它是一种“过渡性”的社会。毫无疑问，历史民族学所强调的精神状态是历史演变中“变化最小的”(第 339 页)；但是“精神状态的系统能以历史的方式被推定年代，即使它们从考古文明中冲走了文明的残留，这对于安德烈·瓦兰纳卡（André Varagnac）来说是弥足珍贵的”(第 340 页)。特别是如果历史仍要与人类学保持统一，那么它便不能把自身转换为一种“时间之外的民族学”(第 347 页)。这就是为何历史学家不能屈从于历时性的词汇，正如它从语言学所借用的那样；实际上后者“根据完全不同于演变图式的抽象转化系统进行运作，历史学家尝试通过它来理解其所研究的具体社会的变化①”(第 346 页)。相反，历史学家必须尝试超越“结构-经济形势，特别是结构-事件的错误困境”。

事实上，我在勒·高夫那里重新发现了对这一主题的暗示，即过去由于具有把自身整合进奥古斯丁所说的“过去的现在”的记忆能力，所以才具有历史的特征。勒·高夫利用下面的概念来刻画他的“整体的”“悠久的”“深刻的”中世纪：“它是构成性记忆的距离：它是我们祖父母的时间”(第 11 页)；“我们的集体性身份所处的、当代社会学费尽心机所探寻的这种原初的过去获得了某些特定的本质特征。”(第 11 页）考虑到这一点，在这一构成性记忆中，如果长时段缩减成准-事件的形式，那么这并不令人惊讶。“当现代世界的意识形态在来自恶化的经济结构和实践的压力之下形成，作为处于中世纪核心处的几个世纪精神历史中的重大事件之一”(第 48 页)，难道勒·高夫没有通过教堂钟声与钟表之间的冲突来刻画基督教时间与商业时间之间的冲突吗？实际上构成事件的是对这两种时间的“根本分离以及偶然相遇”。

对精神状态进行研究的历史学家遇到了同样的问题。乔治·杜比通过一种完全非叙事的意识形态分析开始其研究——他称之为整体性的、变形的、竞争性的、稳定的、生成性-行动，但是他观察到

① “作为对变化（changement）进行研究的专家（通过谈论**转化**，历史学家最终与民族学家处于同样的工作领域，但是前提是不能求助于**历时性**)，历史学家必须小心变得对变化不敏感”(第 347 页)。

事件渗透入这样一些结构，这不仅是由于外在的借用、内在的拒斥与冲突，而且是由于在客观局势、精神表现、个体或集体行为的交汇处产生的**不协调**、“时间性的分裂”。历史学家因此需要强调“通过在意识形态系统层次引发反响，物质与政治结构运动得以结束以及使反对它们的冲突更加尖锐的关键时期”①。正如上文一样，我曾尝试谈论准-事件以界定乔治·杜比在此处称之为“加速破裂”的概念，它由争论引发，“处于激活主导性意识形态演变的长时段趋势的核心之处”（第 157 页）。

正如我尝试在布罗代尔那里指出的那样，准-事件的载体仍是准-情节。对于乔治·杜比的著作，我准备作出同样的澄清，这是通过把上文提及的关于方法的“社会历史与社会的意识形态”文章与把此论文的假设应用于他通过意识形态历史所意指的最具代表性的工作之一并列起来完成的。我选择了《三个等级或封建主义的想象》。② 我建议再次指出乔治·杜比如何通过构建一个包含开端、发展和结尾的**准-情节**来**戏剧化地表现**一种意识形态结构。这里的结构是三种等级形式之下的整个社会的想象表象：进行祈祷的等级；进行战斗的等级；通过劳动供养其他人的等级。对这种想象表象的构想来自 17 世纪的一位作者，即查理·卢瓦佐（Charles Loyseau），来自他 1610 年出版的《论秩序和基本尊严》。但是杜比不是简单考察一个持续六个世纪的阶段，就像他通过类似于卢瓦佐的工作所明确表明的那样。相反，通过重新发现《伊利亚特》的作者的艺术，他从三元功能图像的所有变迁中选择了一种具有一个开端和一个结尾的历史，由拉昂主教阿达尔博洛（Adalbero of Laon）和康布雷主教杰拉德一世（Gerard of Cambrai）所做的最初的阐述，结尾是 1214 年的布汶战役。中间的发展过程是由戏剧化地表现意识形态表象

① G. Duby, «Histoire sociale et idéologies des sociétés », in *Faire de l'histoire,* I, p.157. 在第一章，我们曾指出对变化的时间模式的关注如何导致以概念化的方式重构一个像十字军东征那样的事件系列。

② G. Duby, *Les Trois Ordres ou l'Imaginaire du féodalisme,* Paris, Gallimard, 1978.

历史地位的突转构成。所以杜比针对的问题不同于乔治·杜梅吉尔（Georges Dumézil）所提出的问题，后者不知疲倦地提倡一种三元功能图像。然而，杜梅吉尔尝试建立——通过进行比较以及在不同的历史领域重复使用这一方法——属于人类思想缓慢发展结构的图式，从而产生“人类思想在其潜在的丰富性中不停做出选择[①]”是**为什么**以及**如何**的问题，杜比通过另外两个问题回应了杜梅吉尔的这两个问题，即历史学家的**在何处**以及**何时**这两个问题。他选择去澄清这一三元功能图像如何“作为一个根本原则在一种意识形态系统中发挥作用”（第 19 页）。这种意识形态系统指的是封建主义产生，然后取得胜利。为了描述它如何发挥作用，他构建了我称之为准-情节的概念，用他自己的话来说，三元功能图像在准-情节中发挥了“主角”的作用（第 19 页）。

杜比所遵守的框架在这一方面具有很强的指导性。因为它正好涉及一种结构，即一种“曾对抗所有历史压力”的精神表象（第 16 页），他把第一部分命名为“启示”（Révélation），从而指出这一系统相对于碎片化表象的超越性。但是这一系统已经在很大程度上被最初表述的多样化以及对政治框架的重构历史化了，加洛林王朝君主制度的衰落以及与之相应的权力衰落，即主教制度的衰落。只有在这一考察的结尾，这一“系统”的组织结构才可以被描述（第 77—81 页）：它包括天空与大地之间完美一致的假设；等级概念成为完美城市的一种属性；主教阶层与国王阶层的分裂；统治阶级的分裂：教士和贵族；附属于这两个主导阶层的第三个阶层，即被奴役的阶层；最终，等级系统中的共存性、交互性概念，它以结构化的方式要求一种三元划分。

对这一系统的简单描述证明这一三元功能性概念实际上有多模糊以及有多不类似于一种真正的系统。首先，第三个功能以附属的

---

① Georges Dumézil, *Les Dieux souverains des Indo-Européens,* Paris, 19777, p.210，此句话由乔治·杜比引用，Ibid., p.17。

方式出现在两个对立的阶层中（主教/国王、教士/贵族）。其次，作为另外一种具体的二分系统，统治-被统治的关系附加于刚才所说的统治阶层内部的二分（这一关系目前是模糊的）；系统的极端不稳定便来源于此。最后，这一系统并没有表明被不同角色所承担的三个部分像杜梅吉尔所分析的那样具体。只有**等级**是关键概念。因此，我们可以理解为什么这一系统可以如此轻易成为历史所追寻的对象。①

在考察情节概念之前，杜比以“生成”为题尝试回顾从大格里高利、奥古斯丁和亚略巴古的丢尼修（Denys l’Aréopagite）开始的系统的形成问题。他随后指出从关于天神等级的神学思辨到关于秩序和等级的政治学反思的转变是如何完成的，并由此把天神的典范与世俗功能的三元划分联系起来。

当系统被“环境”检验（第153—207页），经受一种持续的“衰落”（第207—325页），从而最终得以再现时，准-情节便真正开始了。这一“再现”（第325页—结束）主导着系统的“采用”（adoption），在布汶战役中，这一采用不仅被国王的胜利所代表，而且被它实现和结束——主教的胜利同样如此，它们也曾预见到此系统。

杜比在其情节概念中所区分的正是这三个主要突转。值得注意的是故事是由深陷危机之中的王权开启的。② 首先，存在一个政治危机。但是，首先在象征层次，存在一种三元系统的相互竞争：异端模型、上帝的和睦模型、在克吕尼创造的僧侣模型。正是这些相互竞争的系统所参与的争论戏剧化地表现了这一模型。克吕尼运动

① “第三个附加的功能来源于必然不平等的原则。这就是为何三元功能图式可以在关于顺从与社会结构言论的开始和结束出现，在其中处于顶端的统治阶级是完美的，低层的被统治阶级是有罪的。三元性产生于两种非对称性的结合，这种非对称性共同建立了**等级**（*ordo*）——教士和其他人，以及**自然**（*natura*）——贵族和奴隶”（第81页）。

② “就一个危机来讲，意识形态的形成在纷乱的转折时期呈现给历史学家。在这些关键时刻，掌控话语者不停地言说。现在我们可以走出教堂。从而我们或许可以更好地理解在曲折蜿蜒的记忆中以及在行动的偶然性中，为什么工具以这种方式被操作，物质资料以这种方式被使用。”（第151页）

的高涨预示了“衰落[①]”。要求重新划分所有的社会等级，从而为第三个等级的农民提供位置的封建主义革命导致了这一结果。在16世纪初，相互竞争的并不是三个而是四个意识形态模型（第200页）：必将胜利的模型以及上文提到的三个模型。

阿尔达贝罗（Adalbéron）和杰拉德（Gérard）的意识形态模型被置于不是作为反思而是作为预期的奇怪位置：对僧侣主义衰落的预期、对重新恢复主教的预期、对君主制国家复兴的预期。[②]

正是明显的残存与真实期待之间令人惊讶的分裂控制着系统的“衰落”，它在第四部分已经被讨论。“僧侣的年代”受益于卡佩王朝的衰落，并因此受益于主教制度。但是“衰落”绝不是一种消失。衰落的年代也是“新时代”的出现：西多修道会时代、商业时代、文人（clerc）时代、师徒的时代。

对于“重现”来说，通过文人要求以牺牲僧侣为代价重获第一等级、君主的守护者骑士占据第二等级、农民占据第三个等级，这一重现被指出。但是，如果对于三元功能模型来说，衰落年代是预期的年代，那么重现的年代便是推迟的年代。杜比指出：“障碍是法兰西王室……障碍是巴黎，王国的财富和象征与教皇、主教、改革的宗教、学校、市镇、人民实现了结合。”（第370页）它使得最终的突转得以重现。“采用”独自构造了一个结论，因为它确保了梦想模型与真实模型之间的和解：布汶战役是这一遭遇的手段。卡佩王朝代替了卡洛琳王朝。但是，奇怪的是如果考察似乎主导此著作的系统化精神，那么便会发现国王并不是三元图式的一部分：“他自身位列等级的最上方，即他在三个等级之上构成了宫廷社会。”（第413页）

① “因此，社会的三元功能性假设也在僧侣那里被论及，准确说来是在受到克吕尼运动吸引的僧侣那里被论及。它正好是在被改革的僧侣主义取得胜利的时刻被论及。”（第177页）

② “光明前景就在眼前。但是，因为它由康布雷主教和拉昂主教宣布，它正好是回顾性考察。因此，作为一个长的历史时期，它没有被接受。”（第205页）

无论我们多么怀疑这一三元功能模型的协调性①，当象征从梦想的虚构转换到构成性虚构时，情节便会结束。②因此，正是“采用”同时赋予故事一个结尾并赋予“发展过程”一种意义，这表现为一个三位一体结构：“环境（circonstance）”“衰落”“重现”。

我想要澄清的所有内容便是：表明意识形态系统关键时期的**准-事件**被置于**准-情节之中**，并确认了其叙事地位。

但是在政治历史领域，回到事件才是最紧要的。“如何解释一种像法国大革命一样的事件”，弗朗索瓦·傅勒正是在《思考法国大革命》③的开始（第9页）提出此问题。

如果历史学家能够从纪念日的替代物以及诅咒之物的束缚中解脱——历史学家继续落入从1789年开始的“在源头便萦绕的、以国家历史为基本主线”的窠臼，那么他便可以解释。历史学家只受到理智的好奇心的启发，就像其他学者一样。幸亏这种假定的间距，历史学家可以要求概念化事件，而不用在作为与过去分裂并作为新时代源头的事件的意义中，简言之不用分享法国大革命关于自身的错觉来确认历史行动者的信仰。但是历史学家把法国大革命解释为**事件**的代价是什么呢？值得注意的是，在两种相互分离或者可能结合的交叠解释中，他只是取得了部分成功，这两个交叠的解释留下了一个剩余物，这一剩余物便是事件本身。

以托克维尔的方式解释法国大革命，便是不把它看作一个断裂和起源，而是一种君主制度的完成，利用国家的管理去消解社会主体。历史编纂学与行动者的生动历史经验的专政之间存在一个巨大

① 实际上，不平等的二元原则一种持续到1789年。功能的三元划分介入到“僧侣与平民之间的等级差异之中，并帮助后者处于前者的约束之中”（第424页）。

② “我选择以布汶战役结束这一研究：这不是由于习惯使然，也不是我高估了事件。我相信1214年便是三元功能图景的最初历史结束的年份。通过这一日期——其形式作为一个整体在法兰西王国被实现，并被强加于王国之上——这一图景脱离了想象，并被整合到制度之中”（第414页）。此外，“因为在这一时刻，三元功能的假设回到其源头，所以我在这里结束”（第423页）。

③ Ibid., p.349.

的断裂，这也伴随着它的神秘起源。傅勒所质疑的正是行动者的意图与其所发挥的角色之间的断裂问题。在同样的意义上，当分析通过清晰的概念进行，事件便消失，至少是作为一个断裂。这种分析实际上打碎了历史叙事：傅勒指出，托克维尔在“考察一个问题，而不是一段历史”(第 33 页)。

但是事件并没有在所有方面被澄清：如果托克维尔很好地解释了法国大革命的结果——弗朗索瓦·傅勒把“大革命看作是内容”，仍需要解释大革命本身的**过程**——弗朗索瓦·傅勒称之为“作为模式的法国大革命”，也就是说，集体行动的特殊动力要为这一事实负责，即托克维尔所认为的法国大革命不是通过英国模式的演进（évolution）而是通过革命（révolution）来完成。事件便位居其中。“事实仍是：革命事件从其开始之日起便彻底转换了之前的形势(situation)，并且创造了一种本质上不是这一形势一部分的新的历史行动模式。”(第 39 页)

因此必须引入第二个模型以解释在历史场景之上出现的一种实践与意识形态模型，这一模型没有被纳入在它之前的模型之中。第二个模型必须解释是什么把大革命解释为“政治行动的基本意识之一”(第 41 页)，即“一种不断增长的附加于真实历史之上的理念，仿佛它具有通过想象重组碎片化的社会整体的功能”(第 42 页)。雅各宾派现象便是以此方式被描述的。

于是奥古斯丁·科尚（Augustin Cochin）的解释模型便代替了托克维尔的模型，以此表明一种新的政治敏感性如何与旧的一道产生，它单独通过意见的联系在个体而不是制度组织的基础之上产生了一个新世界。奥古斯丁·科尚实际上在《哲学社会》(*société de pensée*)中发现了建立在公平原则之上的权力概念原型，它是关于把离群索居的个体转化为人民的模型——大革命的唯一可想象的行动者，并且是关于取消人民与自我任命的代言人之间的所有屏障的模型。

但是雅各宾主义不仅仅是一种意识形态，而且是一种占有权力的意识形态。因此，历史学家把他认为是“政治错觉”的东西进行拆解，以及通过辨别这种新的权力通过什么渠道应用于我们的社会，这都没有完全解释作为事件的革命。在这一概念最常见的意义上，分裂和阴谋的系列所确认的确实是情节。毫无疑问，我们可以指出阴谋的心态如何从新的政治人际关系产生，它把所有不能占据任何系统规定给他的权利地位的人都转化为敌人。在这一方面，作为新的政治象征的结果，关于阴谋的讨论是非常精彩和令人信服的。然而，在我看来，似乎攫取权力仍是一个不从界定权力的意识形态系统中推导出来的事件。事件、编年史与伟人以阴谋的外衣完全回归。即使它是从意识形态系统推导出来的，我仍认为阴谋**通过情节重新引入了事件**。因为，即使情节是一种疯狂的戏剧，这种疯狂也正在发生作用，并产生事件。

这就是为何热月就解释来说当然是一个事件，但是只能在一个特定的时刻才是事件：“即在大革命结束的时刻，因为这是代表合法性对革命合法性的胜利……并且正如马克思所指出的那样，它是真实社会对**政治幻想**的再确认”(第 84 页)。但是，罗伯斯庇尔现象的“意识形态编排”相反在我看来并没有完全澄清其历史意义。认为它具体化了一种意识形态——为了支持一个想象系统而反对另一个，只是为了命名与情节对应的主题，正如在希腊悲剧中一样。因为，正是情节使得“大革命成为他所说的最悲惨和最纯粹的话语”(第 87 页)。我们可以从雅各宾派的意识形态中推导出事件中“最为纯粹”但却不是“最悲惨”的内容。

这就是为何我没有冒险像弗朗索瓦·傅勒那样，认为通过指出“社会对意识形态的报复”(第 104 页)，热月让我们从科尚回溯到托克维尔，因为旧体制的延续不仅被雅各宾主义意识形态推动，而且被这一政治错觉所蕴含的行动推动。在此意义上，法国大革命的第二个图式，即奥古斯丁·科尚的图式不再像托克维尔的第一个图式那样能够触及事件的基础。通过一种作为断裂与源头的想象经验攫取权力而终止旧体制，没有任何概念的重建能够延续。这种攫取权力本身便是一种事件的序列。把弗朗索瓦·傅勒的表述反过来说，正是它使得对源头的幻想本身也是一种源头。①

傅勒成功地“解释”了法国大革命这一事件吗？我认为，在我关于布罗代尔的长时段的反思思路之中，在解释工作的结尾，事件被重新恢复，既作为每一个解释尝试的剩余（以《菲利普二世时代的地中海和地中海世界》第三部分的方式……即同时以附属和补充的方式），又作为不同解释结构之间的不一致，以及最终作为结构的生或死。

如果对长时段的发现没有重新引导我们回到与三种模式的其中一个保持一致的事件，那么长时段会冒险从过去、现在与将来之间的生命辩证法分离出历史时间。一个长时段可能没有现在，因此也没有过去和将来：但是它不再是一种历史时间，长时段只是重新把人类时间导向自然时间。我们可以在布罗代尔本人的尝试中看到这些尝试的痕迹，他那里缺少一个关于被他过于匆忙称作哲学家的主体时间与文明的长时段之间关系的哲学反思。因为长时段的发现可以表达这一事实，即人类时间——一直要求关于现在的标记——本身是一种**遗忘**。如果简短的事件能以幕布的方式遮蔽不是由我们创造的时间意识，那么长时段也能以幕布的方式遮蔽我们存在的时间。

只有当个体时间与文明时间之间的**类比**（*analogie*）被保留，才可以避免这一糟糕的结果：兴旺与衰落的类比、创造与死亡的类比、命运的类比。

① 因此，傅勒著作中对各种方面进行综合的精彩一章的结论模糊地承认：“法国大革命不是一种过渡，而是一个源头，并且是一个源头的幻想。它自身中存在的独特性使其成为历史关注的兴趣点，此外，这一‘独特性’还会变成普遍的：民主制的第一次尝试。”（第 109 页）难道这种对事件的认可没有包含另一个对于解释与叙事关系的认可，以及最终对于疏远态度的认可吗？如果这种独特性变成普遍性——至少就我们目前的政治现实来看——难道不应该说较少的疏远使我们远离大革命纪念日，而较多的疏远反而使我们重回纪念日吗？

时间性层次的类比与我们努力在因果归因和构造情节之间的程序层次，以及随后在社会（或文明）与戏剧的角色之间的实体性层次所保留的类比具有相同的本质。在此意义上，**所有的变化都作为准-事件进入历史领**域。

这一声明绝不等同于以隐蔽的方式回到长时段历史所批评的简短事件。当这种简短事件不反映混乱的意识和行动者的错觉，那么它至多只是一种方法论的人为制品，即一种世界观的表达。在这一方面，布罗代尔完美地证明："我反对汉克和卡尔·布罗迪（Karl Braudi）认为历史叙事不是一种方法或者一种完美的客观方法，而只是一种历史哲学的观点。"（"前言"，《论历史》，第 13 页）

通过**准-事件，**我们指的是超越了短时段和长时段的事件概念的扩展仍然与情节或角色概念的相似扩展**有关**。存在准-事件概念，我们能在其中——即使是以非常间接、非常歪曲的方式——辨别准-情节和准-角色。历史中的事件对应着亚里士多德在其构造情节的形式理论中称之为**运气改变**（metabolè）的概念。需要再次指出，事件不仅导致情节的发展，而且把运气改变的戏剧形式赋予情节。

它来源于准-事件与准-情节之间的亲缘性，布罗代尔所宣扬的历史时间的多元性是一种对叙事时间基本特征的扩展，即在多变的部分中把年代的片段部分与构型的非年代构成部分结合起来的能力。历史解释所要求的每一个时间层次都可以被看作是对这种辩证法的增强。或许我们可以说通过简短事件，片段继续在情节中占据优势，但却是高度复杂的，并且长时段表明了构型的优先性。但是，在我们尝试澄清历史结构工作的结尾，一种新的类似事件的性质的出现唤醒了我们。它让我们想起即使在最为稳定的结构中，仍有某事会发生。某事发生：特别是死亡的事件。这就是为何尽管布罗代尔对此保持沉默，但是他不可避免地要通过对死亡的描述，当然不是通过地中海而是菲利普二世的死亡去结束他杰出的研究工作。

结　论

我现在准备总结我的研究的第二部分所得出的结论。与第一部分第三章提出的目标相关，这些结果保持在精确的界限之内。

首先，只需要检查两种根本的叙事模式中的其中一种，即历史。在第二卷，我已经在调查的内容之中排除了所有“虚构叙事”标题之下的内容：我们所说的是从古代史诗到现代小说。因此，只有调查所涉及的一半内容被真正触及。

把我们的分析限定在历史叙事不仅是为了把其他叙事模式**排除**，它还会导致把内在于历史本身的论题删除。实际上，根据保罗·韦纳的恰当表述，只有当历史可以对立于对真与假转换的任意终止时，即虚构叙事的特征时，历史借以宣称“真实”(véridique) 叙事的**真理意图**才可以展现其全部意义。① 我不否认“真实”叙事与“半真半假”叙事之间的对立建立在一种真理的幼稚标准之上，需要在第四部分认真考察这一问题。

① 在这一方面，我准备求助于我努力尝试去尊重的术语约定：我没有把“**虚构**”(*fiction*) 概念看作一种“**想象构型**”(*configuration imaginée*) 的一般同义词。后者是历史编纂学与虚构叙事共同的操作：这一点来源于**模仿 II**。相反，在我的术语中，**虚构**概念完全被其所形成的与真实叙事相关的反命题定义：因此，它属于叙事指称的两种 (转下页)

相反，第一个限制会导致第二个更加严重的限制，它直接关注叙事与**时间**的关系。正如我们刚才所说的那样，通过悬隔历史获得真理的意图，我们放弃尝试在其自身和通过自身来主题化历史与**过去**的关系。事实上，我们故意放弃作为**曾是过去**的历史**过去**的存在论地位。因此，当我们讨论了事件概念之后，我们准确地把通常与存在论标准概念（唯一性、独特性、断裂）有关的认识论标准分离出来，通过这些存在论标准，我们区分了虚假的与真实发生的事物（发生、使发生、与已发生的每个现实性都不同）。同样，作为人类过去的守护者，历史与我们借以把现在与将来联系起来的一系列态度之间的关系仍是悬而未决的。①

因此，历史时间问题并没有展示其全部内容。只是把历史与叙事联系起来的直接蕴含在构型操作中的时间因素得到考察。甚至关于长时段的讨论仍然被限制在应用于历史解释的构造特征的认识论之中。我们曾讨论长时段与事件之间的关系，但是我们没有尝试理解历史学家所区分的多种时间性与他们不信任的哲学家的主体时间——无论是柏格森的绵延，还是胡塞尔的绝对意识流，抑或是海德格尔的历史性——之间的关系到底包含了什么内容。需要再次指出，只有通过与虚构叙事的贡献结合在一起，历史编纂学对这一争论的贡献才可以被澄清。在第一部分的第三章，当把叙事重新塑造的时间问题从属于真实叙事与虚构叙事之间的相互指涉问题的解决时，我们所意指的正是这些内容。甚至必须怀疑由于它所具有的相对于实际上过去发生事件的更大自由，在时间性方面，虚构可以展示历史学家所不允许使用的资源。正如我们将要在第三部分指出的那样，文学虚构可以产生不仅仅是“时间神话”（fables du temps）的

（接上页）道路的其中一种，并且它来源于**模仿 III**，其论题只有在第四部分才被清晰地讨论。正如我在上文所说的那样，这一选择并不是毫无缺点；许多作者没有在虚构与构型之间作出区分，因此所有的构型都是假的，即没有考虑由叙事所组织的材料。在没有考虑在全部的叙事类型范围之内，这些作者可以合法地把所有的叙事都看作虚构。由于他们没有被强迫去解释历史学家构造一个真实叙事的论断，所以他们不需要一个特殊概念去区分两种**指称性**模型，在其中叙事构型从整体上被划分。

“关于时间的神话”(fables à propos du temps)。因此，我们可以理解，在对历史与时间的关系作出任何确定的陈述之前，必须通过虚构时间这一巨大的迂回道路来进行。

承认我在第二部分中的分析界限绝不会降低我认为我已经获得的研究结果的重要性。简单来讲，这些界限提醒我们所有的考察都处于**模仿 II** 层次，并且没有考虑通过各种形式所**重塑**的经验之间的模仿阶段，前叙事经验与叙事工作所发挥的中介功能。

整个第二部分都致力于考察历史书写与构造情节操作之间的关系，亚里士多德把它提升为模仿一个行动的作品创作艺术中的主导性范畴。实际上，如果历史叙事与虚构叙事之后的冲突必须具有一种意义，那么必须预先确认历史从属于被上述构型操作所定义的叙事领域。不过，正如它被逐步确认的那样，这一关系表明自身是极端复杂的。

为了限制它，在第一章与第二章，我首先借助于一种**对比**策略，在其中整体的规范立场与整体的叙事主义立场相对立。在这一争论的过程中，没有任何立场服从这一批判，即以一系列**修正**为代价，在某种程度上没有导致历史与叙事之间的原初近似关系。某些修正稍后才会出现。因此，在第一章的第一部分，为一种非事件历史进行辩护——法国的历史学家认为它与一种历史的叙事解释不相容——没有留下任何直接的批判性回应，直到在第三章的最后部分，一个更加精炼的情节概念才允许把非事件历史整合到叙事之中。但是，通过排除对历史的幼稚解读，首先必须在最不支持历史与叙事之间直接和紧密关系的认识论条件下提出这一问题。

相反，如果对规范模型（model nomothétique）马上进行一种严格的批判，首先是在第一章的结尾部分以内在的方式进行批判，随后在第二章之中以外在的方式进行批判，那么这种双重批判便不是单纯的否定。在对规范模型进行考察时，我保留了这一观点，即一种认识论断裂区分了以规律形式普遍化的历史解释与简单的叙事理解。

这种认识论断裂被再次提及，不再可能采取这种过于简单的立场，即把历史编纂学看作故事属的一种类型。即使在我们看来，一种历史的叙事主义解释在整体上似乎比规范解释更加正确，但是叙事主义的立场越来越精细，我们在第二章的随后部分做出的解释似乎没有对叙事领域中的历史的特殊性（spécificité）作出正确的解释。它们的根本缺陷在于没有充分考虑使当代历史编纂学远离一种幼稚的叙事写作的转化，并且没有成功地把规律解释整合到历史的叙事体系之中。然而，叙事主义解释的正确之处在于清楚地认识到历史本身的历史质性只有通过这些联系才可以被保留，无论这些联系多么微弱并且隐蔽，它们继续把历史解释附加于叙事理解，尽管认识论断论分离了前者与后者。

在第三章，这种双重要求——公正看待历史解释的特殊性**与**维持历史附属于叙事领域——使我在第三章通过一种回溯的追问方法去完成第一章和第二章的对比策略，这与胡塞尔后期的发生现象学有关。这一方法的目的在于解释把历史与叙事理解联系起来的这一线索的**间接**特征，这是通过**重新激活**这一关系得以实现的**派生过程**完成的。严格意义上，回溯追问不再是认识论的，也不再对应历史学家日常研究中所采用的简单方法论。然而，如果没有历史科学的认识论与方法论做支撑，那么这种意义的发生便是不可能的。在被考察的三个领域中，历史科学的方法论都提供了能够对重新激活学术性历史进行指导的中介。例如，特殊因果解释提供了规律解释与情节解释之间的过渡性结构。就它们而言，历史话语最终所指向的第一层次实体让我们关注参与性附属模型，这一模型确认了历史对象与叙事中的角色的亲缘性。最终，不同时间性之间的不一致的节奏——夹杂着社会的整体变迁——揭示了最细微的历史变化与叙事中被看作是事件的运气突然变化之间的深刻相似性。

因此，历史学家的专业、历史科学的认识论以及发生现象学把它们的资源结合起来，去重新激活历史的基本意向目标，出于概括的原因，我们把它称为**历史意向**性。

最有意义的历史编纂学的批判性考察的结果还不曾被重视。相反，它来源于第一部分第三章所提出的对于原初模型考察的后续影响。

毫无疑问，基础模型的根本特征被保留在我们第二部分的分析之中。这些特征包括：构型操作的动态特征、秩序相对于连续性的首要性、协调与不协调之间的竞争、叙事以规律形式进行的普遍性图式化、贯穿于历史科学发展过程中的在传统形成中的积淀与革新之间的竞争。但是，正如我们曾指出的那样，建立在奥古斯丁的**延展心灵**（*distentio animi*）与亚里士多德的**构造情节**简单对立基础之上的研究可能被期望提供“一种仍需要扩展、批判与修正的轮廓”。

事实上，我们对历史编纂学的考察不局限于通过把它应用于一个同样广阔的叙事构成领域去检验模型的恰当性。历史叙事的不协调的协调的复杂性为模型进行**扩展**提供了一个好的例子，这在亚里士多德的《诗学》中没有类似情况。只是在第一部分提出的**异质综合**概念完全从亚里士多德所理解的文学“体裁”与情节“类型”（type）强加给它的限制中解放出来。我们可以说，借助于历史编纂学，不协调的协调“形式”摆脱了在《诗学》中“体裁”与“类型”仍是混淆的局面。

正是由于此原因，原初模型的扩展倾向于一种**批判**，如果不是这样的模型，至少是仍与这一模型过于紧密相关的对历史解释的诠释。因此，历史理论无论何时都没有与一种行动理论清晰地区分开，并且没有把本身属于环境、匿名力量，特别是意外结果的意义赋予它们。哲学家会问：“是什么把行动转化为历史？”正是这些因素逃脱了行动主体对考量的简单重构。这些因素在小范围的模型中赋予构造情节一种独一无二的复杂性，在亚里士多德那里，它仍以希腊悲剧为模式（同样，不要忘记史诗，其次，也不要忘记悲剧）。为了在一种混合模型内部协调目的论部分与规律性（nomique）部分，冯·赖特所提出的解释模型给出了一个很好的批判标准，单纯建立在行动之上的历史解释必须遵守此标准。

我将会通过历史理论尽可能地去讨论对原初模型的修正吗？答案是肯定的，但要到某一个特定时刻。这也被准-情节、准-角色以及准-事件概念证明，为了尊重这种非常间接的关联形式，我必须构造这些概念，就其写作风格而言，作为最低限度叙事的历史编纂学由此仍依赖于叙事的可理解性。

通过谈论准-情节、准-角色、准-事件概念，我曾打算把在**模仿 II** 领域中提出的原初概念置于它们接近分裂的时刻。人们会想起贯穿于布罗代尔伟大著作《菲利普二世时代的地中海和地中海世界》中的情节概念被隐藏得有多深，并且有多难去重构。我也没有忘记在把专名应用于历史的第一等级实体时，对它们的使用需要十分谨慎。最终，为了与不一致和断裂相匹配，事件概念必然会失去其一般的简短性与突然性特征，这些不一致和断裂强调一个独特社会的经济结构、社会、意识形态生活。准-情节、准-角色、准-事件表述中的前缀“准”概念证明历史研究在使用叙事范畴时的高度**类似**的特征。至少，这一类似表明了把历史限制在叙事之中，以及保留自身历史维度的微弱和隐蔽的关联。

图书在版编目(CIP)数据

情节与历史叙事:时间与叙事.卷一/(法)保罗
·利科(Paul Ricoeur)著;崔伟锋译.—上海:上
海人民出版社,2022
(法国哲学研究丛书.学术译丛)
ISBN 978-7-208-17875-5

Ⅰ.①情… Ⅱ.①保… ②崔… Ⅲ.①阐释学-研究
Ⅳ.①B089.2

中国版本图书馆 CIP 数据核字(2022)第 193614 号

责任编辑 于力平
封扉设计 人马艺术设计·储平

法国哲学研究丛书·学术译丛
情节与历史叙事:时间与叙事(卷一)
[法]保罗·利科 著
崔伟锋 译

出　　版 上海人民出版社
(201101 上海市闵行区号景路 159 弄 C 座)
发　　行 上海人民出版社发行中心
印　　刷 上海商务联西印刷有限公司
开　　本 635×965 1/16
印　　张 20.5
插　　页 2
字　　数 258,000
版　　次 2023 年 1 月第 1 版
印　　次 2024 年 2 月第 2 次印刷
ISBN 978-7-208-17875-5/B·1648
定　　价 85.00 元

法国哲学研究丛书

学术文库

《笛卡尔的心物学说研究》 施　璇　著

《从结构到历史——阿兰·巴迪欧主体思想研究》 张莉莉　著

《诚言与关心自己——福柯对古代哲学的解释》 赵　灿　著

《追问幸福：卢梭人性思想研究》 吴珊珊　著

《从“解剖政治”到“生命政治”——福柯政治哲学研究》 莫伟民　著

《从涂尔干到莫斯——法国社会学派的总体主义哲学》 谢　晶　著

《走出“自我之狱”——布朗肖思想研究》 朱玲玲　著

《永恒与断裂——阿尔都塞意识形态理论研究》 王春明　著

学术译丛

《物体系》(修订译本) [法]让·鲍德里亚　著　林志明　译

《福柯》(修订译本) [法]吉尔·德勒兹　著　于奇智　译

《褶子：莱布尼茨与巴洛克风格》(修订译本) [法]吉尔·德勒兹　著　杨　洁　译

《雅斯贝尔斯与生存哲学》 [法]米凯尔·杜夫海纳 [法]保罗·利科　著　邓冰艳　译

《情节与历史叙事：时间与叙事(卷一)》 [法]保罗·利科　著　崔伟锋　译

《资本主义与精神分裂(卷2)：千高原》(修订译本) [法]吉尔·德勒兹 [法]费利克斯·加塔利　著　姜宇辉　译